좋은 것보다 위대한 것을 선택하라

위대한 사명에 이르기 위해 택할 것과 포기할 것

BAD　　GOOD　　GREAT

좋은 것보다 위대한 것을 선택하라

안호성

규장

그 끝에서
주님이 맞아주실 길을 택하라

오늘도 우리는 저마다 갈림길에 서 있다.

그 길 끝에 어떤 미래가 기다릴지 알지 못한 채….

때로는 그 길이 너무 좁아 보여서 피하고 싶기도 하고

때로는 그 길이 너무 편안하고 넓어 보여서

그 길로 가고 싶은 유혹도 든다.

오늘 당신이 선택한 그 길, 정말 괜찮은가?

미래에도 후회하지 않을 선택인가?

지금 당장 걷고 싶은 길이 아닌

꼭 가야 할 길을 선택하며

편안해 보이는 대세의 넓은 길이 아닌

외로운 좁은 길을 택하라!

주님께서… "그 길 맞다!" 그 선택을 응원하시며

그 길 끝에서 당신을 흐뭇하게 맞아주실 것이다.

우리는 저마다 믿음의 승리와 인생의 성공을 꿈꾼다. 성공의 기준은 저마다의 가치관과 지향하는 목적에 따라 다를 것이지만, 선택이라는 기준으로 볼 때 우리 삶을 스쳐가는 수많은 선택과 결정 가운데 성공적인 선택, 후회 없는 선택, 참 잘한 선택이 그 반대의 선택 즉, 후회스럽고, 실패한 선택보다 그 분량이 더 많다면 그 인생은 그래도 성공한 인생이라 말할 수 있을 것이다.

잠자리에 드는 순간, 한 해를 마무리할 때, 인생을 마감하고 눈감는 그 순간에 하루를, 한 해를, 인생을 되돌아볼 때 흐뭇하고 행복한 선택들이 더 많은 것이 바로 성공적인 인생, 행복한 한 해, 잘 산 하루가 되는 것이다.

이 책이 이 책을 읽는 모든 독자에게 후회할 오늘의 선택을 중단하고 실패로 이어질 잘못된 선택을 멈추고 좋은 선택, 아니 그 너머의 위대한 선택을 선택할 수 있는 기회가 되길 소망합니다.

급변하는 시대, 참 복잡해진 시대를 살아가면서 우리는 더 많은 선택과 결정 앞에 서고, 이로 인한 갈등을 겪고 있습니다. 그럴수록 분명하고 흔들리지 않는 기준을 세우고 승리를 예견할 수 있는 귀한 결정, 위대한 선택을 붙드시길 응원합니다!

울산 온양순복음교회

시골목사 안호성

프롤로그

PART 1

좁은 길을
선택하는 삶

⤵ ⤴ ⬆

contents

PART 2

택한 길로
나아가는 삶

BAD   GOOD   GREAT

좁은 길을
선택하는 삶

왕상 19:19-21 엘리야가 거기서 떠나 사밧의 아들 엘리사를 만나니 그가 열두 겨릿소를 앞세우고 밭을 가는데 자기는 열두째 겨릿소와 함께 있더라 엘리야가 그리로 건너가서 겉옷을 그의 위에 던졌더니 그가 소를 버리고 엘리야에게로 달려가서 이르되 청하건대 나를 내 부모와 입맞추게 하소서 그리한 후에 내가 당신을 따르리이다 엘리야가 그에게 이르되 돌아가라 내가 네게 어떻게 행하였느냐 하니라 엘리사가 그를 떠나 돌아가서 한 겨릿소를 가져다가 잡고 소의 기구를 불살라 그 고기를 삶아 백성에게 주어 먹게 하고 일어나 엘리야를 따르며 수종 들었더라

선택의
다른 이름

01

왜 우리는 선택하며 살아야 할까

프랑스의 철학자 장 폴 사르트르는 "인생은 B와 D사이의 C"라고 말했다. 우리 인생은 탄생(Birth)에서 죽음(Death) 사이의 수많은 선택(Choice)이 결정한다는 말이다. 내가 깨닫든 못 깨닫든 우리는 매일 수많은 선택을 하며 살아간다. 어떤 옷을 입을 건지와 같은 작은 일부터 직업이나 배우자를 결정하는 중대한 일까지 아주 많은 선택이 있다. 그렇게 인생은 선택의 연속이다.

인생의 가치와 행복, 승리에서 이 선택의 가치는 정말 중요하다. 선택과 결정의 과정 중 어떤 선택을 했느냐가 결국 인생의 성패를 좌우한다. 잠들기 전 하루를 곰곰이 되돌아보면 후회스러운 선택도 있고 좋은 선택도 있겠지만 그나마 후회되는 선택보다 좋은 선택이 좀 더 많았다면 그 하루는 그래도 잘 산 것이다. 한 해도 그렇고 일생도 그렇다. 한 해의 마지막 날, 그리고 내가 눈을 감는 순간 한평생을 되돌아보니 잘못한 결정, 후회스러운 선택보다 잘한 선택과 좋은 결정들이 많았다면 그래도 내 인생은 성공했다고 자평할 수 있을 것이다.

선택이 실패할 때 승리의 인생은 없다. 후회하지 않을 선택을 많이 하고, 후회할 선택을 좀 더 줄이고, 좋은 선택을 늘려갈 때 우리는 행복한 길을 걸으며, 먼 훗날 웃게 될 것이다.

왜 선택을 해야 하고, 선택이 우리 삶에서 중요한 가치가 되었을까? 선택은 '제한'이라는 조건에서 출발한다. 무제한으로 주어질 때는 선택을 할 필요가 없다. 하지만 우리 삶은 제한적인 조건으로 시간, 물질, 사람, 열정과 에너지 등이 늘 부족하기 때문에 그 안에서 더 중요한 가치들을 선택할 필요가 생긴다.

예를 들어, 중국집에 가면 짜장이냐 짬뽕이냐를 고민한다. 둘 다 먹으면 안 될까? 된다. 하지만 제한적인 돈으로 둘 중 뭔가를 포기해야 한다면 그것이 선택이다. 뷔페는 어떨까? 이미 돈도 냈고 차려진 음식을 얼마든지 먹을 수 있으니 일견 무제한인 것 같지만 내 위(胃)의 용량에 제한이 있다.

제한적인 조건과 환경은 끊임없이 선택을 요구한다. 우리가 가진 재능과 시간, 물질, 건강, 영향력은 항상 제한적이므로 이것들을 가장 좋은 곳, 꼭 필요한 곳에 써야 하고, 그런 곳을 제대로 선택하기 위해 선택의 가치와 선택의 방법을 잘 배워야 한다.

하나님이 우리에게 주신 시간과 열정, 가진 물질, 지식과 재능, 영향력 등은 극히 제한적이다. 간당간당하게 인생을 살아갈 정도로만 주신다. 왜일까? 우리 믿음을 보길 원하시기 때문이다. 하나님은 제한이 있는 조건과 상황을 주셔서 우리의 믿음을 보신다. 우리가 과감하게 포기하는 것을 통해 우리가 무엇에 집중하는지를 보신다. 사람들이 믿음을 어렵게 생각하는데 신앙생활은 복잡한 것이 아니다. 이 선택의 승리가 바로 믿음이다.

선택은 덧셈이 아니라 뺄셈이다

새해가 되면 사람들은 이번 한 해를 잘 살기 위해 많은 것을 선택하고 결단한다. 이것도 더하고 저것도 더하며 성공을 위해 달려간다. 그런데 자기는 선택한다고 생각하지만, 덧대느라 아무것도 하지 못하는 사람이 있다. '영어도 해야지, 중국어도 해야지, 독서도 해야지' 하다가 아무것도 못 한다.

뭔가를 계속 더하는 것이 인생의 성공을 보장하는 게 아니다. 진정한 성공은 내 삶에 더할 것을 찾기보다 빼는 것이다. 쓸데없이 시간 낭비하던 유튜브 시청을 빼버리고, 게임을 중단하고, 이렇게 뭔가 포기해야 진짜 선택이 이루어진다. 우리는 선택한다고 하면서 포기할 줄 모른다. 그러나 작년에 버리고 왔어야 할, 작별했어야 할, 끊어야 할 구습과 썩어질 나의 옛 모습을 과감하게 포기하는 것이 진정한 승리의 선택이 될 수 있다.

우리는 선택을 플러스(+)의 개념으로 생각해 "선택했다" 하면 내 인생에 뭔가를 더한다고 생각하는데, 선택은 오히려 마이너스(-)다. 선택하려면 반드시 뭔가를 포기해야 한다. 대부분의 선택에는 하나를 더할 때 외적으로 감해져서 포기해야 하는 것이 많이 있다. 그래서 선택의 또 다른 이름은 '포기'다. 선택은 선택한 그것에 집중하려고 하는 것이다. 그 집중을 가능케 하는 것이 포기다. 과감하게 나머지 것들을 포기해야 선택이 가능해진다. 집중한다는 것은 나머지 것들을 포기하고, 그 하나에 내 열정, 시간, 에너지를 쏟겠다는 것이다. 그것이 선택의 진정한 의미다.

디지털카메라 덕분에 연속으로 촤르르륵 촬영하는 요즘 아이들은 모르겠지만 나처럼 필름 카메라 시대를 살았던 사람들은 사진을 함부로 찍지 못했고 지금도 "하나, 둘, 셋" 하며 사진 한 방 한 방을 아껴 찍는다. 필름 한 통으로 24방 또는 36방만 찍을 수 있어서 여행이나 소풍(요즘의 현장학습)을 가면 그 행복한 순간의 수많은 장면 중에서 24 또는 36개를 택해야 했고, 그러자면 나머지 많은 것은 포기해야 했다.

열왕기상 19장에서 전대미문의 존경받는 선지자 엘리야가 다음 시대를 이끌어갈 선지자 후보 엘리사를 찾아온다. 엘리사는 열두 겨릿소를 끌고 밭을 갈고 있던 농부였다. 겨리는 소 두 마리가 끄는 쟁기로, 한 겨릿소는 소 두 마리를 말한다. 열두 겨릿소, 즉 24마리를 쭉 세워놓고 갈 정도니 보통 밭은 아니다. 꽤 풍족하고 안정된 일상을 살아가던 엘리사에게 느닷없이, 난데없이, 뜬금없이, 준비되지 않은 상황에 엘리야가 찾아왔다.

하나님의 소명과 부르심 앞에서 엘리사는 위대한 엘리야의 뒤를 이어 시대의 선지자 역할을 할 영적 삶을 선택한다. 우리는 '좋은 길을 선택했구나' 생각하지만, 선택했더니 어떤 일이 벌어지는가? 그 선택에 수많은 포기가 동반된다. 부모님과 작별해야 했고, 안락하고 풍족했던 자신의 안정된 인생을 접어야 했다. 엘리사는 지금까지 밭을 갈고 있던 쟁기를 불사르고 소를 잡고 삶아 백성들에게 나누어준 뒤 쿨하게 엘리야의 뒤를 따라갔다. 정말 멋지다. 이것이 바로 선택이다. 위대한 삶을 선택했다는 것은 그 이전의 평온하고 안정되고 익숙했던 삶을 포기했다는 의미다.

엘리사가 사명을 좇아 자신의 풍족과 평안의 상징이던 농기구와 소를 불사르고 떠났듯이 아브라함도 부르심을 따라 본토 친척 아비 집을 포기하고 떠났다. 정든 관계와 감정과 익숙함과 풍족, 안정과 안녕을 포기할 때 그 선택이 유효하다. 우리는 모두 아브라함처럼 복의 근원이 되는 삶을 원하는데, 그렇게 되기 위해서는 '포기'를 해야 한다.

선택과 포기가 기회를 성공으로 이끈다

우리나라에서 3·1 독립운동이 일어났던 1919년에 미국에는 인간의 한계에 도전하는 사람들이 있었다. 뉴욕의 호텔 왕으로 불린 레이몽 오티그는 뉴욕에서 프랑스 파리까지 중간 급유 없는 대서양 횡단에 2만 5천 달러의 상금을 걸었다. 이에 위대한 모험과 도전가 정신으로 수많은 사람이 이 일에 나섰다가 실패했고, 목숨을 잃기도 했다. 중간 급유 없이 대서양을 건너려면 할 수 있는 한 연료를 최대한 많이 실어야 했는데, 그러다 보니 너무 무거워서 이륙하지 못하는 사람이 많았다.

그때 뉴욕과 세인트루이스를 오가며 우편물을 배달하는 항공 우편 배달부인 25세의 찰스 린드버그(Charles Augustus Lindbergh)가 이 위대한 도전을 감행하기로 한다. 그는 최대한 연료를 많이 실으려고 공간을 개조해서 연료 탱크를 추가 설치했다. 조종석 앞까지 연료 탱크를 실어 앞을 볼 수가 없자 잠망경으로 앞을 보며 운행할 정도였다.

앞이 보이지 않을 만큼 연료를 실었다면, 이제는 무게를 줄여서 연비를 높여야 한다. 그는 최대한 무게를 줄이기 위해 비행에 필요하지 않은 것은 모두 떼어버리기로 했다. 가장 먼저 버린 것은 낙하산이었다. 낙하산의 무게가 얼마나 되겠는가. 그는 죽기를 각오하고, 반드시 회항하지 않고 대서양을 횡단하겠다는 굳은 결의로 낙하산마저 빼버린 것이다. 낙하산을 버리자 다른 것의 포기는 쉬웠을 것이다.

그렇게 모든 것을 포기하고 비행에 꼭 필요한 요건만 갖춘 채 1927년 5월 20일, 그는 드디어 뉴욕 커티스 비행장을 이륙해 꼬박 하루하고도 8시간을 더 날아 마침내 1927년 5월 21일 파리에 착륙했다. 잠도, 식사도 포기한 채 무려 33시간 30분 동안 5,800킬로미터를 날아가 이뤄낸 기적 같은 성공이었다. 그는 미국-프랑스 대서양 무착륙 단독비행에 최초로 성공했고 타임지 선정 '올해의 인물'의 초대 주인공이 되었다. 하루하루 우편물을 배달하며 먹고살기 바빴던 인생에서 영웅적 인생이 된 것은 찾아온 기회와 결정적 선택, 더 나아가 과감한 포기가 이뤄낸 결과물이다.

저마다 멋진 인생과 거룩한 신앙의 길을 선택했다고 주장한다. 누구나 위대한 인생을 꿈꾸지만 아무나 될 수 있는 것은 아니다. 우리 인생에 위대함이 찾아올 때는 늘 "너 이거 포기할 수 있겠니?"라며 노크한다. 누구나 좋은 길을 선택하는 것은 즐거워하지만 그 선택을 위해 포기해야 할 것은 별로 생각하지 않는다. 저마다 꿈을 선택하고 원하는 직업과 삶을 그려보지만 꿈과 미래에 대한 상상이 그냥 꿈같은 소리로 끝나는 것은 그 때문이다.

인생의 성공과 신앙의 결단은 마치 대서양을 횡단하는 일과 같다. 제한된 공간에서 연료를 선택하기 위해 다른 장비를 포기하고 식사를 포기하고 잠을 포기하듯이 우리도 진정한 가치를 선택하기 위해 포기할 것이 많다. 변화가 이뤄진 사람은 입으로 결단하고 선택하는 것이 아니라 삶으로 포기한다. 외적인 것들을 포기할 때 반드시 성숙이 일어나고 변화가 일어난다.

뭔가를 선택하려 하는가? 그렇다면 많은 것을 포기하라. 꿈꾸는 자와 꿈같은 소리를 하는 자의 차이가 여기 있다. 포기를 수도 없이 이루어가는 사람은 오늘도 꿈꾸는 자다. 그러나 포기 하나 없이 꿈만 꾸고 있다면 꿈같은 소리만 하는 한심한 인생이다. 찰스 린드버그의 영예, 엘리사와 아브라함의 복된 결과물만 부러워할 것이 아니라 풍족함, 안전과 익숙함, 낙하산과 같은 안전장치마저 포기했던 그들의 정신과 각오를 본받자. 그래야 우리에게서도 변화와 위대한 축복의 삶이 비로소 시작될 것이다.

구원과 믿음의 길에도 포기가 필수다

우리는 세상 것과 썩어질 구습은 포기하지 않은 채 하나님을 선택하고 신앙을 선택했다고 말만 한다. 그것은 선택했다는 착각인지도 모른다. 이 선택은 이루어진 것이 아니다. 포기해야 한다.

열왕기상 18장에서 엘리야 선지자는 이스라엘 백성들에게 서슬 퍼렇게 "너희가 어느 때까지 둘 사이에서 머뭇머뭇하려느냐 여호와가 만일 하나님이면 그를 따르고 바알이 만일 하나님이면 그를 따를지니라!"(왕상 18:21)라고 선포한다.

이스라엘 백성은 하나님을 선택했고, 버린 적이 한 번도 없다. 그러나 하나님을 선택했다고 하는데 하나님을 믿은 적도 없다. 하나님을 내 인생의 주인이요 왕으로 선택했다고 하면서도 하나님과 함께 갈 수 없는 바알과 꾸역꾸역 함께 갔다. 이것은 믿음이 아니다. 하나님을 선택하고 신앙을 선택했다면, 세상의 바알을 포기하고 세상의 아세라를 버려야 한다. 그런데 우리는 찌질하고 음습하게 둘 사이에서 양다리를 걸치고 간을 보고 '썸'타고 있다.

신앙의 모양으로 살아가는 듯하고 신앙의 자리에 와서 앉아 있어도 과감하게 바알과 아세라를 포기하지 못하고 있다면 진짜로 하나님을 선택하고 믿음의 길을 선택한 것이 아니다. 믿음은 결단이다. 진짜로 선택하는 것이다. 입으로만 선택했다고 말할 뿐 포기하고 버린 것이 없다면 그 선택은 가짜다.

자유 대한민국으로 목숨 걸고 탈북한 어부가 있었다. 그는 아들과 배를 타고 남쪽으로 가다가 북한 경비정이 따라오면 슬그머니 북쪽으로 올라가며 고기 잡는 척하고, 다시 남하하다 경비정이 오면 북으로 올라가기를 반복했다. 그러나 경비정이 이들을 완전히 떠나갔을 때부터는 좌표를 울릉도로 찍고 무조건 남하했다.

그는 탈북하면서 아들도 속였다. 후에 아들은 그때 상황이 이상했다고 회상한다. 고기잡이에 나선 아버지가 출항하자마자 그물을 뜯고, 그물을 걷어 올리는 양망기(무게가 약 300-400킬로그램 정도 된다)를 떼어버렸기 때문이다. 어부에게 그물과 양망기는 전 재산이다. 다시 돌아오지 못할 도전이며 선택임을 알았을 어부는 기름이 빠듯할 것을 예상해 무게 나가는 것을 다 버리고 아들과 자신의 몸만 남긴 것이다.

나는 이들에게서 우리 구원의 모습을 본다. 구원으로 가는 길은 녹록지 않다. 예수님도 그분을 믿는다는 것만으로도 수많은 박해와 아픔이 있을 것을 말씀하시며 불쌍히 여기셨다. 좁은 길은 여유롭지 않으며 많은 조건이 제한적이다. 하나님께서 우리에게 맡기신 모든 에너지와 자원을 다 모으고 집중해야 겨우 도착할 수 있는 길이다. 하지만 너무나도 가치 있는 영생의 길이며 우리는 그 길을 선택했다.

그러나 아직도 혹시나 하는 마음에 양망기를 남겨두고 많은 것을 덕지덕지 붙인 채 하나님과 바알 사이에서 머뭇머뭇하며 '나는 믿음의 길을 선택했다, 예수의 길을 선택했다'라고 착각하는 목회자와 성도가 얼마나 많은지 모른다. 나부터 그럴까 두렵고, 우리 교회가 그런 교회가 될까 두렵고, 우리 성도들이 그런 길을 걸을까 두렵다. 정신 차리고, 하나님이 맡기신 믿음의 길을 끝까지 경주하자. 그 길을 완주하기 위해 포기해야 할 것이 무엇인지, 불살라야 할 농기구가 무엇인지, 떠나야 할 본토 친척 아비 집은 무엇인지 잘 살펴 깨닫고, 과감히 포기하고 결단하자.

지금 해야 할 일과 진짜 하고 싶은 일

우리는 좋은 선택으로 훗날 오늘보다 성장하고 성숙한 믿음의 공동체와 가정, 인생을 이루어가야 하는데 그렇다면 어떤 일을 하기로 선택해야 할까? 나는 크게 두 가지를 말해주고 싶다.

첫째, 지금 해야 할 일을 선택하라. 내가 자주 하는 말인데 지금 하고 싶은 일만 하고 살아가면 먼 훗날 하기 싫은 일을 하며 살아야 하고, 오늘 내가 꼭 해야 할 일을 하고 살아가면 먼 훗날 하고 싶은 일만 하고 살 수 있다.

그런데 이 지혜를 가르쳐주는 사람이 별로 없다. 내가 어렸을 때 누군가가 이런 조언으로 나를 이끌어줬다면 내 인생은 많이 달라졌을 것 같다. 지금의 모습으로 산다 해도, 이렇게 많은 대가를 지불하지 않고 더 쉽게 이 길을 찾고 왔을 텐데, 이러한 가치를 알려주는 어른들이 없었다. 그래서 나는 기회가 있을 때마다 우리 자녀들, 내 사랑하는 성도들과 독자들에게 이것을 알려주고 싶다.

어른이어도 철들지 못한 사람이 많다. 자기가 하고 싶은 대로, 감정이 끌리는 대로 즉각적으로 하고 싶은 일만 하며 살아간다. 그러면 나중에 반드시 지긋지긋하게 싫은 환경과 하기 싫은 일을 감당하며 살아가야 한다. 그 대가를 나 혼자 치르면 그나마 나은데 소중한 내 가족이 그 하기 싫은 일을 함께 감당하며 살아야 할 수도 있다. 그래서 오늘 '하고 싶은 일'보다 '해야 할 일'을 선택하고 집중하는 지혜가 필요하다.

둘째, 진짜 하고 싶은 일을 선택하라. '금방 하고 싶은 일만 하면 큰일 난다더니?'라는 생각이 들었는가? 여기에는 단서가 붙는다. '진짜' 하고 싶은 일이다.

진짜 내가 하고 싶은 일을 해야 나중에 웃는데 자기가 진짜 하고 싶고 좋아하는 것이 뭔지 잘 모르는 사람들이 많다. 내가 좋아하는 것을 선택하며 오늘까지 살아왔다고 생각하는데, 나중에 지나고 보면 전혀 기쁨이 되지 못하는 것들이 많다. 지금 즐겁고 행복해서 좋아한다고 착각할 수 있고, 시대 상황에 쫓기거나 주변의 강요로 세뇌되어 그렇게 생각할 수도 있다.

유행하는 패션 브랜드가 대표적인 예다. 너무도 갖고 싶어 안달했는데 몇 년 지나면 그 옷을 입고 다니는 사람도 없다. 많은 사람이 속고 있는데 간절히 원한다고 좋아하는 것이 아니다. 좋아하는 것과 원하는 것은 다르다. 우리는 공동체 안의 무리가 다 소유한 것들을 원한다. 나만 없으면 이상하고, 뒤처진 것 같아서 특정 브랜드를 원한다. 그런데 그 무리를 떠나 혼자가 돼도 그것을 원할까? 그때 원하지 않을 것은 진짜 좋아하는 것이 아니다.

이 시대의 가치관은 우리 자녀들에게 먹고사는 것, 편안하고 안정적인 직업을 택하라고 강요한다. 진짜 자기가 뭘 좋아하는지도 모른 채 평생 싫어하는 일을 꾸역꾸역하면서 버티며 살아가는 것을 성공이고 좋아하는 일을 하며 살아가는 거라고 세뇌시킨다. 그러나 이 길이 성공이라고 나를 떠미는 곳으로 가지 말고, 진짜 내가 하고 싶은 일과 살고 싶은 삶을 선택하여 살아가야 한다.

후회하지 않을 진짜 선택은 현재의 즐거움보다 미래의 행복이고, 잠시 잠깐의 행복이 아니라 장기적이고 지속적이며 영원한 행복이다. 진짜 좋아하는 것, 원하는 것을 찾아야 한다. 진짜 원하는 것을 선택할 때 포기의 고통을 넉넉히 이길 진짜 행복과 기쁨을 얻고, 그것으로 넉넉히 이긴다.

진정한 기쁨과 행복은 고통을 이긴다

나를 비롯해 임신과 출산을 체험하지 못하는 남자들은 산통(産痛)이 어느 정도인지는 잘 모른다. 고통의 지수를 수치화한 논문이 있는데 10을 최고의 고통으로 했을 때 1등은 불에 타 죽는 고통이다. 출산의 고통은 상위권에 올라 있는데 총상의 고통보다 무려 3배나 높다. 그러니까 아기를 낳는 고통은 총을 3방 맞는 고통과 같다는 것이다. 형제님들이 아무리 잘난 척하고 군대 얘기를 해도 아기를 낳은 분들 앞에선 꼼짝 못 한다.

그런데 어머니들은 그런 엄청난 고통을 겪고도 왜 출산의 길을 선택할까? 너무 고통스럽지만 정말 행복하기 때문이다. 내 속으로 낳은 아이를 처음 안았을 때의 감격과 기쁨은 무엇과도 견줄 수 없기에 열 달을 품는 수고와 해산의 고통을 무릅쓰는 것이다.

그 선택은 또한 포기를 동반한다. 태아를 자궁에 착상시켜 생명을 얻으려면 내 생명을 포기해야 한다. 면역이 강하면 수정란(배아)을 이물질로 인식해 면역세포가 공격하기 때문에 모체(母體)는 자신의 면역력을 떨어뜨려 수정란의 착상을 돕는다. 임신부가 특히 음식을 조심해야 하는 것은 그와 같은 면역력 저하로 식중독 같은 일상적인 변수에도 생명의 위협을 받기 때문이다. 위대한 세상의 어머니들은 그 위대한 고통을 선택한다.

자녀이면 또한 상속자 곧 하나님의 상속자요 그리스도와 함께한 상속자니 우리가 그와 함께 영광을 받기 위하여 고난도 함께 받아야 할 것이라 생각하건대

상속을 받으려면 부채도 받아야 한다. 부채는 쏙 빼놓고 유산만 받을 수는 없다. 이같이 장래에 하나님의 영광을 받으려면 고난도 함께 받아야 한다는 것이다. 어떤 일이든 힘듦과 관계의 어려움과 복잡함이 있다. 우리는 현재의 고난 때문에 내가 진짜 원하는 삶을 포기한 채 나중에 후회할 일들을 선택하고서도 이것이 내가 좋아하는 것이라고 착각한다. 그러나 실은 진짜 원하는 삶을 선택해서 현재의 고난과 아픔을, 포기의 상실감을 이겨내야 하고, 진짜 원하는 것을 하는 기쁨은 고난과 상실감을 이길 힘을 준다.

불광불급(不狂不及)이라는 말이 있다. "미치지(狂) 못하면 도달하지(及) 못한다"라는 뜻으로, 어떤 분야에 미쳐서 즐겁게 행하지 않으면 그 목표와 목적에 도달할 수 없다는 것이다. 사도 바울의 고백이 그렇지 않은가.

누가 우리를 그리스도의 사랑에서 끊으리요 환난이나 곤고나 박해나 기근이나 적신이나 위험이나 칼이랴 … 그러나 이 모든 일에 우리를 사랑하시는 이로 말미암아 우리가 넉넉히 이기느니라 **롬 8:35,37**

환난과 곤고와 박해와 기근과 적신과 위험과 칼이 쉽거나 재미있어서 감당하는 것이 아니라 예수님을 너무너무 사랑하기 때문에, 그 사랑하는 마음이 크고 그 길이 행복하니 그 고통과 고난도 넉넉히, 너끈히 이길 힘이 생긴다는 것이다. 그러니 지금 잠깐의 행복을 위해 진짜 원하는 것과 장래에 누릴 기쁨을 포기하지 말자. 오늘의 허접함 대신 후회하지 않을 삶을 선택하자.

그 선택을 지금 하라

우리 인생에 정말 중요한 선택들은 좋은 것과 나쁜 것보다는 좋은 것과 좋은 것 중에서 선택하는 것이다. 하나는 선이고 하나는 악이면 선택하기 쉬운데 이것도 좋고 저것도 좋으면 포기하기도 선택하기도 어렵다. 그런데 우리의 일생을 뒤집어 놓는 결단은 이 좋은 것들을 포기하는 것이다. 그때 우리의 미래가 바뀐다.

누가복음 10장에 나오는 마르다와 마리아 중 누가 나쁜 일을 했는가? 주의 발 앞에 엎드려 말씀 듣는 마리아가 나쁜가, 아니면 예수님을 열심히 섬기는 마르다가 나쁜가? 좋고 나쁨, 선과 악의 싸움이 아니다. 틀리고 맞음도 아니다. 좋은 일과 좋은 일이다. 그러나 마르다의 실수이자 실패는 화가 나서 "아니, 예수님 뭐하십니까? 마리아에게 저를 도와주라고 말씀해주세요"라며 예수님께 따진 것이었다. 왜 마르다는 좋은 일을 하다 실패했을까?

그녀는 몰랐다. 내가 좋은 일을 한다고 생각했지만 관계와 감정, 상황 속에서 이 일은 어쩔 수 없이 했던 것이었다. 그러나 마리아는 진짜 좋은 편을 선택했다. 예수님은 마르다를 아셨다. 그분이 마르다를 만드셨기에 그녀의 본질과 능력을 아시고 "너무 많은 것을 다 하려고 하지 마라. 네가 좋아하는 것 한 가지만 해"라고 말씀하신다.

몇 가지만 하든지 혹은 한 가지만이라도 족하니라 마리아는 이 좋은 편을 택하였
으니 빼앗기지 아니하리라 하시니라 눅 10:42

어느 날 이 말씀을 묵상하다가 마르다도 사실은 예수님의 말씀을 듣고 싶었다는 것이 깨달아져 마르다를 새로운 관점으로 보게 되었다. '나라고 말씀 안 듣고 싶은 줄 알아요?' 이 마음이 있으니 화나고 불안한 것이다. 좋은 편을 택했어야 했다. 진짜 좋은 일은 협박, 곤고함도 뺏을 수 없다. 그렇다면 마리아는 어떠한가?

"좋은 편을 택하였으니 아마 누구한테도 빼앗기지 않을 걸."

우리도 좋은 편을 선택해야 한다. 세상 무엇이 와도 진짜 좋은 하나님의 은혜와 믿음을 빼앗겨서는 안 된다. 끝까지 가자. 남들에게 편승해, 혹은 세상이 몰아가는 것을 내가 좋아하는 것이라고 착각하며 끌려가지 말자. 나도 그렇지만, 관계와 체면 또는 상황과 처지 때문에 내가 좋아하지도 않는 일을 억지로 하는 경우가 정말 많다. 진짜 좋은 편을 택하자. 그게 행복한 길이다.

예전에 젊은이들에게 "10년 전으로 돌아간다면 당신은 어떤 일을 하겠는가?"라는 설문조사를 했더니 절대다수가 자신과 아버지의 전 재산을 털어, 영혼까지 탈탈 털어 비트코인을 사겠다고 대답했다. 10년 전만 돌아가면 '아, 이게 좋은 선택이었구나'를 알 수 있는 일들이 많다.

나는 20년 전으로 돌아가면 꼭 하고 싶은 것이 있다. 내 과거의 선

택 중 가장 잘했다고 생각한 선택. 바로 울산 땅 남창이라는 시골 마을로 내려와 개척의 첫 삽을 뜬 그 선택을 또 하고 싶다. 사랑하는 아내를 만나 결혼한 그 선택도 과거의 선택 중 가장 잘한 선택이라고 생각한다. 그때는 아무것도 보장되지 않은 깜깜한 터널 속 같아 두려웠지만, 그때 첫 삽을 뜨지 않았다면 오늘은 없었을 것이다. 그래서 그날이 너무 감사하다. 오늘도 나는 남은 인생 가운데 그런 눈물 나는 아름다운 선택을 이어가길 소망한다.

10년 전으로 돌아간다면 당신은 어떤 일을 하겠는가? 20년 전, 30년 전, 40년 전으로 돌아가면 무슨 선택을 하겠는가? 그 후회하지 않는 선택을 오늘 해야 한다. 당신이 10년 뒤, 20년 뒤에 '아, 그때로 돌아가면 이거 할 수 있었는데' 하고 돌아오고 싶어 하는 그날이 바로 오늘이다. 무엇이든 선택하고 무엇이든 결정할 수 있는 그 기적 같은 날이 바로 오늘이다. 오늘, 그 선택을 하라.

왕상 22:7,8 여호사밧이 이르되 이 외에 우리가 물을 만한 여호와의 선지자가 여기 있지 아니하니이까 이스라엘의 왕이 여호사밧 왕에게 이르되 아직도 이믈라의 아들 미가야 한 사람이 있으니 그로 말미암아 여호와께 물을 수 있으나 그는 내게 대하여 길한 일은 예언하지 아니하고 흉한 일만 예언하기로 내가 그를 미워하나이다 여호사밧이 이르되 왕은 그런 말씀을 마소서

길을 물어도 좋을 자를
선택하라

02

내 곁에서 꿈을 심어주는 자

한 젊은이가 있었다. 카이스트를 졸업하고 과학기술 전문 변호사가 되려고 연세대 법학전문대학원(로스쿨)에 다니던 2012년, 의료사고로 시력을 잃고 하루아침에 1급 시각장애인 판정을 받게 된다. 너무도 절망스러운 상황에서도 그가 극단적인 생각을 하지 않을 수 있었던 것은 바로 그의 어머니 덕분이라고 한다.

성인이 되어 사고로 후천적 장애가 생긴 사람은 선천적 장애가 있는 사람보다 박탈감이 크고 적응 과정도 훨씬 힘들다. 그런 아들을 보며 어머니는 아들 이상으로 속상했을 것이다. 그런데도 아들 앞에서 병원을 비난하거나 낙심하는 모습을 보이지 않았고, 이 절망적인 상황에서 오히려 아들에게 비전을 심어주었다. 우리나라 제1호 시각장애인 법조인인 김재왕 변호사와 제1호 시각장애인 판사인 최영 판사의 이야기를 들려주며 "네가 눈에 현혹되고 보이는 것에 지배받지 않고 약자와 소외된 사람들의 이야기를 잘 들어주는 판사가 되었으면 좋겠다"라고 꿈을 준 것이다.

시각장애인들을 위한 학업 인프라가 너무 열악해 공부하기는 너무 힘들었지만, 그는 현실에 굴하지 않고 남들보다 몇십, 몇백 배 노력하며 어머니가 꿈과 비전으로 인도해준 인생길을 개척했다. 우리나라 제 2호 시각장애인 판사가 된 김동현 판사의 이야기다.

곁에 누가 있느냐가 이렇게 중요하다. 인생은 선택의 과정이고 인생의 성패는 선택의 결과물이다. 좋든 나쁘든 많은 선택과 결정이 모여 내 인생을 만들어간다. 사회적, 관계적 존재인 우리는 힘든 일을 당하거나 어려운 결정을 앞두고는 누군가와 의논하고 조언받을 때가 많은데, 그 의논 상대에 따라 결과는 물론 인생마저 크게 달라질 수 있다. 그래서 좋은 조언자를 선택하는 것이야말로 인생에서 가장 중요한 선택 중 하나다.

흔히들 '내가 이 사람에게 이 문제에 대해 상담했더니 이 사람이 이렇게 조언해줘서 그 영향으로 내가 이렇게 결정했다'라고 생각한다. 그러나 실은 조언 내용보다 내가 어떤 조언자를 선택해 찾아갔느냐가 그 다음 행보를 결정한다. 사실 우리는 그 조언자가 어떤 성향이고 어떻게 살아왔는지 알며, 그래서 그에게 가면 어떤 말을 듣게 될지도 대략은 안다. 우리는 내가 원하는 답을 들려줄 사람을 찾아가는 경향이 있다. 이 사람에게 가면 어떤 대답을 해줄지 이미 알고 있으니 자기 선택의 발걸음을 점검해야 한다.

당신이 어떤 문제로 무당을 찾아간다고 하자. 무당이 "당신 요즘 기도생활 잘 안 하지요? 새벽기도 나가세요" 이렇게 말할까? 결국은 굿을 하든지 부적을 쓰라고 한다. 그러면 목사님은 뭐라고 조언할까? "이 정도의 큰 문제는 기도로는 풀 수가 없으니 굿이라도 한 판 합시다!" 할까? 전혀 그렇지 않다는 것을 다들 안다. 그래서 '내가 그 사람을 찾아가서 조언을 들었다'라고 생각하지만 이미 답을 알고 가는 것이다. 기도하고 싶은 사람은 목사님을 찾고, 굿이나 부적을 원하는 사람은 무당을 찾는 것이다.

질문하고 조언 구할 사람을 선택하는 순간 내 미래와 인생의 다음 행보가 결정되니 내가 조언을 구하는 그가 좋은 조언자인지, 내 인생 혹은 내 자녀의 삶을 맡겨도 좋을 멘토인지 생각해보자. 그리고 그런 자를 선택하는 지혜와 축복이 있기를 바란다. 이것만 잘해도 인생이 아주 풍요하고 아름다워질 수 있다.

꿈과 비전을 선포하는 멘토를 택하라

이스라엘 백성은 척박한 광야에서 힘겨운 하루하루를 보내며 행진하고 있었다. 그러나 그들에게는 하나님이 주신 비전과 소망의 약속이 있었으므로 그들은 열악하고 고단한 현실에서도 하나님이 주신 약속을 끝까지 바라봐야 했다. 그러나 그들은 이 선택 하나를 잘못해서 망했다. 이스라엘 백성에게는 열두 명의 지도자가 있었다. 그들은 가나안 땅을 정탐하고 와서 백성들에게 그 땅에 대해 보고했는데 의견이 둘로 갈렸다.

"우린 망했습니다. 우리가 들어가서 정복해야 할 저 가나안 땅에는 너무도 기골이 장대한 아낙 자손들이 버티고 있어요. 또한 그 성읍들은 너무 견고해서 우리가 감히 뚫을 수 없는 난공불락입니다. 그들의 눈에 우리는 마치 메뚜기처럼 연약해 보입니다."

"여러분, 현실의 문제와 상황을 보지 마세요. 하나님이 우리에게 주신 비전과 꿈을 봅시다. 저희가 본 그 땅은 젖과 꿀이 흐르는 아름다운 땅이에요. 하나님께서 우리와 함께하시면 그 약속은 유효할 것입니다. 그 땅은 우리의 것이 될 거예요. 그들은 우리의 밥입니다!"

정신 안 차리고 넋 놓고 살아가면 어떤 음성이 내 마음에 잘 들리는가? 우리 삶은 영적으로 깨어 있지 않을 때, 그래서 기도하지 않고 믿음의 눈으로 하나님을 바라보지 못할 때는 녹록지 않은 현실과 처지만 보인다. 가능성이 발목을 잡고 확률과 통계가 내 기를 죽인다. 그럴 때 우리는 부정적으로 말하는 자들에게 마음과 귀를 열고 조언을 구한다. 그런 자들은 100퍼센트, 하나님을 등지고 배반과 모반의 애굽으로 돌아가는 길을 제시한다.

현재의 열악함은 잠시뿐이다. 하나님을 믿는다고 좋은 일만 있는 것은 아니다. 교회를 다녀도 넘어지고 실패할 때가 있다. 하나님은 우리에게 모든 승리가 아니라 최후 승리를 주시는 분임을 알아야 한다. 그러니 과거의 실수나 현실의 초라함에 매이지 말라. 눈앞에 보이는 성적표의 점수만으로 미래를 예단하지 말라. 믿음의 눈을 들어서 보라. 사람의 중심을 보고 미래를 꿈꾸어 비전을 선포해주는 조언자가 옆에 있다면 그 인생은 소망이 있다.

멘토로 삼으면 안 될 사람들이 있다. 과거에 매여 상처와 복수심으로 이를 가는 사람, 현실의 먹고사는 문제에만 매몰된 사람, 현재 상황만 보고 속단하는 사람, 콤플렉스가 많고 악한 마음과 분노가 많은 사람이 리더와 멘토가 되어서는 안 된다. 매사 시비를 가리며 부정적인 말을 달고 사는 사람, 남을 탓하고 책임을 전가하는 사람은 아주 위험한 사람이다. 이런 사람들을 피하고, 꿈과 비전을 심어주는 조언자와 멘토를 곁에 두어야 당신도 꿈과 비전의 사람이 되고, 위대한 인생의 첫발을 뗄 수 있다.

여덟째이자 막내인 다윗은 아버지조차 그를 건너뛸 만큼 '열외'된 자로 처지도 가능성도 비관적이었지만 사무엘 목사님은 그에게 이스라엘 왕이 될 것이라는 비전을 주었다. 인생의 문제와 길을 물을 때 조언자가 누구인가가 내 인생과 내 자녀의 삶을 가르는 만큼, 여호수아와 갈렙처럼 약속을 상기시키고 희망을 노래하는 자, 꿈과 비전을 말하고 전진하는 자를 당신의 조언자로 택하고 곁에 두기를 바란다.

꿈을 나누고 전달하는 릴레이

1920년 벨기에 안트베르펜올림픽에서 100미터 육상 금메달을 딴 미국의 찰리 패덕(Charlie Paddock)은 클리블랜드의 한 고등학교에서 강연하면서 "지금 여러분 중에 나처럼 꿈을 품고 그 꿈에 인생을 걸고 성실하게 노력한다면, 나를 능가하는 올림픽 금메달리스트가 여기서 나오지 말란 법이 어디 있습니까?"라며 꿈을 선포했다.

강연을 마치고 나오는 그에게 한 학생이 뛰어와 물었다.

"아저씨, 저도 아저씨처럼 멋진 꿈을 품고 살아간다면 그런 위대한 인생을 살 수 있을까요?"

찰리 패덕은 그 학생의 어깨를 두드려주며 "그래, 너는 충분히 될 수 있어. 저 많은 사람 중에 내게 달려 나와 이렇게 말하고 선포할 수 있는 용기를 가진 사람은 너밖에 없거든. 이 정도의 용기에 성실함만 더하여 열심히 한다면 아저씨보다 더 멋진 인생을 살 수 있을 거야"라고 격려했다.

16년 후인 1936년, 베를린올림픽에서 한 선수가 찰리 패덕의 기록을 0.5초나 단축하며 세계 신기록을 세우고 미국 육상선수로 금메달 4관왕이 되는 기염을 토했다. 그는 올림픽 명예의 전당에도 올라 있는 올림픽 영웅 제시 오웬스(Jesse Owens)로, 찰리 패덕에게 용기내어 달려왔던 바로 그 학생이다.

그런데 금의환향하던 제시 오웬스에게도 한 소년이 달려와서 "저도 아저씨처럼 멋진 사람이 되는 꿈을 꾸고 싶어요. 저도 아저씨처럼 멋진 육상선수가 될 수 있을까요?"라고 말했다. 제시는 옛날 자신이 고등학생 때 찰리 패덕에게 달려갔던 것이 생각나 "아저씨도 그랬단다. 너도 할 수 있어"라며 아이를 격려해주었는데, 그때 제시 오웬스에게서 꿈을 전달받은 해리슨 딜라드(Harrison Dillard)는 1948년 런던올림픽에서 육상 금메달을 따게 된다.

꿈은 전염되고 확산된다. 누군가가 꿈을 말하고 선포할 때 마음을 열고 인생의 조언자로 받아들이면 내 안에도 꿈의 씨앗이 자라난다. 그래서 내 옆에 꿈꾸고 선포하는 사람, 꿈을 전염시키는 사람을 곁에 두어야 하는데 어른들도 대개 먹고사는 현실에 매이고 과거의 실패나 영광에 묶여 있지, 미래와 비전을 이야기해주는 사람을 만나기가 쉽지 않다.

우리 아이들이 TV에서 강철부대를 보다가 "아빠는 우체국에서 근무했으니 제비! 신속! 정확! 이렇게 경례했어요?"라며 나를 비웃었다. 맞다. 나는 공익으로 복무했다. 그렇지만 나는 해병대에 집회 갔을 때 해병대원들에게 이렇게 말했다.

"나는 공익 근무를 해서 우체국을 지켰습니다. 하지만 하나님나라를 위해 싸우는 영적 군사로서는 최전방의 해병대이고 싶습니다!"

처지와 형편을 보며 현실과 과거만 말하는 자가 아니라 꿈과 비전을 심어주는 자가 곁에 있을 때 우리 인생은 완전히 달라질 것이다. 그리고 당신 또한 그런 사람이 되어주길 부탁한다.

하나님의 뜻을 제대로 전하는 메신저를 택하라

주의 종은 사랑이 많아야 한다고 한다. 맞는 말이다. 우리는 사랑 많은 멘토를 좋아한다. 그런데 때로는 축복의 말, 좋은 말만 해주는 것이 사랑은 아니다. 진짜 사랑은 하나님의 뜻을 그대로 전하는 것이다. 듣는 이의 성장을 위해 문제도 깨어져야 할 부분도 정직하게 말해주는 것, 그러기 위해 단호하게 하나님 앞에 내려놓는 것이 진정으로 중요한 사랑이다.

가짜는 뭔가 얻을 것이 있으면 비위를 맞추지만, 추락하고 넘어지면 버리고 떠난다. 하지만 진짜는 듣는 이가 누구든 그의 허물과 잘못된 길을 그냥 용납하지 않는다. 좋은 길을 가르쳐주고, 바른길로 이끌고, 하나님의 뜻을 알려준다. 그런 조언자를 곁에 두고, 호되고 아픈 말씀을 기꺼이 받아들이고 하나님께로 회복한 자들에게 한계를 뛰어넘는 은혜와 축복이 있다.

다윗이 위대한 인생을 산 것은 그가 온전해서가 아니다. 그는 범죄했고 실수도 많았지만, 하나님의 뜻을 밝히 알려주는 하나님 말씀의 대언자들을 자기 인생의 길을 물을 조언자로 선택했다. 그의 조언자였던 사무엘 선지자는 마음의 중심을 보신 하나님의 뜻을 그에게 비전으로 선포했고, 다윗은 하나님 말씀과 그 뜻을 좇아 선포된 말씀대로 살아갔기에 위대한 인생을 누릴 수 있었다.

그런데 다윗이 하나님 마음에 합한 자로 살아갈 때는 하나님께서 그에게 보여주신 위대한 축복과 비전, 꿈과 소망과 행복한 미래를 선포해주는 것이 맞지만, 그가 하나님의 뜻에 맞지 않게 살아갈 때는 따끔한 책망으로 꾸짖고 돌이키게 해주는 것이 주의 종이며 말씀 선포자의 자세다.

바른길을 제시한 갓 선지자와 바로 순종한 다윗

다윗은 사울 왕의 시기 때문에 생명의 위협을 받으며 쫓겨 다녔다. 나를 미워하는 사람이 동네 이장만 돼도 불편한 게 많은데 절대 주권을 갖고 있던 왕이 나의 적이라면 그 나라에서는 살기 힘들다. 결국 다윗은 그의 부모를 모시고 이방 땅 모압으로 갔다.

하나님을 위해 열심히 일하고 말씀에 순종하며 살아가다가 어려움을 당할 때, 힘들어도 하나님의 시간에 그분의 방법대로 하실 때까지 머물러야 할 신앙의 자리가 있다. 그 예배의 자리, 기도의 자리, 사역의 자리를 지켜야지 그것을 헌신짝처럼 내버려서는 안 된다. 다윗은 처지의 곤란함, 형편의 급박함 때문에 이방 땅을 전전하며 목숨을 부지해보려 했지만 다윗을 향한 하나님의 뜻은 유다 땅, 신앙의 영역 안에 머무는 것이었다.

모압에서 그의 망명 신청이 받아들여졌다. 그곳에는 이스라엘 왕의 권력과 칼날이 미치지 않는다. 이제 다윗은 정적인 사울 왕의 위협에서 벗어나 가족과 함께 안전하고 자유롭게 거할 수 있게 되었다. 그런데 이제 겨우 안식처를 얻고 비로소 발 뻗고 자려고 하는데 바로 그때 갓 선지자가 찾아온다.

> 선지자 갓이 다윗에게 이르되 너는 이 요새에 있지 말고 떠나 유다 땅으로 들어가라… **삼상 22:5**

유다 땅으로 들어가면 나를 죽이려는 사울 왕이 있는데 그 땅으로 어떻게 들어가겠는가. 그리로 가는 길을 몰라서 안 들어가는가? 어떤 때는 이런 갓 목사님을 만나면 정말 난감하다.

갓 선지자는 정말 어려운 말씀을 전했다. 다윗의 처지와 형편을 보면 감정적으로는 할 수 없는 설교였다. 나라면 어땠을까. 하긴 하더라도 직설적으로는 못 하고 빙빙 돌려서, 충청도 스타일로 며칠 걸려서, 문자 메시지로 약간 언질을 주는 정도로 하지 않았을까? 목회자의 갈등과 고민이 얼마나 컸을까. 열심히 신앙생활 하다 아픔을 겪고 이제 겨우 뭔가 새로이 시작하려는 사람에게 이런 설교를 하다니 갓 목사님도 참 대단한 것 같다.

그러나 더 대단한 것은 다윗 장로님, 다윗 집사님이다.

…다윗이 떠나 헤렛 수풀에 이르니라 삼상 22:5

헤렛 수풀은 유다 땅에 있는 영토다. 돌아가라 했더니 바로 떠나 유다 땅에 들어갔다. 그 설교를 듣자 바로 한 절에 끝나 버렸다. 이 시대 우리 얘기였다면 어땠을까? 시험에 들고, 갈등하고, 고민하고, 그러다 깨져서 후회하고, 다시 돌아와 회개하고 은혜받고 그러느라 성경 말씀이 아마 몇십 장은 더 늘어났을 것이다. 하지만 우리가 주저하고 갈등하고 많은 시간을 허비할 동안 다윗은 한 방의 순종으로 멋지게 끝내버렸다.

죄를 지적한 나단 선지자와 바로 인정한 다윗

다윗에게는 하나님의 뜻을 그대로 전언하는 말씀의 선포자, 좋은 조언자가 또 한 명 있었다. 너무나도 유명한 나단 선지자다.

왕이 되어 왕궁에 거하면서 변질되기 시작한 다윗은 마침내 자기 부하인 헷 사람 우리아의 아내를 범하기에 이른다. 그때 나단 선지자는 자기를 죽일 수도 있는 왕 앞에 나아갔다. 요즘 대통령이나 절대 권력을 가진 왕 앞에서 이런 설교가 가당키나 했을까. 그는 자기 부하의 아내를 범한 다윗 왕에게 가서 어느 부자와 가난한 자의 비유(삼하 12:1-4 참조)를 들어 설교했다.

"그 부한 사람은 양과 소가 심히 많았지만 가난한 사람은 아무것도 없고 작은 암양 새끼 한 마리뿐으로, 그 암양 새끼를 딸처럼 키웠습니다. 그런데 부자는 손님이 오자 자기의 양과 소가 아까워 가난한 사람의 양 새끼를 빼앗아다가 잡았습니다."

그 설교에 다윗 왕이 노하여 "그런 놈은 마땅히 죽어야 하고 그 양을 네 배나 갚아주어야 한다"라고 하자 나단 목사님이 다윗 왕에게 "임금님이 바로 그 사람입니다"(7절, 새번역)라고 말한다. 진짜 무서운 설교다. 나단 선지자는 다윗이 범죄하고 하나님의 뜻을 따르지 않을 때 살을 도려내듯 아픈 말씀을 주저 없이 내놓았다.

이 시대에도 이러한 종이 필요하다. 당신에게는 이런 말씀의 선포자가 있는가? 평안하다는 긍정의 말씀, 동기부여의 말씀, 심리학이며 위로의 말씀만 늘어놓다가 영혼들이 딴 길로 치우칠 때는 그냥 눈 감아버려 나와 자녀들 다 망치는 설교자가 아니라 듣는 자가 찔려 아파해도 하나님의 말씀을 바로 들려줄 조언자를 영적 멘토로 선택하고 다윗처럼 그 아픈 말씀을 수용한다면 그 인생은 소망이 있다. 그런 말씀을 가까이 두고, 그 가치를 인정하고 소중하게 대하고, 어떤 대가를 치러서라도 붙잡아야 한다.

하나님의 뜻에 귀 막은 아합

아합 왕은 불행히도 그런 말씀의 진정한 선포자를 선택하지 못하여 그 자신과 가족이 다 비참한 최후를 맞았다. 아합 왕은 그 시대에 나단과 갓과 사무엘과 같은 목사님이 안 계셔서, 말씀이 없어서 망한 것일까? 엘리야라는 위대한 선지자가 그 시대에 있었고 미가야 선지자 같은 귀한 분도 있었다. 그들은 아합의 잘못과 영적 실패들을 단호하게 꾸짖었지만 아합은 다윗처럼 그들을 인생의 길을 물을 조언자로 선택하지 않았다.

엘리야의 직언을 듣지 않고 그를 탓하다

아합은 하나님을 버렸고 신앙을 버렸다. 그의 장인은 시돈과 두로, 즉 페니키아 제국의 왕이며 제사장인 엣바알(Ethbaal)인데 그 이름은 '바알과 함께하는 자', '바알의 사람'이라는 뜻이다. 아합이 엣바알의 딸 이세벨을 아내로 맞은 것은 국경을 접하고 있는 나라와의 통혼 정책을 따른 것으로, 외교적으로나 정치 및 군사적으로는 좋은 선택이었으나 신앙적으로 볼 때는 0점의 선택이었다.

이세벨은 북이스라엘에 바알과 아세라를 들여왔고 아합은 그 우상들을 숭배하며 하나님의 제단을 더럽히고 말씀을 어기고 악행을 벌였다. 엘리야는 그때마다 아합 왕의 잘못과 부당함을 계속 선포하는 진짜 '하나님의 종'이었다. 하나님께서 진노와 징벌로 이스라엘에 3년 반 동안 비를 내리지 않으셨을 때 아합은 엘리야를 만나자마자 이렇게 외친다.

"이스라엘을 괴롭게 하는 자여, 너냐!"(왕상 18:17)

책망의 말씀에 대한 아합의 마음가짐과 태도를 고스란히 드러내 주는 말이다. 하나님의 뜻대로 살아가지 않는 자에게 하나님의 진노를 선포하니 괴롭힌다고 생각했다. 아합에게 엘리야는 자기를 괴롭게 하는 사람일 뿐이었다. 말씀이 바뀌어야 하는 것이 아니다. 주의 종이 바뀌고 교회 공동체가 바뀌어야 하는 것이 아니다. 바로 내가 바뀌어야 한다.

> 그가 대답하되 내가 이스라엘을 괴롭게 한 것이 아니라 당신과 당신의 아버지의 집이 괴롭게 하였으니 이는 여호와의 명령을 버렸고 당신이 바알들을 따랐음이라 왕상 18:18

아합의 말에 엘리야는 "당신과 당신의 집이 말씀을 버렸기 때문"이라고 대답했다. 말씀을 회복하고 신앙을 회복해야 한다. 본인이 되돌아와야 한다. 잘못되고 그릇된 소견의 길에서 돌아와 좋은 길을 걸어야 한다. 신앙의 길을 걸어가야 한다. 승리의 길을 걸어가야 한다. 엘리야는 말씀과 타협하지 않는 한 하나님의 진노를 설교할 수밖에 없었다. 하지만 아합은 항상 자신에게 직언해주고 충언해주는 자를 싫어했다.

미가야의 말씀에 귀 막고 원하는 말씀만 골라 듣다

아합 왕은 아람과 전쟁을 벌이면서 형제 국가인 남유다와 연합하여 길르앗 라못을 쟁탈하고자 했다. 남유다의 여호사밧 왕은 선하고 하나님을 경외하는 왕이었다. 그는 전쟁에 앞서 하나님의 뜻을 구하고자 "먼저 여호와의 말씀이 어떠하신지 물어보소서"(왕상 22:5) 하고 권했다. 그러자 아합 왕은 400명의 선지자를 불러 이 전쟁에 나가는 것이 옳겠는지 물었고, 무려 400명의 목사들이 "아멘, 할렐루야! 가세요. '너의 가는 길에 주의 평강 있으리!' 축복합니다" 이렇게들 말했다.

이 선지자 400명은 진짜 하나님의 종이 아니라 아합에게 고용된 자들이었다. 이 시대에도 볼 수 있는 한탄스러운 모습이다. 하나님 말씀을 고용하지 말라. 헌금이라는 패를 내고 원하는 말씀을 자판기로 뽑듯이 선택하지 말라. 말씀을 많이 듣는 것이 중요한 게 아니다. 진짜 내가 들어야 할 말씀 하나면 끝난다. 지금은 설교가 넘쳐나는 시대지만 말씀은 재미로 골라 먹는 아이스크림이 아니다. 내가 듣고 싶은 말씀을 고르는 것이 아니라 내가 꼭 들어야 할 말씀을 들을 때, 말씀이 내게 들릴 때 역사가 일어난다.

선지자들이 보니 왕은 전쟁에 나가고 싶은 듯했다. 그러면 하나님의 뜻은 모르겠고 그저 "승리할 것입니다. 잘될 것입니다. 축복합니다!" 하며 듣는 사람의 기분만 맞춰주면 되는 거다. 여호사밧 왕이 보니 이상했다. 그 많은 선지자가 왕의 기분만 맞추는 것이 아무래도 아닌 것 같아서 "이런 사람들 말고 진짜 여호와의 뜻을 물을 만한 사람 없습니까?"라고 묻는다.

그러자 아합은 "미가야라는 선지자가 있는데 그는 꼭 나에게 책망하는 설교, 까는 설교, 치는 설교만 해서 나는 그 사람 싫어합니다"라고 대답했다(8절). 여호사밧은 그러면 안 된다며 미가야를 데려와서 진짜 하나님의 말씀을 들어보자고 하는데, 아합은 사신을 보내놓고는 그새를 못 참고 다른 설교를 또 무진장 듣기 시작했다.

선지자들이 왕들 앞에서 한목소리로 전쟁에 나가 승리할 것을 축복할 때 유력한 선지자 시드기야가 자기를 위해 뿔을 만들고(11절) 하나님의 뜻이 승리라고 말한다. 형상화된 권위로 보여주려 하는 것이다. 이렇게 만들어진 권위, 외적 권위, 형상화된 권위는 오늘날에도 많다.

사신이 지금 분위기 좋으니 초 치지 말고 좋은 말 하라고 했지만 미가야는 "여호와께서 내게 말씀하시는 것"(14절)만을 말하고는 갇혀서 고난당했고, 자기가 원하는 대로 말해주는, 듣고 싶은 설교만 듣고 제멋대로 나간 아합은 결국 전사하고 말았다.

어른이 실종된 시대, 목회자와 성도의 선택

당신 곁에는 시대의 대세와 유행, 통념을 따르지 않고 하나님의 진노, 시대를 향한 말씀을 사자후를 토하듯 선포하는 주의 종이 있는가? 당신은 내 기분과 취향에 맞고 내가 듣고 싶은 설교를 골라 들으며 내가 가고 싶은 길을 아합처럼 꾸역꾸역 걷고 있는 것은 아닌가? 내 소견대로 내 길을 먼저 결정해놓고 그 길을 지지해주고 응원해줄 목사만 필요로 하는 것은 아닌가?

아합과 같은 길을 걸어가면 필경은 망한다. 설교 말씀이 때로는 칼로 찌르듯 아프더라도, 때로는 내 길을 막고 내 발목을 잡는 것 같더라도 다윗처럼 갓과 나단과 같은 선지자를 선택해서 옳은 길로 걸어가 꼭 승리하는 귀한 인생들이 되길 바란다.

우리나라 역사상 가장 폭정과 악행을 일삼았던 연산군 시대, 나라가 미친 듯이 돌아가도 고관대작들은 왕에게 굽신거릴 뿐 아무 말도 못 했다. 그때 정이품의 늙은 내시 김처선이 죽음을 각오하고 왕에게 나아가 "고금에 상감마마처럼 이렇게 난폭하고 음탕한 분은 없사옵니다. 이제라도 백성들을 생각하시어 바른 정치를 펼치시옵소서"라고 간언하다가 결국 분노한 연산군에게 활과 칼을 맞아 죽고 만다. 거세된 환관이지만 김처선이야말로 진짜 남자가 아닐까? 충심으로 직언하며 자기 목숨을 분토처럼 버린 그의 정신은 여러 기록을 통해 오늘까지 우리에게 전해지고 있다.

그 시대에는 연산군의 총애를 받던 김자원이라는 내시도 있었다. 그는 연산군 곁에서 악정과 폭행을 옹호하고, 임금의 기분을 맞춰주며 음탕함을 거들었다. 왕의 총애를 믿고 권세를 휘둘렀고, 그의 말이 곧 왕의 말이었다. 하지만 허접한 간신배 짓으로 잠시 권세를 누렸어도 부끄러운 그의 기록은 역사에서 사라져버렸고, 차라리 그렇게 잊히는 것이 그에게는 다행일지도 모른다.

당신은 어떤 인생을 선택하겠는가? 아합처럼, 연산군처럼 내 기분을 맞추고 취향을 저격하는 달콤한 말씀을 선택하고 시대의 대세와 인기를 좇으며 살아가겠는가? 아니면 다윗처럼 찔리고 아프고 괴로워도 나를 살리는 하나님의 말씀을 선택하고, 나단과 갓과 미가야 같은 선지자를 옆에 두고 살겠는가?

주의 종이자 설교자로서 나도 늘 선택의 기로에 있다. 나단같이, 김처선같이 올곧게 하나님의 뜻을 전하며 죽음을 불사하는 충신이 될 것인가, 아니면 아합의 가짜 선지자 400명이나 내시 김자원처럼 사람을 두려워하며 듣는 이의 기분이나 맞추고 그저 먹고사는 일에만 집중하여 배만 채우는 직업인으로 살 것인가?

이 시대 주의 종들이 시대 가운데 뜻을 정해 하나님 말씀을 전하며 죽음도 불사하는 자들이 되도록 독자 여러분도 기도해주기 바란다. 또한 당신이 그런 종을 곁에 두고 사는 귀한 선택을 하기 바란다. 그런 말씀이 들리는 곳으로 가서 그런 말씀 곁에서 살라.

요즘 자녀들은 어디서 그들의 잘못된 행동과 언어에 대한 사랑의 꾸지람을 들을 수 있는가? 학교에도 학원에도, 교회와 가정에도 아이들의 잘못을 꾸짖어주는 어른이 없다. 꾸짖음이란 아이도 진실로 잘못을 인정하고 어른도 아이를 진실로 사랑해야 이루어질 수 있는 것인데 이렇게 꾸짖어줄 어른이 없다.

이 시대는 어른이 없는 안타까운 시대다. 옛날에는 나라와 민족에 어른이 있었다. 내가 정치학도였던 때만 해도 정계에 어른이 있어서 정국이 어수선하면 그분들이 나와 조정했는데 지금 정치판에는 어른이 없다. 옛날 한국 교계에도 어른이 있었는데 요즘엔 교단에, 교회에 어른이 없다. 보여줄 만한 마땅한 어른들이 없다. 가정에도 어른이 없다. 이게 이 시대의 비참함이다.

이런 어른 실종의 안타까운 시대를 살아가더라도 성숙한 당신만큼은 어떤 상황과 형편이든 하나님이 주신 비전과 약속으로 희망을 선포하며 뛰어넘는, 인생의 길을 안심하고 물어도 좋을 만한 좋은 조언자, 상담자, 어른의 곁을 선택하기 바란다.

창 3:1-6 그런데 뱀은 여호와 하나님이 지으신 들짐승 중에 가장 간교하니라 뱀이 여자에게 물어 이르되 하나님이 참으로 너희에게 동산 모든 나무의 열매를 먹지 말라 하시더냐 여자가 뱀에게 말하되 동산 나무의 열매를 우리가 먹을 수 있으나 동산 중앙에 있는 나무의 열매는 하나님의 말씀에 너희는 먹지도 말고 만지지도 말라 너희가 죽을까 하노라 하셨느니라 뱀이 여자에게 이르되 너희가 결코 죽지 아니하리라 너희가 그것을 먹는 날에는 너희 눈이 밝아져 하나님과 같이 되어 선악을 알 줄 하나님이 아심이니라 여자가 그 나무를 본즉 먹음직도 하고 보암직도 하고 지혜롭게 할 만큼 탐스럽기도 한 나무인지라 여자가 그 열매를 따먹고 자기와 함께 있는 남편에게도 주매 그도 먹은지라

보는 것이 결국
삶이 된다

03

⋂ ⤵ ⬆

보는 것이 내 체중과 내 삶에 영향을 끼친다

20여 년 전 일본 유학 시절, 정말 낯설었던 것이 하나 있었다. 우리 나라 TV방송 채널이 3,4개밖에 없을 때였는데 일본에는 수많은 채널 이 있는 것이 놀라웠고, 그 많은 채널의 프로그램이 대부분 먹는 방송 인 것이 이상했다. 연예인과 셰프들이 스튜디오에서 진기한 요리를 해 먹고, 연예인들이 맛집을 찾아다니며 먹고, 그때는 단어조차 생소했던 맛 칼럼니스트, 미식가들이 한 식당의 요리를 평가하는 프로그램이 상 당히 많았다.

내가 먹는 것도 아니고, 남이 먹는 것을 쳐다보는 모습이 나는 너무 이상했다. 내 정서로는 남이 먹는 걸 계속 쳐다보는 건 거지다. 남이 먹 는 것을 보고 있으면 "네가 거지야? 남이 먹는 거 쳐다보게!" 이런 소리 를 듣는 시대였다. 그런데 일본 사람들은 맨날 뭐가 좋다고 남이 먹는 것을 쳐다보는지 정말 이해가 안 됐다.

그런데 지금 우리나라가 그러고 있다. 먹방, 쿡방이라는 프로그램이 얼마나 많은지! 백종원이 가서 먹고, 냉장고를 털어서 요리해 먹고, 맛 집에 찾아가서 먹고, 뚱뚱한 네 사람이 모여 "한 입만!" 하고 먹고, 사 람들은 그 모습을 계속 본다.

먹방 시청 시간이 길면 과체중이나 비만이 될 가능성이 커진다는 연구 결과가 있다. 2019년 전남대 식품영양학부 정복미 교수 팀이 먹방 시청 경험이 있는 성인 남녀 800명을 대상으로 먹방 시청 시간이 식행동과 건강행태에 미치는 영향을 분석한 결과, 주당 먹방 시청 시간이 14시간 이상인 사람은 7시간 미만인 사람보다 평균 체중이 더 무거웠으며, 7-14시간 미만과 14시간 이상인 남성 및 4시간 이상인 여성의 평균 체질량지수(BMI, 비만의 척도)는 과체중으로 나타났다.

시각 정보는 삶의 행동을 지배한다. 점화 효과(priming effect, 앞서 경험한 자극이 자신의 의지와 상관없이 이후 정보의 해석과 판단에 영향을 주는 심리 현상)의 한 예로, 아침에 우연히 본 음식을 그날 점심 메뉴로 선택할 확률이 상당히 높다. 우리는 느닷없이 내가 이것을 선택했다고 생각하지만 실은 내가 본 것이 내 선택과 결정에 영향을 준다. 내가 인지하지 못하더라도 내가 본 것은 내 삶의 중요한 선택과 결정, 문제 해결과 정보 처리 등에 기민하게 관여한다. 내가 보는 것은 내게 큰 영향을 끼치며 결국 그것이 내 삶이 되므로 좋은 선택을 하기 원한다면 반드시 이 사실을 알고 꼭 기억해야 한다.

보고 듣는 것이 내 선택을 결정한다

먹방을 보고 살이 찌는 것은 그래도 괜찮다. 미국의 한 조사에 의하면, 텔레비전 프로그램 전체에서 무려 83퍼센트가 폭력물이고, 특히 아이들이 보는 만화영화의 98퍼센트에서 폭행 장면을 묘사하고 있다고 한다. '스폰지밥'이라는 만화만 해도 얼마나 무시무시한가. 우리가 그것을 인지하지 못하고 있을 뿐, 갈거나 짓이기는 폭행 장면이 굉장히 많다.

TV가 성장 과정에 미치는 장기간의 영향을 알아보기 위해 17년간 707명의 청소년을 추적 조사한 컬럼비아대 제프리 존슨의 연구에 따르면, 14-16세의 소년 시기에 하루 3시간 이상 TV를 시청한 사람은 하루 1시간 미만 시청한 사람보다 어른이 된 후 공격적인 행동을 보이는 비율이 5배나 높았다.

미디어 폭력을 줄이기 위한 목적으로 1995년 메릴랜드 베데스다에 설립된 '사자와 양 프로젝트'(Lion & Lamb Project)의 총책임자인 다픈 화이트는 "TV를 1시간 시청할 때마다 폭력행위가 무려 4-5번 등장하고, 만화 등 TV 프로그램에서는 매시간 20-25번의 폭행 장면이 등장한다"라고 말했다. 이러한 통계자료를 가지고 계산해보면 평균적으로 아동이 초등학교를 졸업할 무렵에는 TV를 통해 10만 건의 폭행과 8천 건의 살인을 시청한 셈이 된다.

미국 소아과연구학회나 심리학협회, 미국 의학협회 등 여러 기관의 전문가들은 TV의 폭력성과 청소년이 그러한 폭력적인 삶을 살 것의 인과관계를 인정했다. 아이들이 즐기는 게임 중에도 잔혹하고 폭력적인 것이 정말 많다. 미국에서 폭력적 게임에 중독된 소년이 자기 가족을 총으로 쏴서 살해한 일이 있었고 우리나라에서는 게임을 말리는 엄마를 둔기로 내려친 초등학생이 있었다.

인간의 뇌는 학습과 반응을 하므로, 눈에 비춰지는 것이 진짜든 아니든 뇌가 인지하는 반응을 유도할 수만 있다면 몸의 생물학적 반응을 일으킨다(미러링 효과). 그래서 폭력적 게임을 즐겨 하면 이것이 현실이 아니어도 미러링 작용으로 몸에서 호르몬 분비가 일어나 폭력적 성향과 태도를 갖게 될 가능성이 높아진다. 그러므로 우리는 자신에게든 자녀에게든 좋지 않은 것을 보여주는 것을 두려워하고, 좋은 것을 보여주려 노력해야 한다.

> 또 간음하지 말라 하였다는 것을 너희가 들었으나 나는 너희에게 이르노니 음욕을 품고 여자를 보는 자마다 마음에 이미 간음하였느니라 만일 네 오른 눈이 너로 실족하게 하거든 빼어 내버리라… 마 5:27-29

성경은 보는 것에 대해 단호하게 말씀한다. 음욕을 품고 보는 것 자체가 이미 간음이 시작된 것이라 한다. 그러니 영혼이 구원받고 안정적으로 승리하기 위해서라면 오른쪽 눈알 하나 없이 장애를 안고 사는 것이 더 낫다는 이 말씀은 정말 무서울 정도다.

그런 점에서 나는 우리 교회를 생각할 때 얼마나 감사한지 모른다. 우리 교회 자녀들은 교회의 양육정책대로만 따른다면 초등학교를 졸업할 때까지 최소한 성경 10독, 대학생이 될 때까지는 20독 이상을 한다. 10만 건의 폭행과 8천 건의 살인을 보고 자란 아이와 하나님의 말씀을 10번 이상 읽고 자란 아이. 어떤 인생이 더 거룩하고 아름답고 평화롭겠는가. 누가 영적으로 승리하겠는가. 성인이 되면 그 차이는 어마어마해질 것이다.

좋은 것을 읽고 보고, 보여주어라

미국에서 노벨상 수상자를 가장 많이 배출한 대학이 어디일까? 많은 사람이 하버드대학일 것이라고 짐작하는데 정답은 시카고대학이다. 학자들 사이에서는 노벨상을 타려면 시카고대학으로 가라는 말이 있을 정도다. 지금까지 무려 90여 명에 가까운 노벨상 수상자를 배출했고, 특히 노벨 경제학상은 60여 명이 나왔는데 이는 노벨 경제학상 수상자 중 무려 25퍼센트에 해당한다. 그래서 경제학계에서는 시카고학파가 존재할 정도다.

1890년도에 세워진 시카고대학은 동부의 유력한 대학도 아니고, 미국 중서부, 시카고 시내에서도 멀리 떨어진 외곽의 사립대학이다. 1929년, 창립 후 약 40년 가까이 무명의 삼류대학에 불과하던 시카고대학에 30대 젊은 총장이 부임했는데 그가 바로 유명한 로버트 허친스(Robert Maynard Hutchins) 총장이다. 그는 시카고대학을 명문대로 만들기 위해 소위 '시카고 플랜'이라 불리는 'The Great Book Program'(위대한 책 100권 읽기 프로그램)을 천명한다. 그것은 시카고대학의 모든 학생에게 성경을 포함한 고전 100권 이상을 읽게 하는 프로그램으로, 아무리 학점이 좋아도 학교에서 제시한 위대한 고전 100권을 읽어야 졸업할 수 있었다.

'시카고 플랜'에는 다음과 같은 3가지 과제가 주어졌다.

첫째, 고전 100권을 읽고 인생의 롤모델 한 명을 발견하라.
둘째, 책을 읽고 인생의 모토가 될 영원불변의 가치를 발견하라.

셋째, 가치관을 발견했다면 그것을 실현할 나만의 꿈과 비전, 즉 사명을
　　　　반드시 설계하라.

　이같은 시카고 플랜을 통해 학생들의 학업 태도와 인생의 가치관이
바뀌면서 무명의 시카고대학은 점점 강성해져 오늘날 세계에서 가장
많은 노벨상 수상자를 배출하는 명문대학이 되었다.
　예전에 아버지가 목회하실 때 어른들이 예배드릴 동안 나는 네 살,
다섯 살 아이들을 방에 모아놓고 놀아주며 예배를 돕는 역할을 했다.
TV나 대단한 장난감이 없으니까 몸으로 놀아주다가 잠시 쉴 때면 아
이들에게 과자를 나눠주곤 했는데 그때마다 너무 웃긴 건 그 어린아이
들이 자기 아버지가 담배 피우는 모습으로 새우깡을 잡는 것이었다.
어떤 아이는 새우깡을 한 번 씹고는 담배 연기로 도넛 모양을 만드는
모습까지 흉내냈다.
　보고 자란 것이 이렇게 무섭다. 보는 것이 나도 모르게 내 행동으로
나타나고 선택을 좌우하고 결국 내 삶이 되는데 이 무섭고도 중요한
사실을 간과하는 사람이 많다. 좋은 것, 위대한 것을 보라. 지금까지
는 무명의 별 볼 일 없는 삼류인생이었다 해도 자꾸 좋은 것을 보고 꿈
꾸고 지향한다면 분명 멋진 삶을 살아가게 될 것이다. 또한 내가 보는
것이 내 삶이 되고, 내가 보여준 것이 내 자녀의 인생이 되니 우리 자녀
들에게도 좋은 것을 보여줘야 한다.
　임신 중의 태교도 중요하지만 출생 이후 인생 가운데의 교육은 더 중
요하다. 아이들은 각인 능력이 커서 들은 대로 말하고 본대로 행한다.

사람들은 유전자 덕분에 축구선수 아들이 축구를 잘하고 농구선수 아들이 농구를 잘한다고 생각한다. 물론 DNA도 영향이 있지만, 어렸을 때부터 늘 보고 자란 영향도 크다. 그러니 아이가 자라는 동안 그 아이가 보고 삶에 영향을 받는 것에 관심을 두고 아이에게 삶으로, 매체로 좋은 것을 보여주어 인성과 신앙, 중대한 선택과 결정에 긍정적 영향을 미치도록 해야 한다.

신앙과 인격의 성숙이 우연히 이루어지고, 우연히 삶이 성공하기를 바라지 말라. 삶에서 놓치지 않기를 바라는 가치는 어떻게든 계속 보여주고 그것에 노출시켜라. '내 자녀가 예배를 절대로 놓치지 않았으면 좋겠다. 절대로 기도를 놓치지 않았으면 좋겠다'라고 생각한다면 그렇게 사는 모습을 보여주어야 한다. 보여주지도 않으면서 그런 삶 살기를 꿈꾸고 기대하는 것은 헛된 망상이다.

신앙생활 속 바라봄의 법칙

당신과 당신의 자녀가 절대 놓치지 말아야 할 '좋은 것'은 무엇인가? 첫째, 하나님의 말씀을 바라보는 것이다. 하나님의 말씀을 통해 그분이 주신 약속과 비전을 바라보며 사는 자가 되었으면 좋겠다. 세상의 욕망과 야망, 먹고사는 생각뿐인 천박한 직업관이나 꿈을 좇는 것이 아니라 하나님께서 주신 약속의 말씀을 보며 사명 따라 살아갈 때 멋진 믿음의 사람이 될 수 있다.

바라보는 대로 인생이 된다는 '바라봄의 법칙'이 있다. 하나님은 믿음의 사람들을 부르실 때 바라봄의 법칙을 통해 은혜를 베풀어주셨다. 아브라함을 믿음의 조상으로 세우실 때 먼저 그에게 밤하늘을 보여주시며 "하늘을 우러러 뭇별을 셀 수 있나 보라. 네 자손이 이와 같으리라"라고 말씀하셨다(창 15:5). 그 후 아브라함은 밤하늘의 별을 볼 때마다 이 말씀이 생각났을 것이다. 또 한번은 "내가 네게 큰 복을 주고 네 씨가 크게 번성하여 하늘의 별과 같고 바닷가의 모래와 같게 하리니 네 씨가 그 대적의 성문을 차지하리라"(창 22:17) 말씀하셨다. 그때부터 아브라함은 바닷가나 사막의 모래를 볼 때도 이 약속과 축복을 떠올렸을 것이다.

하나님은 모세의 뒤를 이어 이스라엘 백성을 가나안 땅으로 인도할 여호수아에게 정탐꾼으로서 그 땅을 미리 보게 하셨다. 그에게 가나안 땅은 거대한 대적이 진 치고 있는 두려운 싸움터가 아니라 하나님이 약속하신 '젖과 꿀이 흐르는' 축복의 땅이었다. 바라본 대로 되는 것이다. 여호수아는 그 축복을 누렸다.

눈에서 멀어지면 마음도 멀어진다고 한다. 사랑하는 사람도 자꾸 보고 만나야 더 좋아진다. 소중한 가치도 눈에서 멀어지면 처음에는 그리워도 차차 마음에서 멀어진다. 코로나 시대의 예배가 그랬다. 처음에는 너무나도 그립고 간절했지만, 멀리서 계속 영상 예배를 드리다 보니 마음에서도 멀어졌다. 편하게 집에서, 여행 가거나 볼일을 보면서 TV 시청하듯 예배 동영상을 틀어놓고 예배드렸다고 착각했다!

눈에서 멀어지면 마음에서도 교회가 멀어진다. 말씀과 주의 종이 내 눈에서 자꾸 멀어지면 어느 순간 마음에서도 멀어지게 된다. 나는 안 그럴 거라고 자신하지 말라.

믿음이 온전해지려면 예수님을 바라보아야 한다(히 12:2). 이 말은 피상적으로 예수님의 성화를 보라는 것이 아니다. 내 모든 시선과 신앙의 초점이 십자가의 예수님을 향하는 것이다.

신앙생활 가운데 섭섭해하고 싸우고 분열하는 모든 이유는 상대방의 몰상식함이나 처지와 상황의 급박함, 비인격적인 행정 때문이 아니라 내가 십자가를 바라보지 못해서다. 감히 교회 안에서 "법대로 합시다"라는 말이 나올 수 있는 이유는 상황이 정말 법으로 갈 수밖에 없도록 비정상적이어서가 아니라 누군가가 제대로 예수님과 십자가를 바라보는 데 실패했기 때문이다.

"목사님, 요즘은 다 그래요!"

나는 이 말이 제일 듣기 싫다. 정말 예수님을 바라보고 있다면 악함과 몰상식, 비이성적이고 비상식적인 상황에서도 은혜를 입은 자로서 예수님처럼 참아내고 용서하며 품을 수 있다. 헛된 세상이 우리에게 덧씌우는 망상이나 시대의 대세 따위에 시선을 빼앗기지 말고 정말로 예수님을 선택하고 끝까지 바라보자. 그래야 나도 십자가를 선택하고, 예수님처럼 완전해질 수는 없다 해도, 성숙하게 살아내며 아름답게 마무리하는 인생을 살아낼 줄 믿는다.

좋아 보이는 것 vs 진짜 좋은 것

영국의 41대 총리 아서 네빌 체임벌린(Arthur Neville Chamberlain)은

제2차 세계대전이라는 중대한 시기에 수상을 지냈음에도 정치외교사에서 호의적인 평가를 듣지 못한 채 잊혀지고 말았다. '체임벌린의 실수'라 일컬어지는 그의 오판 때문이었다.

2차 세계대전의 전운이 유럽을 감돌 당시, 히틀러가 전쟁을 벌일지 주변국들은 촉각을 곤두세워 그를 예의 주시하고 있었다. 히틀러가 등장해 세력을 넓히는 동안 미국 대통령인 프랭클린 루스벨트, 소련의 스탈린 등 세계 정치 지도자나 관계자 중 그를 만난 사람이 아무도 없었다. 세계 지도자 중 그의 인물됨과 성향을 알아보고 평가할 사람이 없었다는 것이다.

그때 체임벌린 수상은 그가 과연 믿을 만한 사람인지, 논리적으로 토론해서 설득할 수 있는 사람인지 직접 봐야겠다며 만남을 제의했고, 드디어 세계 지도자 중 처음으로 히틀러를 만나게 되었다. 1938년 9월, 히틀러를 만난 체임벌린은 여동생에게 보내는 편지에 "진짜 사나이를 만났다"라고 썼고, 대국민 연설에서 "히틀러와 나는 장시간 허심탄회하게 대화를 나눴고 서로 심중의 생각을 충분히 이해하고 돌아왔으며 만족감을 느낀다"라고 말했다. 그는 히틀러가 신뢰할 만한 인물이며 세계대전에 대해 충분히 협상과 합의로 막을 수 있다고 확신했다.

그러나 회담 1년 후인 1939년 9월에 2차대전이 발발했고, 체임벌린이 히틀러와 벌인 협상은 제2차 세계대전에서 연합국 측이 저지른 가장 큰 실수 중 하나로 손꼽힌다. 너무 좋아 보이는 히틀러의 화술에 넘어가 국민과 세계 역사에 큰 피해를 준 체임벌린. 역사도 그를 우호적으로 기억하지 않는다.

좋은 것을 보되 '좋아 보이는' 것이 아니라 진짜 '좋은' 것을 보아야 한다. 그래서 분별력과 통찰력이 필요하다. 일본의 전설적인 검객 미야모토 무사시는 "견(見)하지 말고 관(觀)하라"라고 했다. 껍데기에 불과한 겉모습만 보고(見) 판단하지 말고 중심을 꿰뚫어 봐야(觀) 한다는 것이다. 이것이 검객이 살아남을 수 있는 승리의 비결이라면, 하나님은 성경을 통해 이렇게 말씀하셨다.

> …내가 보는 것은 사람과 같지 아니하니 사람은 외모를 보거니와 나 여호와는 중심을 보느니라 하시더라 **삼상 16:7**

하나님의 시선으로 세상을 볼 줄 알아야 한다. 겉껍데기의 화려함, 겉으로 드러난 성공과 행복에 현혹되지 말고, 내면의 중심이 바르고 건강한지를 보는 통찰력이 있어야 한다.

그런데 이 시대는 중심을 보지 않고 육의 눈만 밝아져 겉모습으로 모든 것을 판단한다. '관'하지 못하고 '견'만 하니 내면의 성찰과 중심의 깊음, 성숙함이 필요 없어지고 사람들이 껍데기를 치장하는 데 몰두한다. 경건하고 의로운 것처럼 포장하며 회칠한 무덤처럼 살아간다. 건물의 화려함이 교회의 부흥과 성숙이 아니다. 외모의 화려함과 학위 따위가 진정한 깊음이 아니다. 껍데기가 좋아 보인다고 속지 않기를 바란다. 하나님께서 중심을 보시기에 우리도 중심을 바라볼 수 있어야 한다.

예전에 정말 어처구니없는 뉴스를 보았다. 벤츠를 몰던 어떤 여성이 옆에 있는 아이와 엄마에게 "그러니 소나타나 타고 다니지"라는 말을 했다는 것이다. 이따위 말을 할 수 있는 시대가 바로 지금이다. 그러니 다음세대에 그런 가치관을 물려주지 않도록 더욱 정신을 바짝 차려야 한다. 껍데기에 현혹되고 보기 좋음에 속는 이 시대 가운데, 나도 자녀들도 진정 내면을 관통하여 중심을 볼 수 있도록 영적 분별력과 통찰력을 하나님께 청해야 할 것이다. 그리고 중심으로 하나님께 인정받을 수 있는 사람, 내면의 중심이 뜨겁고 깊고 신실한 신앙인으로 살아가야 할 것이다.

유혹을 이기려면 쳐다보지도 말라

마귀는 세상을 통해 우리에게 상업적이고 본능적인 시각을 주입하나 우리는 근본적인 것을 보는 삶으로 회귀해야 함을 명심하자. 시대가 속이고 마귀가 유혹하는 대로 좋아 보이는 것을 보려 하지 말고 진정 좋은 것을 봐야 한다. 하늘의 신령한 복인가, 아니면 마귀의 간사한 유혹인가를 통찰력 있게 분별할 수 있어야 한다.

이 시대에 마귀는 뿔 달리고 송곳니 드러낸 무서운 모습으로 오지 않는다. 오히려 당신이 믿고 의지하고 사랑하는 모습으로 오기 때문에 속기 쉽다. 마귀는 언제나 우리가 하나님께서 허락하신 모든 은혜를 놔두고, 허락하지 않으신 선악과를 자꾸 쳐다보게 한다. 그래서 좋아보이는 것을 우리에게 자꾸 제공하며 "이것이 이 시대 승리의 공식이고 스펙"이라고 유혹한다.

원래 독버섯이 화려한 법이다. 그 화려함에 빠져서 손대면 죽는다. 그래서 독버섯처럼 좋아 보이는 것은 위험한데도, 그것을 자꾸 보다 보면 보암직해서 홀딱 빠질 때가 있다. 목사도, 장로도, 권사도, 집사도 홀딱 빠져서 자꾸 그것을 보고 내 자녀와 다음세대에게도 보여준다. 선악과를 보고 있으면 반드시 먹게 된다. 보는 것이 행동을 지배하는 법이기 때문이다.

'마시멜로 시험'이라는 유명한 실험이 있다. 마시멜로를 주고 5분을 견디고 참은 아이들에게는 두 개를 주기로 약속한다. 실험을 시작하자 어떤 아이들은 마시멜로를 뚫어지게 바라보며 참았고 어떤 아이들은 "먹지 마" 하는 순간 등을 돌리거나 시선을 다른 곳에 두어 마시멜로를 바라보지 않았다. 그런데 마시멜로를 계속 쳐다보던 아이들은 결국 마시멜로를 먹어버렸고, 다른 곳을 보고 있던 아이들은 모두 성공했다. 성공한 아이들은 유혹을 바라보며 견디고 참은 것이 아니라 아예 쳐다보지도 않은 것이다.

담배를 끊으려 할 때도 "내가 너를 기필코 끊겠다. 담배야, 내가 너를 이긴다" 하며 쳐다보면 반드시 실패한다. 담배를 끊기로 했으면 새우깡도, 빼빼로도 먹지 말아야 한다. "내가 반드시 너하고 싸워 이기겠다" 하고 유혹과 죄악을 마주 보면 이기기 어렵다. 유혹은 쳐다보지 않아야 이길 수 있다. 보지 말아야 할 것은 보지 말아야 한다. 좋아 보이는 것에서 눈을 돌려야 한다.

'세상에서 가장 큰 떡'은 무엇일까? 정답은 '남의 떡'이란다. 우리에게 허락하신 하늘의 신령한 복이 있는데 그 떡이 너무 익숙하고 가까이에 있다 보면 작아 보이곤 한다. 반면, 하나님이 내게 손대지 말고 보지도 말라고 하신 세상의 떡, 남의 떡은 아주 크고 화려해 보인다. 하지만 하나님께서 우리에게 허락하신 진짜 생명의 떡, 하늘의 신령한 복은 예수님밖에 없다. 생명의 떡이 소박하고 평범해 보이고 익숙하다 못해 물리고 질리게 느껴질지라도 그것이 나에게 진정으로 좋은 것이다.

좋아 보이지만 결국 내 영혼을 상하게 할 것이 느껴지는 찜찜한 것에 손대려 했다면 이제는 그 손을 놓고 시선을 돌려라. 아담과 하와는 물론이고 인류는 마귀의 속임수와 전략에 속아 선악과를 바라보기 시작하면서 인생이 다 꼬였다. 그때 보지 말았어야 한다. 오늘 내가 바라보고 있는 것이 결국 내 삶이 되고, 내 자녀들의 인생이 됨을 명심하여 이제 다시는 아담과 하와와 같은 실수를 범하지 않기 바란다.

본을 보여주어야 배운다

예전 믿음의 선배들이 가장 영적으로 충만하고 최고로 헌신한 시기는 '중고청'이었다. 중학생, 고등학생, 청년 때에 가장 뜨거웠고 가장 열심이었다. 교회에 일이 생기거나 교회를 건축하면 누구도 주저하지 않고 달려 나왔다. 중학생이 등짐을 지고 고등학생이 벽돌을 나르고 청년들이 올라가서 교회의 십자가를 달았다.

그런데 왜 지금은 이런 모습이 보이지 않을까? 왜 중고청이 믿음의 세대 가운데 가장 비리비리하고 연약한 자들이 되었을까? 이전 믿음의 선배들은 그렇게 보고 자랐고, 오늘의 중고청은 또 그렇게 보고 자랐기 때문이다.

이전 믿음의 선배들은 그 선배들이 모든 것을 쏟아 뜨겁게 헌신하는 모습을 보았다. 허리가 꼬부라진 장로님이며 권사님이 돌을 나르는데 어떤 청년이 가만있겠는가. 더 건강하고 힘이 있는 자기들이 하겠노라고 달려 나올 수밖에 없었다. 지금 이 시대의 내 자녀들은 교회 중심이 되지 않고 신앙 중심이 되지 않는 것은 우리가 그것을 보여주지 못했기 때문이다.

당신은 정말 뜨거운가? 교회 중심인가? 우리 믿음의 선배들처럼 목회자를 존중하고 말씀을 귀히 여기며, 교회를 진심으로 사랑하는가? 뜨겁게 예배하고 헌신하며 목숨 걸고 기도하고 순종하는가? 당신의 답이 어떠하든 자녀들은 그 모습처럼 살 수밖에 없다.

내가 좋은 본이 되어야 한다. 부모가 먼저 본이 되어야 한다. 말씀을 우습게 알고, 주의 종을 전혀 존중하지도 않고, 교회를 사랑하지도 않고, 내가 맡은 직분과 사명을 헌신짝처럼 버리면서 내 자녀만큼은 믿음으로 잘 살기 원하는 것은 말 같지도 않은 얘기다. 본 대로 한다. 지금 내가 보여주는 삶이 내 자녀들의 삶이 되기에 그래도 될 법한 모습으로 다시 살길 바란다. 지금 바로 이 순간이 회복의 기회다.

예전에 우리 교회에 난생 처음 여자친구를 따라 교회에 나온 남자 청년이 있었다. 그런데 처음 드리는 예배를 너무나도 뜨겁게 드려 궁금했다. 예배 후 그를 만나 교회를 다녀봤는지 물어봤더니 아니란다. 처음이라고 했다. "아니, 어떻게 예배를 그렇게 뜨겁게, 잘 드려요?"라고 물었더니 오히려 자기가 깜짝 놀라서 물었다.

"원래 이렇게 하는 거 아니에요?"

남자들도 다 눈물 흘리고 손들고 이러니 다 그렇게 하는 건 줄 알았다고 한다. 나는 거기서 이 시대의 핵심 가치를 찾았다.

'우리가 보여주면 다 그렇게 하는 줄 아는구나!'

우리는 좋은 것을 봐야 할 의무와 좋은 것을 보여줘야 할 사명이 있다. 좋은 것을 보고, 좋을 것을 보여줘서 이제 정말 내 삶이 되어도 좋을 예수님을 바라보고, 그 예수님을 따라 살아가려고 몸부림치는 성숙한 사람들이 되자. 그래서 다음세대에 성숙한 믿음의 선배들, 믿음의 멘토가 되고 좋은 본보기가 되어 멋진 영적인 선순환이 계속 일어나길 바라며 축복한다.

약 4:15,16 너희가 도리어 말하기를 주의 뜻이면 우리가 살기도 하고 이것이나 저것을 하리라 할 것이거늘 이제도 너희가 허탄한 자랑을 하니 그러한 자랑은 다 악한 것이라

허세를 버리고
실속을 택하라

04

허세를 좇고 자격 미달에 쫓기는 인생

《국화와 칼》로도 잘 알려진 미국의 문화인류학자 루스 베네딕트의 저서 《문화의 패턴》(Pattern of Culture)에 따르면, 아메리카 인디언의 한 종족인 콰키우틀(Kwakiutl)족은 자녀를 결혼시킬 때 상대편 집안에 꿀리지 않으려고 특이한 행동을 한다.

화폐가 없는 그들에게 고기 잡을 때 쓰는 카누와 평생을 모아 둔 생선 기름, 청동으로 만든 판은 물물교환처럼 뭔가를 살 수 있고 부(富)를 증명할 수 있는 도구다. 그런데 양가가 상견례를 통해 처음 만나면 이들은 재산이 많음을 자랑하기 위해 본인 소유의 카누를 불태운다. '우리 집은 돈이 너무 많아서 이까짓 카누 하나 태우는 것은 아무것도 아니야'라는 일종의 허세다.

그러면 상대편은 이에 질세라 자신의 카누 2개를 가져와서 그 위에 얹고, 그러면 아까 그 집은 평생 모아온 생선 기름을 가져와 모닥불에 다 쏟아붓는다. 이런 식으로 상견례 때 재산을 다 써버리고 빈털터리가 되면 자녀들은 무일푼으로 시작해야 한다. 밑바닥부터 일을 시작해서 청동판을 모으고 생선 기름을 모으고 카누를 모으면 또 그 자녀가 결혼할 때가 되어 다 태워버리는 웃지 못할 상황이 반복된다. 허세 한

번 부리고 끝나는 인생이다.

어떻게 저리 어리석냐고 비웃을지 모르겠으나 이 시대를 살아가는 우리 삶과 무엇이 크게 다르겠는가? 문명 세계에 산다는 우리 역시 문화의 모습만 바뀌었을 뿐 별반 다르지 않다. 평생 쉴 틈도 만족함도 없이 돈을 벌고, 먹고사는 데 필요한 것을 넘어 욕망을 좇아 저마다 가능한 최대치의 구매력으로 많은 것을 산다. 이렇게 허세를 위한 아이템을 장착하는 데 현재의 자산은 물론 미래 자본인 대출까지 끌어다 써서 스스로 그 족쇄를 차고 살아가며, 다람쥐 쳇바퀴 돌리듯 반복된 삶을 벗어나지 못한다.

담을 용도가 아닌 백(bag)을 전시하듯 모으고, 더 큰 차를 끌면서 '나는 이 정도 기름은 태울 수 있는 사람이야' 하며 생선 기름 태우듯 살아가는 인생 위로 콰키우틀족의 모습이 겹쳐 보인다.

굶주릴 때는 누구나 먹고사는 것만 보장되면 더할 나위 없다고 생각하지만 막상 먹고사는 문제의 급급함을 벗어나면 정말 '나는 됐다'라고 만족하는가? 아니다. 그때부터는 '나는 이 정도 사는 사람이야'를 보여주는 과시와 허세가 시작된다.

욕망과 허세의 아이템은 이 세상을 끌어가는 힘 중의 하나다. 사람들은 삶에 꼭 필요해서가 아니라 나는 이런 것을 구입할 수 있다는 것을 보여주려고 고가 브랜드의 물품, 고급 차, 넓고 호화로운 주택 등을 산다. 필요가 아닌 욕망과 허세의 아이템들은 소득 수준과 구매력이 높아질수록 더 호화롭고 자극적이고 비싸지며, 소유한 자와 갖지 못한 자 사이에 차별과 갈등이 발생한다.

이 세상에는 만족이 없다. 세상의 어떤 공동체가 "너 그 정도면 됐어. 만족스럽다"라고 하는가? 학교에 "너 그만하면 충분하니 이제 공부 그만해"라고 말리는 선생님이 있는가? 공부를 열심히 해서 서울대에 들어가면 만족스러울 것 같지만 거기도 끝이 아니다. 심지어 자격 미달을 선포한다.

"시골에서 공부 좀 했는지 모르지만 너는 농어촌 전형으로 들어왔잖아. 서울대라고 다 같은 서울대가 아니야. 이 과를 들어오기에는 넌 자격 미달이야."

"입학은 했지만 장학금 타기엔 자격 미달이야."

"그 학교를 졸업해도 우리 회사 입사하기에는 자격 미달이야."

"우리 회사에 들어오긴 했어도 S등급 맞기엔 자격 미달이야."

죽을 때까지 자격 미달에 쫓기며 끊임없이 뭔가를 해내야 한다.

몇 년 전 어느 〈직업의 행복도〉 조사에서 만족도가 가장 낮은 직업 1위가 모델, 2위가 의사였다. 우리 생각에는 저 정도면 성공한 인생인데, 저렇게 살면 참 행복하겠다 싶을 만큼 화려해 보이고 많은 사람에게 부러움을 사는 직업이 자기가 만족하지 못하고 스트레스를 많이 받는 직업 1, 2위로 뽑힌 것은 참 아이러니하다. 남들 눈에는 행복해 보이고 화려한데, 실은 진짜 내 행복이 아니고 남에게 행복하게 보이려고 평생 가면을 쓰고 연기하듯 살아가는 '쇼윈도 인생'이 얼마나 많은지 모른다.

반면, 직업 만족도에서 상위는 사진작가, 작사·작곡자 등 예술가나 목사 등 성직자가 차지했다. 별로 돈이 안 되고 사람들이 기피하는 직업군이다. 성직자는 평균 월급이 150만 원 미만인 경우가 절대다수다.

현실적으로 소득이 아르바이트생보다도 못한데도 행복해하고 만족해한다. 행복이 결코 소득 수준이나 화려함에 달려 있지 않다는 것을 보여주는 단적인 예라 생각된다.

교회 안에도 신앙의 허세가 있다

우리의 신앙에도 진정한 믿음의 가치와 삶은 없고 외형만 화려하고 높아지려는 허세의 모습이 있지는 않을까? 권위적인 기도와 작위적인 말투, 형식적인 예배 순서, 어느 순간부터 다단계처럼 복잡해지고 계급화된 직분 제도. 그리고 이 직분 받는 것을 높아지는 것, 경건해지고 하나님나라와 가까워지는 것으로 착각해 그것을 신앙의 목표로 삼는 사람. 내게 이런 모습은 없는지 두려운 마음으로 점검해보길 원한다.

일 안 하는 직분자

초대 교회에 성도가 늘면서 히브리파와 헬라파 사이에 갈등이 생기자 이를 수습하기 위해 직분이 생겼다(사도행전 6장). 갈등을 수습하느라 사도들이 기도와 말씀에 전념할 수 없게 되자 문제가 된 구제의 일을 누군가 맡아서 감당할 필요가 있었고, 이에 따라 성령과 지혜가 충만한 자 일곱을 택하여 그들에게 일을 맡기고 사도들은 기도와 말씀에 전념할 수 있게 한 것이 직분의 시작이다. 그래서 직분은 말 그대로 하나님의 일과 교회의 필요에 따라 세우고 맡기는 것이며, 당연한 말이지만 절대 계급이 아니다.

그런데 언젠가부터 한국 교회에서 직분은 그 사람이 교회를 몇 년 다녔고, 교회에 공헌도나 영향력이 얼마나 있는지를 판단하고 인정하는 수단이 되었다. 한국 교회만큼 직분이 다분화되고 체계적인 데가 없다. 주의 종이 말씀과 기도에 전념하도록 그 본질적 목적을 위해 필요할 때 불러 직분을 주어야 하는데, 오늘날에는 몇 년쯤 다니고 어느 정도 하면 받아야 한다고 생각하고 직분이 올라가는 것을 레벨 업(level up)으로 여긴다.

직분이 본질의 목적대로 쓰이지 않고 자기 믿음을 증명하는 도구로 사용되는 데서 한술 더 떠 직분이 허세로 남용되기도 한다. 그래서 말도 안 되는 '뜨거운 아이스커피'처럼 '일 안 하는 직분자'가 많아졌다. 일을 맡기려 세우는 것인데 직분자가 일을 하지 않는다. 있을 필요도 없는 직분자는 물론이고, 심지어 그를 달래주고 섬겨주고 높여주는 데 에너지를 쏟아서 오히려 주의 종이 기도와 말씀에 전념할 수 없게 하는 직분자도 있다.

미사여구 늘어놓는 기도

나는 아들 둘 아래로 얻은 딸이 하나 있다. 잘 때면 등에 천사의 날개가 있나 없나 확인을 해보곤 할 만큼 사랑하는 이 딸이 내 방에 와서 입을 삐죽거리며 "아빠!" 하면 나는 '뭔가 필요한 게 있구나' 딱 안다. 눈빛 한 방이면 통한다. 그런데 뭔가 필요한 것이 있을 때마다 이 딸이 "순흥 안씨 문성공파 25대손이시며 정치외교학으로 영국과 일본 유학을 두루 거치시고 교단주의를 타파하겠다는 일념으로 순복음교단으로 오신 후 순복음 교단의 미답지 울산으로 내려와 아무도 없는 곳에서 생개척을 하여 17년 동안 이리 업적을 이루시고, 부산 여자와 선을 봐서 슬하에 3남매를 두어 저까지 낳아 기르신 사랑하고 존경하는 온양순복음교회 담임 안호성 목사님!" 한다면 어떨까? 모르고 한두 번이지 계속되면 정말 싫을 것 같다. 그냥 "아빠!" 하면 되는데.

그런데 우리의 기도도 그럴 때가 많다. 기도는 내 사랑하는 아빠이신 주님과의 교제다. 그 본질만 알고 담백하게 하면 되는데 왜 그렇게 미사여구를 갖다 붙이는지 모르겠다. 주님 한 번 부르는데 온 천하 만물, 우주 삼라만상, 정치, 군사, 외교, 문화, 경제를 다 찾는다. 목회자 중에도 박사학위 삼선 가운을 걸치고, 목소리를 이상하게 변조해서 설교하고 기도하는 사람이 있다.

그렇게 하면 사람들이 거룩하고 대단하다 여겨주니까 점점 이상한 영적 허세에 중독되어 간다. 본인들은 신비롭고 경건해 보인다고 생각하는지 모르겠지만 약간 영적 중2병에 걸린 것같이 보이기도 한다. 중2병은 그 나이 때에 자기는 특별하다고 믿는 데서 나온, 나는 남들과는 다르고 모든 점에서 남들보다 우월하다는 착각에서 비롯되는 심리적 현상이다.

금과 은은 있는데 예수 이름이 없는 교회

고령의 할머니, 할아버지들이 몇 분 계신 시골교회로 집회 갔다가 담임목사 청빙 공고를 보고 깜짝 놀란 적이 있다. 청빙 조건이 박사학위 소지자였다. 시골교회가 무슨 박사학위냐고 무시하는 것이 아니다.

그러나 나는 시골교회 목회자의 아들로 시골교회에서 자란 사람으로서, 진실로 순수하게 목회하고, 알아듣기 쉽게 주의 말씀 전하고, 때로는 맡겨주신 고령의 어르신들을 내 부모처럼 섬기고, 급할 때 그분들 들쳐 업고 보건소로 읍내 병원으로 달려갈 수 있는 사랑 많은 목회자가 진정 그 교회에 필요하고 실속 있는 목회자라 생각한다.

박사학위 소지자가 사랑 없다는 뜻이 아니다. 그러나 청빙 조건으로 박사학위부터 요구하는 것이 허세에 묶여 진실함과 실속을 잃어가는 것은 아닌지 염려되고, 그 때문에 목회자 지망생들이 하나님의 소명에 합당한 자리에서 그 사명과 기도에 전념하는 대신 시대가 원하는 학위 취득에 몰두하게 된 것이 아닌가 하여 마음이 아팠다.

교회가 희망을 선포해야 하는데, 목사와 성도가 지식은 있고 음과 금은 있으나 진짜 있어야 할 진짜 예수 이름의 생명력은 실종되어, 절망하고 절뚝거리는 시대를 향해 일어나 걸으라고 외칠 수 없는 불행한 시대가 되었다. 이것이 바로 우리들의 모습이다. 그러기에 진짜 실속 있는 인생이 돼야 한다. 시대의 요구사항에 맞춰 껍데기만 화려해지는 우리 인생이 아니길 소망한다.

그리스도인은 은과 금, 세상에 내놓을 만한 지식과 스펙은 없지만 가장 좋은 것, 바로 예수 그리스도의 이름, 그 이름의 생명력이 있는 자다. 그러므로 우리는 "은과 금은 없지만 내게 있는 것을 너에게 주노니 곧 나사로 예수 그리스도의 이름으로 일어나 걸으라"라고 외쳤던 베드로처럼 외치는 사람이 되어야 한다.

허세가 통하니까 부린다

허세를 버리고 실속 있는 인생과 신앙을 살기 위해 본질적인 문제, 근원부터 찾아봐야 하겠다. 허세는 왜 부리는 것일까? 너무 단순하고 명료하게도, 허세가 통하니까 부린다. 명품 옷을 입고 명품백을 메고 나가면 사람들이 힐끔힐끔 쳐다보고 부러워한다. 타고 간 차에 따라 대접이 달라진다. 지방에 집회 가서 특급호텔에 묵게 됐을 때 주차장 안내 직원부터 대접이 다르다. 좀 후줄근한 차를 타고 가면 초면에 "아이, 차 빼!"라며 반말을 하는데 좋은 밴을 타고 가면 말도 공손하고 대접이 달라지니 나부터도 좋은 차 타고 싶어진다. 천박한 시대 문화가 그러하고, 여차하면 휩쓸리기 십상이다.

사실 허세가 통하지 않으면 하라고 애걸해도 안 한다. 산골 마을에서 백만 원짜리 유모차를 밀고 다녀봤자 아무도 모른다. 〈나는 자연인이다〉 출연자 중에 허세 떠는 사람이 있는가? 자연인이 나물을 캐고 있는데 다람쥐가 "와, 나물 담은 가방이 명품백이네?" 하며 깜짝 놀라겠는가? 고라니가 와서 티셔츠가 무슨 브랜드냐고 목 뒤의 라벨을 꺼내보겠는가? 산골짜기에서 아무도 쳐다보지 않고 알아봐 주지 않는데 무슨 명품이 필요하겠는가? 아무에게도 먹히지 않으니 자연인은 지극히 실용적인 삶을 사는 거다. 남들의 반응과 허세의 유익이 없어지면 자연적으로 허세 없고 실속 있는 삶을 추구하게 된다.

교회도 마찬가지다. 외양은 화려한데 은혜는 다 말라버리고 성령 하나님의 역사는 성경의 글자 속에만 머물러 있고, 아직도 돌무덤 가운데 주무시는 예수님만 모시고 있는 교회들이 얼마나 많은가? 높고 화려하고 웅장하게 지으면 좋은 교회인 줄 아니까 다들 영적 허세에 집착하는 것이 아니겠는가?

성도도 그렇다. 교회에서 통하지 않으면 아무도 외적으로 꾸미고 영적 허세를 부리지 않을 텐데 안타깝게도 그것이 통하고 먹히면 교회에서 허세를 부린다. 교회를 오래 다니고 직분까지 받았어도 삶으로 맺히는 영적 변화의 열매가 하나도 없을 수 있다. 그런데 그런 사람일지라도 교회 생활 중에 외적 경건만 능숙하여 거룩한 척, 의로운 척 포장하면 사람들이 믿음 있게 봐주기도 한다. 바깥에서는 아무것도 아닌데 교회에만 오면 믿음 좋다느니 신실하다느니 대접받고, 모든 것을 내 마음대로 주장할 수 있다면 자꾸 종교적 허세만 부리게 된다.

소문난 잔치에 먹을 것 없다고, 나와 우리 교회의 모습이 화려하지만 먹을 것 없는 공허함일 수도 있다. 우리는 영적 허세를 부리게 만드는 이 시대의 제의와 요구를 거절하고, 본질을 더 붙들고 더 강화해야 한다. 내면의 중심과 신앙의 본질은 썩고 말라가는데도 껍데기만 추구하는 잘못된 신앙의 모습이 우리에게 있다면 이제는 고치고 회복해서 단호하게 교회의 정신을 외쳐야 한다.

교회 안에 기념비를 세우게 두지 말라

교회에서 그런 허세의 욕구를 허용하고 원하는 대로 해주면 자꾸 허세를 부리게 된다. '나아만'의 요구를 들어주면 안 된다. 열왕기하 5장에서 나아만 장군은 부하들을 거느리고 말과 병거를 끌고 엘리사를 찾아왔다. 그는 자기 같은 성도가 오면 엘리사 목사님이 맨발로 뛰어나와 영접하고, 자기 머리에 손을 얹고 여호와의 이름을 부르며 기도해 고쳐줄 줄 알았다.

그런데 부교역자가 나와 "요단강에 가서 일곱 번 씻고 오래요"라고 하자 화를 내며 돌아가려 했다. '내가 어떤 사람인데'라는 마음이었다. 하나님의 종에게 긍휼을 구하러 나왔다면 가장 낮은 모습, 겸손한 모습으로 엎드려 긍휼을 구하면 됐다. 허세나 겉치레가 아니라 마음의 중심과 실속이 중요하다.

나는 우리 교회 아이들이 시험을 앞두면 그 전날 특별히 시간을 내서 기도해주고, 시험 날이면 격려 문자도 보내고 기도도 해준다. 대신 주일은 새벽부터 긴장하며 주일예배를 준비하기 때문에 예배 전에는 되도록 누구도 만나지 않는데 꼭 주일날 아이를 데려와 안수받기를 청하는 사람이 있다. 그 부모의 마음은 이해하지만 나는 "그냥 가도 됩니다. 목사가 기도했습니다" 하고 돌려보낸다. 어느 아이도 '특별 대접'을 하지 않는다. 그래도 내가 기도해준 것을 믿는 우리 교인들은 별 불만 없이 돌아가고, 간혹 시험 끝난 후 "목사님, 기도해주셔서 감사합니다. 덕분에 시험 잘 끝났습니다" 하고 문자로 감사를 전하기도 한다.

하지만 어떤 교회에는 목사님의 안수기도를 청하며 두툼한 헌금봉투를 내밀고 주보에 실어달라고 요구하는 사람도 있다고 한다. 하나님께 아뢰었으면 된 거다. 사람에게 드러내고 특별히 대접받기를 원하지 않았으면 좋겠고 정말 기도를 왜 하는지 잊지 않았으면 좋겠다. 하나님이 사랑하시는 낮고 겸손한 마음으로 나온다면 하나님께서 긍휼히 여기서서 은혜를 베푸실 줄 믿는다.

사울 왕은 하나님 말씀은 듣지도 않으면서 자기를 위해 기념비 세우는 것을 좋아했다. 그에게는 하나님과의 관계 회복도, 거룩함의 회복도 중요하지 않았다. 오직 사람들에게 자기가 어떻게 보이는지가 문제였다. 사무엘이 하나님의 진노와 슬픔을 전하며 꾸짖어도 듣지 않고 "그건 됐고요, 가서 나를 백성들과 장로들 앞에 높여주세요"라며 사람들 앞에 자신을 세워주고 높여주기만을 바랄 뿐이었다(삼상 15:12-30).

교회에도 자신의 지위와 관계, 물질과 영향력을 가지고 자신을 특별하게 대접해주기를 바라고 자신을 위해 기념비를 세우려는 자들이 있다. 이런 자들은 교회가 이런 요구를 자꾸 받아주고 거룩한 척하는 영적 허세들을 허용하면 계속 그런 식으로만 신앙생활하고, 그게 안 되면 그런 교회만 찾아다닌다.

사람들이 하나님과의 관계, 영성, 진정한 믿음에는 관심이 없고 거룩한 척, 의로운 척 외식하고 다른 사람들의 인정을 받는 데만 관심을 둔다면, 하나님과 가까운 자리로 나아가기보다 사람들에게 높임 받는 허세의 자리를 지키는 데 열정을 쏟는다면 그 교회는 성령의 역사가 뜨겁게 일어나는 현장이 아니라 관계 중심의, 인본주의의 썩은 냄새가 넘쳐나는 정치판이 되고 만다. 그런 교회라면 문 닫아야 한다. 한국 교회가 이런 사람들이 주목받고 특별 대접을 받으면서 허망한 허세가 통하는 교회가 아니라 목사도 성도도 허황한 겉치레하지 않고 하나님만 진실되게 바라보는 교회로 건강하게 세워지기를 간절히 바란다.

진짜가 없으니까 허세라도 부린다

허세의 사전적 의미는 '실속이 없이 겉으로만 드러나 보이는 기세'다. 진짜가 없는 자의 몸부림이기에 허세 부리는 모습은 불쌍하고 안쓰럽다. 군대 갔다 온 남자들은 군생활에 어느 정도 자부심을 가질 수 있지만 자기가 복무한 부대와 보직이 가장 힘들고 위험한 것이라고 지나친 '군부심'을 부리며 허세를 떠는 사람은 힘없고 존재감 없는 무능한 자일 확률이 높다. 진짜가 없으니 허세라도 부리는 것이다.

청바지에 검은 터틀넥 스웨터가 시그니처였던 스티브 잡스를 생각해보라. 그가 돈이 없어서 명품 수트 대신 그런 옷만 입었을까? 페이스북의 창립자인 마크 저커버그는 미국 NBC방송 투데이쇼 인터뷰에서 "옷장에 회색 티셔츠가 20벌쯤 있다. 매일 똑같은 걸 입는다"라며 '오늘은 뭘 입을까' 고민하는 시간이 아깝고 귀찮아서 그렇게 옷을 입는다고 말했다.

자존감이 높은 사람은 허세를 부리지 않는다. 진짜를 소유한 사람, 진짜 행복을 찾은 사람은 허세가 없다. 인생의 참된 가치와 신념을 소유한 자는 타인의 시선에 매이지 않고 자유하게 산다. 다른 사람의 눈을 의식하고 뭔가 꾸미지 않는다. 진정한 실력이 있으면 거짓 허세로라도 자신을 포장하고 꾸밀 필요가 없다.

가난한 농촌을 떠나 도시에 와서 공장을 다니며 겨우 먹고사는 중국인 청년이 어느 날 한 인터넷 생방송의 VJ에게 꽂혀서 만 원 정도 별풍선 후원을 해주었다. 이 방송은 참여자가 별로 없는 곳이라 만 원만 후원해도 바로 주목받았다. 자존감 낮은 이 청년은 VJ가 자기 이름을 불러주고 칭찬하자 3만 원, 5만 원, 10만 원으로 점차 금액을 늘려 후원하며 그 방에서 큰 손이 되었다. 그가 들어오면 사람들은 재벌 형님, 갑부 형님이 들어오셨다고 부추겼다. 그는 아무것도 없는 사람이지만 거기서만큼은 갑부였다. 그렇게 사람들의 부추김에 취한 그는 자기도 모르게 그곳에 전 재산을 쏟아붓고는 쫄딱 망하고 말았다.

내 인생에 허세가 가장 많았던 시기는 열여덟, 열아홉 고등학생 때부터 대학을 다니던 20대 때였다. 청춘(青春)인데 전혀 푸르지 않았던 그 시절, 내면은 너무도 가난하고 공허하고 외롭고 우울했지만 나는 들키지 않으려고 잘난 척, 있는 척, 센 척, 객기와 허세를 부리며 살았다. 그 시절 내 별명은 황태자였다. 어떤 사람들은 그때를 멋있고 화려했던 시간으로 기억하지만 나는 전혀 그렇지 않았다. 실제로는 싸움이 싫었지만 허세 부리느라 그냥 싸웠다. 맞기 싫어서 때렸고, 싸우다 보니 싸움 실력도 늘었다. 그러자 사람들이 따랐고, 박수와 부추김에 빠져 실속 없이 내 청춘을 바쳤다.

그런데 진짜를 만났다. 예수님을 만나 내 안에 진짜가 계시니 당당해졌다. 세상에 나를 드러내고 설명할 필요도 없었고, 나를 오해해도 그러려니 할 수 있었고, 뭔가에 꿀리지도 않았다. 오직 그분만을 소유하고 그분을 알아가는 것이 가장 큰 행복이 되었다.

새로 오신 성도님이 이런 고백을 하셨다. 평생 절에 다니던 경상도 남자가 60이 다 돼서 예수 믿으러 낯선 교회라는 공간에 나와 앉아 있기란 너무너무 힘든데 이 교회는 군더더기가 없어서 선택했다고. 꾸미는 권위나 인위적인 것 없이 자연스럽게 열려 있는 모습에 마음이 끌려

편안하게 오셨다고 한다. 우리 교회가 정답은 아니며 거룩한 예배당에서 청바지 입고 다닌다고 나를 욕할 사람도 있겠지만 다만 나는 실속 있게 목회하고 싶다.

한국 교회가 각자 예배의 본질에 충실하게 주 안에서 다양한 모습으로 예배드리되 치장과 허세의 권위가 아닌 진짜로써 강해지며, 겉모습으로 판단하는 이 시대의 값싼 가치관에 휘둘리지 않기를 간절히 소망한다.

진짜를 소유하면 당당하고 자유해진다

예수님을 만나고 알게 되면 그때부터는 당당하고 자유해진다. 성경에 나오는 사람들은 예수님을 만나는 순간 한 명도 예외 없이 변화되었다(그러므로 예수님을 만났다고 주장하지만 변하지 않는 사람은 정말 만난 것인지 알 수가 없다).

사도 바울을 보라. 그는 예전에 자신을 드러내고 자기 정체성과 존재감이 되었던 학벌, 가문, 명예, 지위, 영향력, 로마 시민권, 스펙이 예수님을 만나자 배설물처럼 되었다고 했다. 자연인처럼 인생의 행복과 본질을 찾고 깨달은 순간 그 모든 세상 권위와 포장들이 쓸모없는 쓰레기가 되어버렸다.

그러나 무엇이든지 내게 유익하던 것을 내가 그리스도를 위하여 다 해로 여길뿐더러 또한 모든 것을 해로 여김은 내 주 그리스도 예수를 아는 지식이 가장 고상

하기 때문이라 내가 그를 위하여 모든 것을 잃어버리고 배설물로 여김은 그리스

도를 얻고 빌 3:7,8

똥오줌 싸고 물 내리면서 아까워하는 사람이 있는가? 세상의 스펙은 날 안전하게 지켜주는 양 대단한 양 착각하게 하지만 허세의 재료일 뿐이라 진짜를 만나면 필요 없어진다. 세미나 다니고 인문학 강의 좇아다니지 않아도, 진짜가 내 안에 있으면 내면이 행복과 기쁨으로 충만하고 그때부터는 세상의 스펙이 쓸모없어진다.

당신은 교회에서 신앙생활을 하며 무엇을 보고 있는가? 영적 허세에 시선이 사로잡혀 나도 저렇게 되고 싶다며 가짜 허세의 신앙인들을 따라가려 하지는 않는가? 허세는 실속 없이 겉으로만 드러나 보이는 것이므로 실제가 아니라 부풀려진 과장이다. 위험을 느끼거나 상대방을 위협할 때 복어가 몸을 부풀리거나 목도리도마뱀이 '목도리'(frill)를 펼치는 것과 같은데 힘도 없으면서 커 보이기만 하면 뭐 하겠는가. 반면 사자는 육중한 몸을 최대한 낮추어 웅크린다. 힘 있는 자는 그렇게 할 수 있다. 실제가 없고 실체가 없으면 자꾸 뭔가를 도드라지게 보여주려 하지만 진짜가 있는 사람은 그러지 않고 자신을 낮출 수 있다.

그러면 너희가 어찌하여 나갔더냐 선지자를 보기 위함이었더냐 옳다 내가 너희에게 이르노니 선지자보다 더 나은 자니라 기록된 바 보라 내가 내 사자를 네 앞에 보내노니 그가 네 길을 네 앞에 준비하리라 하신 것이 이 사람에 대한 말씀이니라 마 11:9,10

세례 요한은 예수님께 이토록 귀한 칭찬과 인정을 받았지만 교만하게 자기를 드러내려 하지 않고 거친 사막에서 모든 형식적, 인위적 권위를 벗어버리고 "나는 예수님의 신발 끈 푸는 것도 감당할 수 없다"라며 겸손하게 사역했다. 그래서 나는 세례 요한의 별명을 '인덱스 핑거'(index finger, 집게손가락)라고 지었다. 손가락으로 뭔가를 가리키면 그 손가락이 아니라 손가락이 가리키는 곳을 보게 된다. 세례 요한은 그렇게 예수님을 가리키는 인덱스 핑거로 살다 갔다. 목회자도 성도도 그래야 한다.

말씀을 듣는 사람들이 예수님을 만나야 목회의 성공이다. 다른 것으로 목회의 성공과 교회의 부흥을 가늠할 수 없다. 또한 괜히 영적 허세 부리며, 예수님에게 모여야 할 사람들의 관심과 시선을 자신이 끌려고 하지 말자. 교회 올 때는 나이, 권위, 직업, 명예, 사상, 이념 같은 쓸데없는 세상 가치들을 다 내려놓고 싹 버리고 오자. 우리는 하나님의 아들딸이면 된다.

진짜의 소리만 들으라

2021년 5월, 중국에서 한 청년이 잠시 길거리 인터뷰를 하게 되었다. 그는 말투가 어눌하고 외모도 별로여서 그때부터 추남, 바보로 불렸고 인터넷에는 그를 조롱하는 동영상이 돌아다녔다. 그런데 사흘 후 중국의 한 일간지에 깜짝 놀랄 만한 기사가 실렸다. 그렇게 조롱받던 그의 정체는 베이징대 최연소 수학과 조교수 웨이 동이었다. 수학 천재인 그는 대학 3학년 때 하버드대의 무시험 박사과정 제의를 받기도 했다.

외모만 보고 판단하지 말라. 당신 옆에 있는 사람이 정말 대단한 사람일 수도 있다. 또한 사람들은 당신의 겉모습만 가지고 이러쿵저러쿵할 테지만, 세상이 무어라 말하고 평가하든 거기에 기죽지 말라. 나를 사랑하지도 않고 나를 위해 10원도 희생할 마음이 없는 사람들의 평가질에 귀 기울이고 마음을 빼앗기지 말라.

우리는 예수님의 말씀만 들어야 한다. 나를 위해 모든 것을 주시는 분, 나를 위해 기꺼이 십자가 사형 틀에 대신 올라가실 수 있는 분, 나를 그토록 사랑하시는 그분의 말씀만 듣고 존귀하게 살아가자. 왜 이렇게 자존감이 낮아져 있는가? 우리가 어떤 사람인데! 우리는 하나님의 것이고 하나님의 기쁨이다. 하나님의 택하신 자이고 왕 같은 제사장이다. 하나님의 나라이며 소유다. 세상 가운데 당당하게 외치며 오늘도 그것으로 자존감을 세우자.

야곱아 너를 창조하신 여호와께서 지금 말씀하시느니라 이스라엘아 너를 지으신 이가 말씀하시느니라 너는 두려워하지 말라 내가 너를 구속하였고 내가 너를 지명하여 불렀나니 너는 내 것이라 **사 43:1**

너의 하나님 여호와가 너의 가운데에 계시니 그는 구원을 베푸실 전능자이시라 그가 너로 말미암아 기쁨을 이기지 못하시며 너를 잠잠히 사랑하시며 너로 말미암아 즐거이 부르며 기뻐하시리라 하리라 **습 3:17**

그러나 너희는 택하신 족속이요 왕 같은 제사장들이요 거룩한 나라요 그의 소유가 된 백성이니 이는 너희를 어두운 데서 불러 내어 그의 기이한 빛에 들어가게 하신 이의 아름다운 덕을 선포하게 하려 하심이라 **벧전 2:9**

자기 아들을 아끼지 아니하시고 우리 모든 사람을 위하여 내주신 이가 어찌 그 아들과 함께 모든 것을 우리에게 주시지 아니하겠느냐 **롬 8:32**

어떤 유명 래퍼가 슈퍼카를 모으고, 호텔에서만 생활하고, 돈도 안 낸 채 각종 보석을 두르고 허세를 떨다가 파산하여 큰 망신을 당한 바 있다. 이런 것으로 자기 존재를 드러내려는 게 콤플렉스다. 진짜가 없는 허망한 인생들의 몸부림이고 발악이다. 세상에 뭔가를 증명하려고 몸부림치지 말라. 그것이 더 불쌍하다.

우리에게는 하나님이 계신다. 예수님이 계신다. 다른 것에 시선 빼앗기지 말고, 헛된 곳으로 시선 돌리지 말고, 그냥 주님만 바라보며 주님께 이끌려 나의 연약함을 고백하며 나가는 진실한 '주바라기', '하나님 바라기'가 되기를 주님의 이름으로 축복한다.

대하 26:14-16 웃시야가 그의 온 군대를 위하여 방패와 창과 투구와 갑옷과 활과 물매 돌을 준비하고 또 예루살렘에서 재주 있는 사람들에게 무기를 고안하게 하여 망대와 성곽 위에 두어 화살과 큰 돌을 쏘고 던지게 하였으니 그의 이름이 멀리 퍼짐은 기이한 도우심을 얻어 강성하여짐이었더라 그가 강성하여지매 그의 마음이 교만하여 악을 행하여 그의 하나님 여호와께 범죄하되 곧 여호와의 성전에 들어가서 향단에 분향하려 한지라

교만은
착각의 열매다

05

고개 들지 마세요

김우중 대우그룹 회장이 한참 잘나가던 시절, 골프 라운딩을 하며 자세 등을 교정받기 위해서 미국에서 유명한 티칭프로를 모셔왔다. 항공료와 최고의 숙박, 라운딩하는 수고비까지 그 당시 1억 정도가 들었는데 그 티칭프로는 라운딩이 끝나도록, 골프를 치는 내내 한마디도 하지 않았다고 한다.

서운하기도 하고 기가 막혔던 김우중 회장이 "이렇게 비싼 돈을 주고 모셔왔으면 뭐라고 한 마디라도 해주셔야 하는 것 아닙니까?"라고 하자 티칭프로는 "고개 들지 마세요" 그 한마디 하고 떠났다고 한다. 김우중 회장은 그 1억 원 들여 얻은 당연한 교훈이 너무 아까워서 그때부터 골프 칠 때 다시는 고개를 들지 않았다고 한다.

사람들은 큰 대가를 지불해야만 중요한 정보인 줄 아는데 일상에서 귀에 못이 박히게 듣던 진부한 진리가 대단한 지혜요 내 인생의 결정적 기회일 수 있다. 그 지혜가 바로 겸손이다. 고개 들면 진다. 정치권에서도 "골프와 선거는 머리를 드는 순간 패한다"라는 얘기를 자주 한다. 아무리 승리가 확실해 보여도 겸손을 잃고 고개를 드는 순간 민심은 떠나고 선거에 패배하는 법이다.

골프와 정치뿐이겠는가. 고개를 드는 순간, 사업도 망하고 관계도 깨진다. 인생의 성공과 행복을 위해서, 그리고 무엇보다도 중요한 믿음의 승리와 신앙의 성숙을 위해서 반드시 취해야 할 선택에 '겸손'이 있다.

일본 속담에 "바보와 연기는 높은 곳을 좋아한다"라는 말이 있다. 연기가 위로 올라가듯 어리석은 자도 끊임없이 높은 곳을 지향한다. 그 교만이 자신의 인생을 처참하게 무너뜨리는 위험한 일인 줄도 모르고…. 교만 하나가 잘못 들어가면 잘나가던 인생이 한 방에 훅 갈 수 있고, 탄탄하던 기업이 무너질 수 있으며, 한 나라가 망할 수도 있다.

성경에는 교만과 겸손에 관한 말씀이 많이 나온다. 교만과 겸손은 개인적인 성향과 성격 정도가 아니고 바로 신앙 문제와 결부된다. 겸손은 신앙을 성숙하게 하고 하나님과의 관계를 건강하게 유지하지만, 교만은 하나님과의 관계를 틀어지게 하고 내 영성을 무너뜨린다. 하나님은 교만을 악처럼 미워하셔서 교만한 자를 쓰지 않으시며 그를 버리신다. 반면 겸손을 아주 기뻐하시고 겸손한 자를 버리지도 잊지도 않으신다.

하나님은 우리 아버지시다. 자녀들이 밑바닥에 있는 것을 좋아할 아버지는 없다. 하나님은 겸손한 자, 낮은 곳을 지향하고 겸손한 자리를 지키는 자를 오히려 높이고 세워주는 분이시다. 그분은 자녀가 '높아지는' 것을 싫어하시는 것이 아니다. 스스로 높은 체하고 '높아지려 하는' 것을 싫어하시는 것이다. 그럼에도 우리는 자신을 나타내고, 높임 받고, 특별한 대접 받고 싶어서 안달하고 스스로 높아지려 하다가 허무하게 모든 것을 잃고 무너져버릴 때가 많다.

예수님은 "누구든지 자기를 높이는 자는 낮아지고 누구든지 자기를 낮추는 자는 높아지리라"(마 23:12)라고 말씀하셨다. 이것이 예수님의 약속이다. 야고보서에서는 "주 앞에서 낮추라 그리하면 주께서 너희를 높이시리라"(약 4:10)라고 한다. 우리가 겸손하고 우리 교회가 스스로 낮아지면 하나님은 알아서 높여주신다.

교만은 착각의 열매(결과)다. 교만할 뭔가가 있어서 교만한 게 아니라 착각해서 교만한 것이다. 어떤 착각이 교만을 낳는가? 첫 번째는 내가 뭔가를 할 수 있다는 착각이고, 두 번째는 내가 뭔가를 했다는 착각이다. 역대하 26장에서 웃시야 왕의 모습을 통해 이 착각으로 인한 교만의 정체를 살펴보자.

웃시야의 강성함

웃시야가 왕위에 오를 때에 나이가 16세였다(대하 26:3). 열여섯 살짜리가 왕이 되니 얼마나 당황스럽고 두려운 게 많았겠는가. 그러나 그는 52년간 재위했다. 이스라엘 역사에 드물었던 큰 장수이며, 나라를 강성한 대국으로 만들었다. 그의 옆에는 스가랴라는 멘토 목사님이 계셨다. 그가 왕에게 하나님의 뜻과 계시를 직언했고, 웃시야가 하나님을 찾고 말씀에 순종하는 동안에는 하나님이 도우셔서 왕과 그 나라를 형통하게 하셨다.

웃시야가 그의 아버지 아마샤의 모든 행위대로 여호와 보시기에 정직하게 행하

웃시야 왕은 블레셋과 아라비아, 마온, 암몬을 치고 그들에게 조공
을 받았으며 매우 강성하여 애굽 변방까지 이름이 알려졌다. 지금과
같은 대포나 첨단 화기가 없는 전근대적 싸움에서는 성과 성문을 견고
하게 만드는 것부터가 7할 이상의 승리 가능성을 쌓고 가는 것인데 웃
시야 왕은 성문을 견고하게 했고(9절), 망대를 세워 높은 곳에서 적의
침투 경계를 대비했으며 물웅덩이를 많이 팠다(10절). 팔레스타인 근동
지방은 사막지대였기 때문에 물이 가장 필요했다. 그리고 당시 전쟁은
주로 성을 포위하고 공격하는 전투 형태인 공성전(攻城戰)이었는데, 포
위되면 물과 식량이 부족하여 말라죽게 되므로 그들은 가축을 많이 기
르고 물웅덩이를 많이 파서 대비했다.

또한 웃시야 휘하에 충성스럽게 따르는 용맹한 장수들이 지휘관만
2,600명, 그들이 다스리는 군사가 무려 30만 7,500명이었다(12,13절).
우리나라 인구 5천만 명 중 군인의 수가 60만 명 정도인 것도 대군인
데, 인구수가 변변치 않았던 웃시야 시대에 용사가 30만 명이니 이는
엄청난 규모였다.

무기도 많았다. 14,15절을 보면 갑옷과 활과 물매 돌을 준비하고,
재주 있는 사람들에게 무기를 고안하게 하여 망대와 성곽 위에 두어 화
살과 큰 돌을 쏘고 던지게 하였다고 한다. 그 당시 최첨단 기술자들에
게 무기를 만들게 했고, 투석전, 즉 최첨단 무기로 무장했다는 것이다.

그들은 굉장히 강성했다.

이렇듯 6-15절에 걸쳐 웃시야 왕의 업적과 그의 강력한 왕권을 뒷받침해주는 군사력이 열거되었으나 성경은 웃시야가 강성해진 진짜 이유, 그가 누린 축복과 번영의 핵심을 놓치지 않고 우리에게 알려주신다.

> 하나님이 그를 도우사 블레셋 사람들과 구르바알에 거주하는 아라비아 사람들과 마온 사람들을 치게 하신지라 … 그의 이름이 멀리 퍼짐은 기이한 도우심을 얻어 강성하여짐이었더라 대하 26:7,15

실은 그가 한 게 아니라는 것이다. 그가 이렇게 엄청난 번영과 강성함을 이룬 이유는 충성스러운 장군들이 그를 돕고, 군대가 30만 명이고, 망대와 성문을 잘 세워 대비하고, 엄청난 최첨단 무기를 고안하여 준비했기 때문이 아니라 하나님의 기이한 도우심이 있었기 때문이라고 성경은 분명히 말씀한다.

교만은 어떤 모습으로 나타나는가

영성을 무너뜨린다

강성해져서 하나님께 감사하며 겸손해져서 더욱더 충성하면 좋은데, 안타깝게도 그 이후로 웃시야의 마음이 교만해졌다. 이것이 문제다. 하나님의 은혜로 축복을 받은 건 좋은데 물질이 풍족해지고 건강해지고 지식이 많아지고 영향력이 생기니 교만해지는 것이다. 이 교만은 두 가지 착각에서 온다. 내가 했다고 생각하고, 앞으로도 내가 할 수 있다고 생각하는 착각이다. "나의 나 된 모든 것이 다 하나님의 은혜이고, 내가 한 것은 아무것도 없습니다", "하나님이 함께 계셔서 저를 돕지 않으셨다면 저는 아무것도 할 수 없었습니다"라는 겸손한 고백이 없이 내가 했다는 착각! 교만의 정의가 바로 이것이다.

내가 해냈고 내가 할 수 있다는 이 교만은 삶에서 어떤 병폐와 결과로 나타나는가? 내가 할 수 있겠다는 착각 속에서 영성이 무너진다. 하나님과의 관계가 깨어지고, 말씀을 통해 얻는 은혜의 통로가 막힌다. 하나님께 더 이상 의존하지 않아도 되니 경외함이 사라져서 기도도 하지 않고 말씀을 존중하지 않는 것이다.

그가 강성하여지매 그의 마음이 교만하여 악을 행하여 그의 하나님 여호와께 범죄하되 곧 여호와의 성전에 들어가서 향단에 분향하려 한지라 대하 26:16

교만해진 웃시야가 가장 먼저 손댄 것이 주의 일이다. 하나님의 뜻을 가르치던 스가랴가 죽자 그는 손대선 안 될 영적 선을 넘어버린다. 하나님께서 맡기신 권위로 세워진 제사장들과 자신을 동등하게(어쩌면 자기가 더 우월하다고) 생각하고, 하나님의 권위와 질서를 따라 행할 일을 자기 마음대로 행했다. 예배를 손대고 말씀을 손대고 주의 일과 사역을 자기 마음대로 하려 했다.

두려운 일이지만, 교회 안에도 하나님의 큰 도우심으로 복과 은혜를 많이 받은 사람 중에 교만해져서 교회와 주의 종을 자기 뜻대로 경영하고 조종하려는 사람들이 있다. 말씀을 자기 뜻대로 이용하려는 사람들이 있다. 그 복과 은혜가 오히려 독이 되어 하나님의 권위를 무시하고 선을 넘어 충돌하는 것이다.

최선은 교만해지지 않는 것이다. 그러나 그러지 못했다면 차선은 기회를 주셨을 때 돌이키고 회개하는 것이다. 웃시야처럼 하나님 경외함을 버리고 하나님의 사역 및 교회와 주의 종의 권위와 질서를 무시하려 했다면, 최선은 아닐지라도 차선의 인생을 붙잡아야 한다. 그래서 교만한 현재와 부끄러운 미래에서 거룩하게 유턴하여 겸손의 자리로 돌아와야 한다.

말씀을 듣는 귀를 막는다

제사장 아사랴가 여호와의 용맹한 제사장 팔십 명을 데리고 그의 뒤를 따라 들어가서 대하 26:17

웃시야에게도 기회가 주어졌다. 제사장 아사랴가 용기 있는 제사장 80명을 데리고 따라가서 선을 넘은 왕의 행동을 지적한 것이다. 그러나 안타깝게도 웃시야는 거절하고 오히려 제사장들에게 화를 내며 그들을 치려 한다. 그러자 하나님께서 그에게 나병을 내리셔서 그는 왕궁에서 쫓겨나 변두리에서 일생을 마치게 된다.

교만의 가장 무서운 점은 자기가 교만한지 모른다는 것이다. 그래서 회개의 기회를 잃는다는 것이다. 교만하면 책망과 지적을 수용하지 못

한다. 자신의 죄악을 알지 못하고 끝까지 자신이 옳다 주장하다가 자기 죄악을 인지하지 못하고 끝을 보고야 만다. 다른 죄들은 찔림으로 회개하고 돌이켜 다시 회복할 수 있는데, 교만은 영성의 상함과 죽음으로 신앙의 양심이 개입하지 못하니 찔리지도 않아 회개 자체가 어렵다. 그래서 교만이 어떤 죄보다도 무서운 것이다.

그러므로 말씀 속에서 스스로 점검해보아야 한다. 내 삶에 감사가 사라지고 있지는 않은지, 말씀과 기도를 소홀히 하지 않는지, 내가 옳다고만 생각해 권면과 책망을 듣기 싫어하지 않는지, 주님이 주신 권위와 질서를 무시한 채 내가 할 수 있겠다는 생각과 의도가 앞서고 있지는 않은지. 이건 망할 조짐이다.

교만과 거만은 패망의 선봉이요 넘어짐으로 가는 지름길이다(잠 16:18 참조). 교만하여 목이 곧고 뻣뻣해지면 일개 왕국도 망할 수 있고 인생도 한 번에 무너질 수 있다. 결국 말씀과 권면을 듣는 것이 겸손이다. 말씀의 권면을 듣는 겸손함이 있어야 한다. 교만은 말씀과 충돌하고 다툼만 일으키지만 겸손한 사람은 듣는 지혜를 소유한다.

교만에서는 다툼만 일어날 뿐이라 권면을 듣는 자는 지혜가 있느니라 **잠 13:10**

마음과 귀가 제대로 거듭나지 못한 사람들은 절대 하나님의 말씀을 듣지 않는다. 웃시야처럼 하나님의 일을 방해하고 훼방하는 자리에 있으면서도 그러한 사실을 모르는 것은 너무 안타까운 일이다. 하나님께서는 우리들의 모습이 그렇게 되지 않기를 간절히 바라신다. 우리는 이 말씀을 탄식하는 소리로 들어야 한다.

> 목이 곧고 마음과 귀에 할례를 받지 못한 사람들아 너희도 너희 조상과 같이 항
> 상 성령을 거스르는도다 행 7:51

감사를 빼앗는다

출애굽하여 광야에서 살던 이스라엘 민족은 불 기둥과 구름 기둥이 움직이면 같이 움직이고 여호와의 궤가 앞장서면 그 뒤를 따라야 했다. 그들이 매우 순종적이고 신실한 믿음을 가져서가 아니라 떨어지면 죽기 때문이었다. 광야 한복판에서 낮에 구름 기둥이 양산처럼 그늘이 되어주지 않으면 죽고, 기온이 뚝 떨어진 밤에는 불 기둥 옆에 모여 있지 않으면 죽는다. 그러니 살기 위해서는 구름 기둥과 불 기둥을 무조건 좇아가야 했다.

그런데 가나안 땅에 들어가 풍족한 은혜와 축복을 누리게 되자 문제가 생겼다. 곡식 좀 저장해두어 아침마다 만나 줍지 않아도 되고, 안전한 가옥을 지어 구름 기둥과 불 기둥 따라다니지 않아도 되니 이스라엘 백성들은 내가 했고 할 수 있다는 마음에 여호와를 잊어버렸다.

> 네가 먹어서 배부르고 아름다운 집을 짓고 거주하게 되며 또 네 소와 양이 번성
> 하며 네 은금이 증식되며 네 소유가 다 풍부하게 될 때에 네 마음이 교만하여 네
> 하나님 여호와를 잊어버릴까 염려하노라 여호와는 너를 애굽 땅 종 되었던 집에
> 서 이끌어 내시고 신 8:12-14

내가 했고 내가 할 수 있다는 착각의 씨앗이 마음 밭에 뿌리 내리면 내 삶에 당연히 교만이라는 열매가 맺힌다. 교만은 하나님을 잊고 은혜를 잊는 것이다. 그 가운데에서 사라지는 것이 있다. 감사다. 내가 했다고 여기니 당연히 감사가 없어진다. 하나님의 은혜로 모든 것이 은혜이고 내 삶에 당연한 것은 하나도 없다는 것을 인정하지 않기에 삶에서 감사가 없어지는 것이 교만이다.

> 그러나 네가 마음에 이르기를 내 능력과 내 손의 힘으로 내가 이 재물을 얻었다 말할 것이라 네 하나님 여호와를 기억하라 그가 네게 재물 얻을 능력을 주셨음이라 ⋯ 신 8:17,18

그래서 겸손은 영적 기억력이다. 은혜에도 유통기한이 있다. 당신의 은혜 유통기한은 얼마인가? 은혜를 받고도 그 유통기한이 너무 짧아 금방 변질되지는 않았는가? 겸손은 하나님께서 놀라운 축복을 또 주시려는 축복의 예약이고 감사는 하나님께서 우리에게 복과 은혜를 흘려보내시는 통로인데 그 통로가 교만으로 막혀버린 사람은 비참하게 망하고 만다.

우리는 안다. 하나님이 나를 버리고 떠나가시면 나는 아무것도 아님을. 내가 잘난 것도 없지만 설령 잘나더라도 하나님께서 많은 것을 맡겨주지 않으시면 모든 것이 불가능하다는 것을. 그것을 잊지 않도록 우리의 영적 기억력과 은혜의 유통기한을 늘려가자.

닮은 듯 다른 겸손과 열등감

교만은 겸손과 확연히 다르지만, 열등감은 겸손과 비슷해 보인다. 겸손이 '내가 할 수 있는 게 없다'라는 것이다 보니 우리가 때때로 "저는 못 해요. 저는 거지 같아요"라는 열등감을 겸손으로 착각할 수 있는데 그건 그냥 찌질한 것이다.

열등감과 겸손의 차이는 시선에 있다. 열등감의 시선은 사람을 본다. '저 사람에 비하면 나는 아무것도 아니네. 저 사람에 비하면 내 꼬라지는 거지 같아' 이렇게 나를 다른 사람과 비교하여 하등(下等)으로 보는 것이다. 그러나 겸손은 시선이 하나님께 머문다. 하나님을 바라보며 내가 얼마나 비루한 존재인지, 내가 정말 얼마나 큰 은혜를 받고 있는지 깨닫는 것, 그래서 하나님의 은혜와 도우심이 아니었다면 나는 아무것도 할 수 없음을 고백하는 것이다.

열등감은 겸손처럼 보이듯 교만과 우월감은 믿음과 자신감처럼 보인다. 그러나 열등감이 그렇듯 우월감과 교만도 사람이 기준 되어 나와 상대방만 보는 것이다. 하나님이 기준 되어서 나, 상대방, 상황 이 모든 것 대신 오직 하나님을 바라볼 때 겸손해질 수 있다.

내가 했고 내가 할 수 있다는 착각에서 비롯된 교만은 하나님 경외함을 잊고 감사를 잃고 은혜의 통로를 막히게 한다. 내가 나 된 것이 하나님의 은혜임을 잊어 은혜가 말라버리면 신앙과 사역의 행복이 사라지고 인간적 노력으로 사역과 예배를 버티게 된다. 더 나아가 다른 것을 의지하여 내 힘으로 살려고 한다. 말씀에 불순종하고 영적 권위를 무시하며, 하나님의 사역을 하나님의 뜻과 말씀이 아닌 내 경험과 노력과 실력으로 충분히 해낼 수 있다고 생각한다.

내가 무엇인가 해야 하고 해내야 하고 할 수 있다고 여기니까 당연히 정신없이 바쁘고 한시도 가만히 있지를 못한다. 그래서 교만한 사람들이 세상에서 비신앙의 관점으로 볼 때는 굉장히 열정적으로 살아가는 것으로 보이고, 아주 성실하고 열심 있는 자로 사람들의 인정과 칭찬을 받기도 한다.

이 시대를 보면, 많은 사람이 자기 인생을 경영하고 계획한다. 이렇게 가면 이런 좋은 결과가 나올 것이라고 호언장담한다. 교만이다. 교만 속에서는 그런 일이 일어나지 않는다. 내가 뭔가를 할 수 있다는 착각과 뭔가 했다는 이 착각의 오만함이 내 안에서 자라나지 못하도록 기도하며, 겸손함으로 돌아와야 한다. "내가 한 것이 아니다, 내가 할 수 있는 것이 아니다. 나를 사랑하시고 나를 도우시는 주님이 공급하시는 힘으로 무엇이든 할 수 있는 것이다"라는 고백이 내 안에 있어야 한다.

마른 막대기 같은 우리

예전에 일산 거룩한빛광성교회 담임 목사님과 교제의 시간을 가진 적이 있다. 목사님은 나와 교제하시기 위해 울산까지 6시간을 손수 운전해서 오셨다. 식사하고 교제하는 가운데, 우리는 아무것도 가진 게 없는 사람들이라는 고백을 나누게 되었다.

목사님은 하나님께서 한국 교계에서 몇 손가락 안에 드는 큰 교회를 맡기실 때 자기 자리가 아니라고, 자기가 입을 옷이 아니라는 생각에 힘들어하셨다고 한다. 그 무렵, 등산하다 힘들어서 버려진 막대기 하나를 주워 지팡이로 의지하며 내려오는데 하나님께서 "나는 네가 잘나서 사용하려는 게 아니다. 버려진 막대기 같은 너를 지팡이처럼 사용하고 싶을 뿐이다"라는 마음을 주셨다고 한다. 그래서 그 마음으로 그 자리를 맡고 지금까지 큰 사역을 하고 계신다는 이야기를 들려주셨다.

나는 방송과 집회 사역으로 한 주에도 수천, 수만 명을 만나는데 하나님께서 맡겨주신 것들이 너무 크고 과분해서 두려워 떠는 마음이 가득하다. 그래서 이것으로 인해 나 자신이 혹시 교만해질까 봐, 나 이런 사람이라고 뽐내고 잘난 척할까 봐 매일 아침 일어나면 이 말을 백 번씩 외치고 기도한다.

"하나님, 저는 버러지입니다. 저는 티끌입니다. 저는 쓰레기입니다. 주님, 저를 버리지 말아주세요. 저를 떠나가지 말아주세요."

그리고 하루 중에도 항상 "저는 마른 막대기 같은 인생입니다", "아무 소망 없는 마른 막대기 같은 저를 사용해주셔서 감사합니다"라고 고백하는데, 목사님과 교제하면서 그 마음이 일치했다.

목사님이 그 버려졌던 나무 막대기로 십자가 목걸이를 만들어 오셔서 내게 한 개를 선물로 주셨다. 우리는 세상에 딱 두 개밖에 없는 십자가 목걸이를 나눠 가지며, 소망 없이 버려진 마른 막대기 같던 우리 인생을 기억하고, 아무리 큰 교회를 맡기시고 큰 사역을 맡기셔도 겸손하게 살자고 했다.

오늘 나와 당신이 겸손하고, 잠시 착각으로 교만해졌더라도 회개로 돌이켜 다시 복을 누렸으면 좋겠다. 그리고 우리보다 우리 자녀들이 더 잘되고 더욱더 소망 있는 세대가 되길 바란다. 제일 불행한 것이 내 시대, 혹은 아버지의 시대가 가장 전성기일 때다.

웃시야는 인생에서 가장 중요한 축복의 비결을 망각했고 그것이 불행의 시작이 되었다. 웃시야의 강성함과 주의 도우심, 보호하심, 형통함까지는 같을지라도 우리의 선택은 달라서 결말도 다르기를 바란다.

겸손은 내려가는 게 아니라 드러내는 것이다

우리는 겸손을 선택해야 하는데 겸손은 학습하고 교육받는 것이 아니며 애쓰고 노력하는 것도 아니다. 겸손은 외형적인 것도 아니고 그냥 '되어지는' 것인데, 어떻게 해야 겸손해질 수 있을까.

코미디언 S씨가 선배들과 골프 라운딩을 하다가 앞 조에 젊은 후배 코미디언들이 골프 치는 모습을 보게 되었다. 라운딩이 끝난 후 로비를 지나던 그에게 앞 조에서 골프를 치던 한 후배가 인사를 해왔다. S씨는 그에게 조언을 해주겠다고 "자네, 참 힘도 좋고 스피드도 좋은데, 마지막 피니쉬가…"라며 그 자리에서 시범을 보이다가 그만 대리석 바닥에 꽈당하고 넘어져 병원으로 실려 갔다.

병문안을 온 후배에게 S씨는 누워서도 "당신은 피니쉬만 잘하면 돼"라고 말을 꺼냈는데 그 후배가 "실은 제가 PJ프로입니다"라는 것이었다. 그 순간 피니쉬 운운하던 선배 코미디언 S씨는 겸손히 손을 모으고 자는 척하기 시작했다는 일화가 전해진다.

대가 앞에 서면 누구나 겸손해진다. 겸손하지 못하다면 그런 분을 만나지 못했기 때문이다. 전우들과 생사고락을 함께하며 수많은 전투를 누빈 의미의 훈장을 가슴에 가득히 단 야전 사령관 앞에 설 때 막 임관한 육사 출신의 엘리트 소위는 저절로 겸손해진다. 그처럼 진짜 겸손해지려면 하나님을 만나고 그분 앞에 서야 한다. 학습하고 노력하는 것이 아니라, 하나님이 앞에 설 때 자동으로 겸손해진다. 하나님을 만났다면 결코 교만할 수 없으며, 그러므로 겸손하지 못한 사람은 하나님을 제대로 만난 것이 아니다.

나는 지는 법을 몰랐다. 공부든 싸움이든 운동이든 뭐든 다 그랬다. 얼마나 자신만만했는지 대기업 총수들에게 "내가 그 기업에 들어갈 수도 있을 것 같다, 내가 원하는 자리는 이런이런 자리다"라고 당당하게 편지를 쓸 정도였다. 내 힘으로 뭔가 할 수 있다고 착각하며 살았던 인생이 하나님을 만나자 내가 아무것도 아니라 정말 버러지, 티끌이라는 것을 알게 되었다.

겸손은 또한 그런 자기 자신을 그대로 인정하고 드러내는 것이다. "겸손하라" 하면, 우리는 내가 (잘나서) 일부러 숙여 한참 내려가야 할 것처럼 생각하는데, 아니다. 내 모습 그대로 보여주면 그것이 겸손이다. 교만은 약함과 실패를 절대 인정하지 않기에 그것을 숨기고 강한 척, 센 척 포장하려고 애쓴다. 그러나 겸손은 내 약함과 두려움, 실수를 인정하고 그대로 드러낸다.

1974년, 미국의 제37대 대통령 닉슨이 워터게이트 사건으로 탄핵되어 사임하자 부통령이던 제럴드 포드(Gerald Ford)가 대통령직을 승계하게 되었다. 그러나 그는 케네디 같은 명문가 출신도 아니고 뭔가 뚜렷한 업적을 이룬 것도 없는지라 냉전 시대와 힘든 정국, 경제적 위기를 헤쳐나가기에 불안하다는 싸늘한 여론에 고민이 많았다. 그런데 그가 취임 연설 서두에 이렇게 말하자 전 국민이 폭소를 터뜨렸고 그의 고민은 씻은 듯 날아가게 되었다.

"여러분의 걱정과 염려 제가 잘 압니다. 그런데 저는 링컨이 아니라 포드일 뿐입니다."

링컨과 포드는 대통령의 이름인 동시에 자동차 브랜드이기도 하다. 링컨은 가장 존경받는 대통령의 이름이면서 상류층이 타는 고급 세단의 대명사이고, 포드는 대중들이 쉽게 타는 자동차의 대명사였다. 자기는 상류층이기보다는 대중적인 사람이며, 서민의 대변자로 그들을 위한 정치를 할 것임을 피력한 이 절묘한 비유는 국민에게 시원한 웃음을 주었다. 포드는 자신의 모자람과 약함을 솔직히 인정함으로써 정치적 이미지를 쇄신했을 뿐만 아니라 자신의 강점으로 역전시키기까지 했다.

나는 사실 나 자신을 모른다

우리는 내가 나를 잘 안다고 생각하지만 실은 자신의 상태를 잘 모른다. 자기 자신에 관해 질문받으면 대답하지 못하는 것이 많으며 오히려 남이 나를 더 잘 알 수도 있다. 나는 종합검진을 받기 위해 문진표를 작성하면서 내가 나를 잘 모른다는 것을 깨달았다. 문진표 정도는 괜찮지만 내가 교만한지 겸손한지 잘 모르는 것은 정말 문제다. 분명한 것은, 내가 교만하다고 느끼는 것이 겸손이고 나는 교만하지 않다고 여기는 것이 교만이며, 나는 겸손하다고 생각하는 것이 가장 최악의 중증 교만이라는 것이다.

검객 미야모토 무사시는 "스스로 무적이라 생각하는 사람만큼 쓰러뜨리기 쉬운 적(敵)은 없다"라고 했으며, 판단과 의사결정 연구의 대가인 세계적인 석학 바루크 피쇼프(Baruch Fischhoff)는 "가장 쉽게 속는 사람이 누구인지 아는가? 모르면서 안다고 거짓말하는 사람, 즉 인정하지 않는 사람이다"라고 말했다. 교만하고 아는 척하는 사람들이 더 속기 쉽다는 것이다.

역사를 살펴보면 세계사에서 가장 위험하고 비이성적인 판단, 가장 불의하고 역사에 큰 흠결을 남긴 결정들은 의외로 그 나라가 강성하며 지도자가 매우 잘나가고 혁혁한 공을 계속 세울 때, 그래서 대중과 지도자 간에 신뢰가 공고할 때 내려졌다. 그러므로 우리는 잘나갈 때 자신을 과신하지 말고 경계해야 한다. 승리가 거듭될 때 신중하고, 이어지는 평안과 확고한 신뢰를 경계해야 한다. 교회에 계속 좋은 일이 있고 목회자와 성도 사이에 신뢰가 공고해졌을 때 목사를 맹신하지 말고, 우리도 얼마든지 넘어질 수 있음을 인정하고 겸손하게 하나님 앞에 엎드려야 한다.

나는 목회자라서 신앙의 삶이 생활이고 업(業)이다. 그래서 하나님과의 관계, 하나님의 진노하심과 기뻐하심, 이것만 궁금하고 예민하게 생각한다. 이렇게 사는 나도 이렇게 두려워하고 나 자신을 믿지 않는데, 각자의 삶에서 정신없이 분주하게 살아가는 성도들 중에 자기가 무조건, 절대로 옳다고 믿는 사람들을 보게 되면 너무 놀랍다. 어떻게 그리 겁도 없이 자기 자신을 과신하다 못해 맹신하는지. 그러다 사람 망하는데, 자기 혼자 그렇게 사는 것으로 모자라 사람들이 자기를 추종하게 하려고 든다. 이것은 함께 망하자는 것이다. 정말 두렵고 위험한 일이다.

자기 약함과 무지와 실수를 드러내는 것이 손해처럼 여겨지지만 실은 그것이 지혜로운 방법이다. 아는 척하다가 오히려 크게 당할 수 있기 때문이다. "그런즉 선 줄로 생각하는 자는 넘어질까 조심하라"라는 고린도전서 10장 12절의 말씀과 같이, 섰다고 생각할 때 넘어질 수 있으며 나는 언제든 실패할 수 있는 연약한 존재임을 인정해야 한다. 나도 당신도 실패할 수 있고 범죄할 수 있다. 나는 실수하지 않고 실족하지 않고 넘어지지 않을 것이라는 교만을 버려야 한다.

누구나 넘어지지만 겸손한 자가 다시 일어난다

조 바이든(Joe Biden) 미국 대통령의 집무실에는 40년 정치 인생 내내 그의 집무실을 떠나지 않은 것으로 유명한 만화 액자 하나가 놓여있다. 그 만화는 미국의 유명한 딕 브라운(Dick Brawn)이 그린 '공포의 해이가르'(Hagar the Horrible) 시리즈의 두 컷짜리 카툰이다.

거친 바이킹 해이가르가 바다에서 풍랑을 만났다. 번개를 맞고 배가 좌초하자 해이가르는 하늘을 향해 "WHY ME(왜 하필 나입니까)?!"라고 외친다. 그러자 하늘에서 하나님의 목소리가 해이가르에게 되물으신다.

"WHY NOT(왜 너는 안 되는데)?"

1972년, 29세의 나이로 미국 상원의원에 당선되고 승승장구하던 조 바이든은 그해 겨울 교통사고로 아내와 막내딸을 잃고 실의에 빠졌다. 하나님을 원망하며 모든 것을 포기하려는 그에게 아버지 조셉 바이든 시니어(Joseph Biden Senior)는 이 그림을 건네며 아들을 위로했다.

"너만 그런 것이 아니라 누구에게나 아픔과 슬픔이 찾아올 수 있단 다. 너는 앞으로 사람을 평가할 때 저 사람은 몇 번이나 넘어졌는지를 세지 말고 그 사람이 얼마나 빨리 일어났는지를 보아라. 그리고 너도 빨리 일어나 회복하렴."

조 바이든은 이를 통해 불행은 누구에게나 닥칠 수 있다는 것을 깊이 깨닫고 고통의 삶에서 용기를 얻었으며, 그 후 아무리 잘나가고 정계에서 승승장구할 때도 "Why not?" 이 말을 기억하면서 겸손히 실패와 넘어짐을 대비하며 살아갔다고 한다.

그 사고 당시 중태에 빠졌다가 겨우 살아났던 장남 보 바이든은 46세이던 2015년에 뇌암으로 사망했는데 임종 직전 아버지에게 꼭 대선에 출마하라고 당부했다. 그때 조 바이든은 이미 73세로 정계를 은퇴할 나이였으나 그는 항상 자기가 넘어질 수 있음을 알고 아픔과 상처를 대비하고 살았기 때문에 겸손히 하나님을 의지하고 일어나 도전하고, 국가의 새로운 수장으로 설 수 있었다.

누구나 넘어질 수 있다. 그것을 인정해야 한다. 넘어지지 않는 사람은 없으며, 인생에서 승리의 관건은 넘어져도 그것을 이기고 헤쳐 나올 수 있느냐, 일어설 수 있느냐에 있다. 넘어지지 않는 것보다 빨리 일어나는 것이 중요한데, 겸손해야 일어날 수 있다. 악인, 즉 자신을 과신하던 교만한 사람은 한 번 넘어지면 그 충격으로 일어나기 힘들지만, 의인은 일곱 번 넘어져도 일어난다. 항상 자신의 연약함을 인정하고 살기에 어떤 넘어짐과 실패에도 하나님을 붙들고 일어날 준비가 되어 있기 때문이다.

대저 의인은 일곱 번 넘어질지라도 다시 일어나려니와 악인은 재앙으로 말미암아 엎드러지느니라 잠 24:16

우리가 넘어지지 않는 인생이 아니라 넘어져도 일어날 수 있는 인생이 되기를 바라고, 그러기 위해 내가 한 것이 아니며 내가 할 수 있는 것은 아무것도 없다는 것을 인정하고 오늘도 겸손하게 하나님을 의지하며 하나님께 더 나아갈 수 있기를 소망한다.

마 12:7 나는 자비를 원하고 제사를 원하지 아니하노라 하신 뜻을 너희가 알았더라면 무죄한 자를 정죄하지 아니하였으리라

잔인한 기독교?
자비의 기독교!

06

예수님의 선택과 결정에 집중하라

'만약 예수님이라면 이럴 때 어떻게 하셨을까?'

어려운 선택과 고민의 순간, 실패하지 않고 좋은 결정을 하기 위해서 우리는 늘 이것을 떠올려야 한다. 그리고는 예수님이 하셨을 선택과 결정에 집중하는 것이다. 결국 예수님의 선택이 옳은 것이며, 우리는 그것을 따라야 하기 때문이다.

마태복음 12장에서 예수님은 제사와 자비 중 자비를 선택하셨다. "나는 자비를 원하고 제사를 원하지 아니하노라"라는 말씀은 일찍이 구약시대에 하나님께서 호세아 선지자를 통해 주신 말씀을 인용하신 것이다. 제사보다 자비(인애)를 원하신다는 말씀은 하나님의 뜻, 그분의 생각을 아는 것이 번제를 드리는 것보다 훨씬 낫다는 것이다.

> 나는 인애를 원하고 제사를 원하지 아니하며 번제보다 하나님을 아는 것을 원하노라 **호 6:6**

자비의 헬라어 원어인 '엘레오스'(Eleos)는 고통 중에 있는 사람들에 대한 친절과 구제 행위로서, 중심에 사랑과 자비와 헌신을 원하시는 하나님의 뜻과 부합되는 경건한 행위다. 제사를 뜻하는 '뒤시아'(thusia)는 연기로 제사를 올리는 희생 제물이나 제사 행위를 말하며, 여기서는 형식적 예배와 습관적 종교 행위라는 의미를 담고 있다.

따라서 "자비를 원한다"라는 말씀은 단순히 제사 행위를 부인하거나 하나님께 드리는 예배를 무시하고 중단해버리라는 의미가 아니며 종교적 의무를 배격한 채 온전히 인본주의만을 주장한 것도 아니다. 이것은 분명 하나님의 뜻, 곧 사랑의 계명을 온전히 실천하는 자비의 행위를 율법의 의무보다 우위에 두라는 의미다. 또한 자비와 제사 중 하나를 선택해야 할 피치 못할 경우가 생겼을 때는 제사보다 자비가 먼저 베풀어져야 한다는 뜻이다. 그것을 하나님께 대한 인간의 예배가 소홀해졌음을 의미한다고 할 수는 없다.

바리새인과의 논쟁

7절의 말씀에 앞서 바리새인들은 배고픈 제자들이 밀밭 사이로 가다가 이삭을 잘라 먹는 것을 보고는 안식일을 범했다고 정죄하며 예수님께 논쟁을 걸어온다.

안식일에 대한 하나님의 뜻은 사랑하는 백성들에게 참 자유와 쉼을 주는 것이지 사람들을 속박하는 것이 아니었다. 그러나 바리새인들은 하나님의 자비하심과 인애를 알지 못한 채 '안식=무노동'의 원칙을 세워놓고 '몇 걸음까지가 노동이냐', '불을 켜는 것이 노동이냐 아니냐' 이런 식으로 어디까지가 노동이고 어디부터는 노동이 아닌지만을 보았다. 게다가 이런 유전(遺傳)들을 한없이 만들고, 그것을 지키는 것을 거룩함을 자랑하고 드러내는 수단으로 삼는 한편, 그 유전을 지키지 못하는 사람들을 무자비하게 비난하고 정죄했다.

이에 예수님은 바리새인들이 성경을 바로 이해하지 못한다고 책망하셨다.

> 예수께서 이르시되 다윗이 자기와 그 함께한 자들이 시장할 때에 한 일을 읽지
> 못하였느냐 그가 하나님의 전에 들어가서 제사장 외에는 자기나 그 함께한 자들
> 이 먹어서는 안 되는 진설병을 먹지 아니하였느냐 또 안식일에 제사장들이 성전
> 안에서 안식을 범하여도 죄가 없음을 너희가 율법에서 읽지 못하였느냐 내가 너
> 희에게 이르노니 성전보다 더 큰 이가 여기 있느니라 마 12:3-6

다윗도 사울을 피해 도망할 때 제사장들 외에는 손댈 수 없었던 진설병을 먹었다. 그것이 성경 안에 기록된 것을 모르냐는 예수님의 질문은 굶주린 사람을 "이것은 제사장만 먹는 거요"라며 외면하지 않고 먹이는 것이 사랑이라는 의미다. 또 제사장들은 왜 안식일에 성전에서 일하냐고 하시며 하나님의 구원을 선포하며 온 인류를 위하여 이 땅에서 공생애 사역을 시작하신 예수님과 그 제자들이 시장하여 밀밭에서 먹은 것이 무슨 그리 큰 잘못이냐고 하신다. 성전보다 더 큰 자가 여기 있다고 하시며, 유전과 율법에 얽매여 수많은 사람을 비판하고 정죄하는 데 앞장서는 바리새인들의 신앙이 잘못되었음을 분명히 말씀하신다.

이 말씀 후에 하나님께서 호세아를 통해 "나는 제사보다 인애를 원

하며, 종교적인 형식을 지키기보다 내 뜻을 좀 알았으면 좋겠다" 하신 말씀을 인용한다. 우리도 이 말씀대로 선택해야 한다. 어떤 상황과 처지에서 자비와 율법 혹은 종교적 형식과 예가 부딪친다면 자비와 사랑을 선택함이 옳다.

우리가 만드는 종교 형식과 기준

칼빈(John Calvin)은 "종교의식에만 관심을 갖는 바리새인들의 잘못은 모든 세대 사람들의 공통된 과오에 속한다"라고 얘기했다. 그렇다. 나는 여기서 우리의 자화상을 본다. 이것은 비단 2천 년 전 바리새인들만의 잘못과 문제가 아니라 오늘날 모든 세대의 공통된 문제일 수 있다. 바로 오늘 내 신앙생활 중에, 우리 교회에 만연한 모습일 수 있음을 자각해야 한다.

반복되는 예배의 형식들이 굳어져 도무지 깰 수 없는 율법이 된 것들이 얼마나 많은가. 일어서지 않으면 이상하고, 앉아서 하면 이상하고, 외우지 않으면 이상해한다. 주일날은 복음성가를 부르면 안 되고 꼭 찬송가만 불러야 한다는 등 스스로 뭔가를 자꾸 만들어 덧대려 하고 거기서 이탈하면 신앙이 아닌 것처럼 정죄한다.

종교인들이 정죄를 서슴지 않는 대표적인 예가 술과 담배다. 한 중직자가 담벼락 뒤에 숨어서 담배를 피우다 걸렸다고 하자. "아무개 장로님 숨어서 담배 피우더라?" 교회가 뒤집힐 일이다. 그런데 담배가 그렇게 문제인가? 피우라는 얘기가 아니고, 그 일이 교회가 뒤집힐만한 일인가 말이다. 장로가 숨어서 담배 피우는 게 잘한 일은 아니지만, 장로가 정직하게 예배드리지 않는 것, 교회에서 주인 행세하며 자기가 경영하는 사업장처럼 여기는 것이 사실 더 끔찍한 일이다. 그런데 우리는 정작 끔찍하고 소름 돋을 일에는 너무 덤덤하고 무감각하다.

요즘 전도하려고 만나는 사람들 중에 술, 담배 때문에 교회 못 나오겠다는 사람들이 의외로 많아 놀랐다. 술 마시고 담배 못 끊었으면 교회 오지 말아야 하는가? 나는 그런 분들 전도하고 교회 나오라고 할 때 오히려 술을 사드리기도 했다.

"목사님, 담배 안 끊어도 교회 가도 됩니까?"

"제가 술을 먹어도 교회 가도 됩니까?"

괜찮다고 했다. 술, 담배가 신앙의 본질이 아니다. 술 마시고 담배 피운다고 천국 못 가는 것이 아니다(다만 조금 더 빨리 갈 뿐). 나는 그분들에게 억지로 하지 말라고 했다. 그러다 어느 순간 나처럼 그런 것들이 별로 즐거움을 주지 못할 때가 올 것이고, 진짜 행복과 즐거움을 만끽하면 자연스럽게 끊어질 거라고 했다. 내가 경험자라 확신있게 얘기할 수 있었다. 나는 술 마시고 담배 피우는 분들이 교회 왔으면 좋겠다. 예수님 만나고 복음을 들을 수 있다면 술, 담배가 무슨 상관인가.

주일날 돈 쓰는 것을 죄로 여기는 사람들이 있다. 나는 그런 분들의 신앙 방식을 존중한다. 본인이 자신의 신앙관에 따라 하나님 앞에서 자신의 방식으로 가장 거룩하고 경건하게 주일을 지키고 신앙생활 하는 것은 좋은 일이다. 다만 마치 바리새인들이 노동을 정죄하듯, 돈 쓰는 것을 터부시하면서 자기가 세워놓은 기준으로 그렇지 않은 사람을 정죄하고 비난한다면 그것은 죄라고 말하고 싶다. 옳지 않은 율법적 기준을 모든 사람에게 비난의 잣대로 정죄의 잣대로 사용한다면 그것은 정말 큰 죄악이다.

옛날에 상담했던 일이다. 어떤 분이 자신이 전도해 데려온 분을 매주 식당에 데려가 식사 대접을 했다. 그 초신자는 외롭게 혼자 사는 분이라 예배 후 식사하고 가지 않으면 저녁을 굶어야 했기 때문이다. 그런데 하루는 교회 주변 식당에서 밥을 먹다가 완고하신 목사님을 만나 주일날 돈 쓰며 밥 사 먹는다고 책망을 들었고, 그를 비난하는 교인들도 있었다. 그 후로 식당에서 식사 대접하는 것이 눈치 보여 도둑처럼 숨어서 한다는 얘기를 듣고 나는 너무 마음이 아팠다.

우리 교회에는 평생 절에 다녔던 초신자들, 전도 대상자들을 일주일 내내 챙기고, 주일 아침부터 전화하고 집 앞에서 기다렸다가 차에 태우고 오시는 분들이 있다. 예배 끝나면 자기 돈 들여 그분들에게 식사를 대접하고 섬긴다. 그런 일이 부끄러운 것인가?

영혼 구원에는 전혀 관심도 없고, 교회 다닌 지 수십 년이 지나도 전도 한 명 안 하는 사람이 있다. 잃어버린 영혼을 찾기 위해 애태우시는 하나님 아버지의 그 피맺힌 마음에는 전혀 관심 없으면서, 주일날 식당 데려가 돈 쓴 것만 정죄하는 사람! 그런 사람과 새로 온 성도를 챙기기 위해 주일날 식당에서 식사 대접하며 돈 쓴 사람, 둘 중에 누가 진정 부끄러워해야 하는가?

하나님과 예수님의 선택은 분명하게 인애와 자비였다. 이것은 종교 형식과 관습보다, 유전과 예식보다 더 중요하다. 우리가 교만을 버리고 겸손을 선택해야 하듯이, 기독교의 역사와 지난 우리의 신앙생활과 삶 가운데 가득했던 정죄와 비난의 잔인함을 버리고 자비와 사랑, 인애와 용서를 선택할 수 있기를 바란다.

은혜와 자비가 사랑이다

'자비'라고 하면 많은 사람이 불교를 떠올린다. 그러나 자비는 불교의 전유물이 아니다. 불교의 자비는 공덕을 쌓기 위한 수단과 과정이다. 자비를 많이 베풀어서 공덕을 쌓아야 하므로, 그것을 할 수 있도록 내 마음을 수련한다. 그런데 생각해보라. 단련과 수행을 통해 자비를 계속 행할 수 있을까?

기독교의 자비와 불교의 자비는 근원부터 완전히 다르다. 불교의 자비는 동정에서 출발한다. 불쌍하니 자비를 베풀고, 자비를 베풀면 공덕이 쌓이는 것이다. 그리고 더 좋은 위치로 태어나기 위한 조건적 목적에서 시작한다. 반면 기독교의 출발점은 동정이 아니라 사랑이다. 우리는 하나님께서 우리에게 이미 베풀어주신 은혜에 대한 감사와 깊은 사랑에서 시작한다. 그 은혜에 반응하는 합당한 삶의 모습이 자비다.

은혜는 내가 받을 수 없는 것을 받는 것이다. 받을 수 없는데 공짜로 받는 구원이 그렇다. 자비는 내가 받아야 할 것을 받지 않는 것이다. 나는 죄를 지어 벌 받아 마땅한 죄인이고 그 죗값을 치러야 하는데 하나님은 자비하심으로 그분의 아들이 대신 치르게 하셨다. 그래서 우리가 그 은혜에 합당한 삶의 모습으로, 하나님이 베푸신 자비를 나도 베풀며 살아가는 것이다. 이 은혜와 자비를 더하면 바로 기독교의 핵심 원리인 사랑으로 귀결된다.

어떤 율법 교사가 예수님을 시험하여 "선생님, 내가 무엇을 하여야 영생을 얻으리이까"(눅 10:25)라고 묻는다. 그러자 예수님은 율법에 무엇이라 기록되었느냐고 물으신다.

> 대답하여 이르되 네 마음을 다하며 목숨을 다하며 힘을 다하며 뜻을 다하여 주 너의 하나님을 사랑하고 또한 네 이웃을 네 자신같이 사랑하라 하였나이다
>
> 눅 10:27

이것이 율법의 핵심 가치이며 기독교의 핵심이다. 예수님은 그의 대답이 옳다며 이렇게 행하고 살라고, 그러면 영생을 살 것이라 하신다. 그러자 율법 교사는 의롭게 보이려고 "그럼 내 이웃이 누구입니까"라고 물었다. 이에 예수님은 선한 사마리아인의 비유를 들려주신다. 강도를 만나 옷도 빼앗기고 맞아서 죽게 된 사람을 제사장도 레위인도 피해 갔지만 어떤 사마리아 사람이 그를 돌보고 주막에 데려가 비용도 내주었다는 이야기다.

> 네 생각에는 이 세 사람 중에 누가 강도 만난 자의 이웃이 되겠느냐 이르되 자비 를 베푼 자니이다 예수께서 이르시되 가서 너도 이와 같이 하라 하시니라
>
> 눅 10:36,37

답은 정해져 있다. 자비를 베푼 자가 진짜 이웃이다. 제사장과 레위인은 '죽어가는 시체에 가까운' 강도 만난 자를 보았다. 율법적으로 부정하기에 접촉하면 안 됐다. 그들은 '나는 제사(예배) 드리러 가야 해. 나는 율법을 지키는 자라 부정하면 안 돼' 하면서 그 죽어가는 사람을 그냥 지나쳐 갔다. 그런데 사마리아 사람은 그를 불쌍히 여겨, 자기의 모든 것으로 그를 살렸다.

바리새인과 레위인, 장로들의 율법적 기준에서 사마리아인은 개다. 더러워서 상종 못 할 자다. 하지만 예수님의 선택은 사마리아인이었다. 그 강도 만난 사람의 진짜 이웃은 도와준 사마리아인이니 너도 그렇게 살라 하셨다. 소외되고 헐벗고 힘든 이웃에게 율법적 정죄를 하는 것이 아니라 자비를 베푼 자가 진짜 그리스도인이며 이웃 사랑의 롤모델이라는 것이다.

우리는 기독교가 진정한 자비와 사랑의 종교라는 것을 알며, 삶을 통해 그것을 증명하고 하나님 아버지의 뜻을 세상에 알려야 한다. 그럼으로써, 불교에 빼앗긴 '자비'에 대한 인식을 되찾아 와야 할 것이다. 너희도 그렇게 살라고 하신 예수님의 명령을 듣고 실천하는 우리 모두가 되기를 주님의 이름으로 축복한다.

상관없는 일에 베푸는 진정한 자비

진정한 자비란 무엇일까?

첫째로, 자비란 '이유 없는, 의무 아닌, 상관없는, 책임 없는' 용서와 사랑, 베풂과 긍휼이다. 우리가 용서할 수 있고, 베풀 수 있고, 사랑할 수 있는데 대부분 의무라서 한다. 목사니까, 내게 책임이 있으니까, 혹은 그럴 만한 이유가 있는 자니까 베풀며 그것이 자비라고 여긴다. 그러나 진짜 자비는 사마리아인처럼 아무 상관 없는 사이인데 도와주는 것이다. 원수나 배타적 관계, 아무 의무도 책임도 없는 사람을 조건 없이 돕는 것이다.

> 너희가 받기를 바라고 사람들에게 꾸어주면 칭찬받을 것이 무엇이냐 죄인들도 그만큼 받고자 하여 죄인에게 꾸어주느니라 오직 너희는 원수를 사랑하고 선대하며 아무것도 바라지 말고 꾸어주라… 눅 6:34,35

예수님의 이 말씀을 통해, 받기를 바라고 꾸어주는 일은 죄인들도 하는데, 우리가 서로에게 자비를 베풀지 못하고 용서하지 못하고 사랑하지 못하고 있지는 않은지 돌아보자. 이 말씀의 결론은 이어지는 36절에 나타난다.

> 너희 아버지의 자비로우심같이 너희도 자비로운 자가 되라 눅 6:36

이것이 구원받은 자들의 성화, 즉 예수님처럼 살아가고 되어가는 과정이며 신앙의 목적이다. 약하고 소외된, 때로는 불행한 일을 만난 자에게 자비를 베풀어 좋은 이웃이 되어주는 것이 바로 하나님 아버지의 뜻이다. 하나님은 은혜를 모르는 자와 아주 악한 자에게도 자비하셨다. 그리고 아버지의 자비로우심같이 너희도 자비로운 자가 되라고 하신다. 우리가 아무 이유 없는 자에게, 때로는 원수까지도 조건 없이, 책임과 의무 없어도 사랑하는, 우리 아버지 닮은 아들딸이 되기를 주의 이름으로 축복한다.

조건과 제한 없는 진정한 자비

두 번째로, 진정한 자비는 조건 없이, 제한 없이, 끝없이 베푸는 것이다. 사람들이 자비를 베풀 때 대개는 조건이 있다. 제한이 있고, 끝이 있다. 이것은 진정한 사랑도 아니고, 사랑에서 출발한 자비도 아니다.

금실 좋기로 소문난 잉꼬부부에게 한 부부가 "50년이란 오랜 시간 동안 큰 다툼도 없이 이렇게 살 수 있었던 비결이 무엇인가요?" 하고 묻자 그 아내가 뜻밖의 이야기를 들려주었다.

남편이 중동에 파견 나가 있는 근로자여서 그들은 사우디에 신혼집을 차리고 신혼여행도 사막의 이국적인 풍경을 보며 낙타 여행을 하게 되었다. 그런데 남편이 타고 있던 낙타가 예민하게 반응하면서 갑자기 몸부림을 쳐 남편을 모래바닥에 내동댕이쳐버렸다. 아내가 놀라 쳐다봤는데 남편은 아무렇지 않은 듯 일어나 옷을 툭툭 털고는 낙타를 쓰다듬으며 인자한 목소리로 말했다.

"괜찮아. 그럴 수 있어. 한 번인데 뭘. 한 번~"

아내는 그런 남편의 모습에 '나는 결혼 참 잘했다' 생각하며 행복했다. 하지만 좀 더 가다가 낙타가 또 몸을 비틀어 남편을 모래바닥에 내리꽂았다. 이번에는 화가 났겠다 싶었는데 남편은 여전히 아무렇지 않게 일어나 "괜찮아. 두 번~"이라고 말했다. 아내는 저렇게 인품 좋은 남편을 만난 것을 다시 한번 감사했다.

다시 출발했는데 얼마 가지 않아 낙타가 다시 그를 떨어뜨렸다. 그러자 남편은 아까처럼 툭툭 털고 일어나 낙타에게 다가가더니 뒷주머니에서 권총을 꺼내 낙타의 머리통을 쏘아 죽여버렸다. 아내는 너무 놀라 소리쳤다.

"이게 뭐 하는 짓이에요? 아무리 말 못 하는 짐승이라도 이렇게 잔인하게 죽일 수가 있어요? 그리고 지금 우리는 신혼여행 중이란 말이에요! 당신 미쳤어요?"

그랬더니 남편이 너무 인자한 모습으로 씩 웃더니 아내에게 "한 번~"이라고 말했다. 그 후로 아내는 싸울 수가 없었다고 한다.

이게 사랑이고 자비인가? 제한 있고 끝이 있는 자비는 때로 오히려 더 잔인할 수 있다. 그런데 우리는 이런 가짜 자비, 잔인한 자비, 일시적 자비를 자비라고 자랑하고 주장한다.

그 때에 베드로가 나아와 이르되 주여 형제가 내게 죄를 범하면 몇 번이나 용서하여 주리이까 일곱 번까지 하오리이까 마 18:21

일곱 번은 완전 숫자다. 일곱 번도 쉽지 않다. 누가 똑같은 죄를 세 번만 지어도 우리는 권총만 없지 이미 마음속에서는 총을 쏘았다. 그러니 이때 베드로는 상당히 선심을 쓴 것이다. 자녀를 양육할 때를 생각해보자.

"하지 마! 하지 마! 엄마 진짜 화났어."

"엄마 지금 다 보고 있어. 하나, 둘, 셋!"

권총 대신 우리는 빗자루를 들지 않는가. 반복되는 똑같은 잘못을 일곱 번쯤 용서하는 건 성인군자다. 그런데 예수님의 대답은 정말 의외다. 예수님은 자비와 용서를 이렇게 가르쳐주셨다.

> 예수께서 이르시되 네게 이르노니 일곱 번뿐 아니라 일곱 번을 일흔 번까지라도 할지니라 마 18:22

이것이 우리에게 주신 사랑이다. "일곱 번을 일흔 번까지라도"는 끝까지, 끝없이 하라는 말씀이다. 하나님이 우리를 어떻게 사랑하셨는가? 제한 있고 조건이 있었는가? 그분이 한계를 걸어놓고 사랑하셨다면 우리는 이 자리에 없다. 나부터도 아웃이다. 그런데 우리는 관계있고 제한 있고 조건 있는, 설정된 가짜 자비를 베풀며 내가 자비 있는 줄 안다.

오늘도 하나님은 주일날 오고 십일조, 감사헌금 드리는 것보다 우리를 향한 그분의 뜻을 알았으면 좋겠다고 말씀하신다. 그 진짜 자비의 세계로 당신을 초대한다. 우리 함께 예수님처럼 인자하고 자비하신 하나님의 성품을 따라 사는 아들딸이 되어 세상 사람들에게 "참 부전자전이네"라는 소리를 들었으면 좋겠다.

나는 더 큰 자비의 수혜자였다

자비와 힘든 용서를 끊임없이 베풀며 살아야 하는 것은 내가 이보다 더 큰 자비의 수혜자였기 때문이다. "몇 번까지 용서해주어야 하겠습니까"라는 베드로의 질문에 답해주신 예수님은 곧이어 만 달란트 빚진 자와 백 데나리온 빚진 자의 비유로, 우리가 자비와 용서의 삶을 살아야 하는 이유를 설명해주셨다. "이 일만 달란트 빚진 자가 바로 너이기 때문이야"라고.

> 그러므로 천국은 그 종들과 결산하려 하던 어떤 임금과 같으니 결산할 때에 만 달란트 빚진 자 하나를 데려오매 갚을 것이 없는지라… **마 18:23-25**

만 달란트는 그의 힘과 능력으로는 도저히 갚을 수 없는 빚이다. 그런데 종의 주인이 불쌍히 여겨 놓아 보내며 그 빚을 탕감해주었다(27절). 그 종은 바리새인, 그리고 나와 당신의 자화상이다. 우리는 분명히 이것을 갚지 못하면 벌을 받아야 하는데, 받지 않았다. 이것이 자비다. 그래서 도저히 내 힘으로는 갚을 수 없는 은혜를 받았다. 주님은 이 비유를 통해 은혜와 자비를 입은 자들이 무엇을 해야 하는지 알려주기 원하셨다.

주인에게 큰 빚을 탕감받은 종이 나가서는 자기에게 백 데나리온 빚진 자를 만난다. 백 데나리온은 당시 100일치 품삯이다. 석 달 치 월급에 해당하니 적은 돈은 아니지만 자기는 십만 년을 일해도 못 갚는 만 달란트를 탕감받고서도 백 데나리온 빚진 자를 용서하지 못하고 감옥에 가둬버린다. 자비가 없었던 것이다.

이 배은망덕한 종이 바로 나 자신이다. 이 비유는 이 땅에서 하나님의 권속들, 은혜받은 하나님의 종이라는 자들이 얼마나 은혜받은 자답게 살지 못하고 하나님을 진노하시게 하는지를 우리에게 시사하며 경고해준다.

> 너희가 각각 마음으로부터 형제를 용서하지 아니하면 나의 하늘 아버지께서도 너희에게 이와 같이 하시리라 **마 18:35**

받을 수 없는 것을 받는 것이 '은혜'요 받을 것을 받지 않는 것이 '자비'다. 하나님은 우리가 갚을 수 없는 죗값을 받지 않고 대신 독생자 아들을 십자가에 매달아 그 죗값을 치르게 하심으로 우리를 살리시고 영원한 천국을 선물해주셨다.

우리는 이 은혜와 자비의 신앙 정신을 잘 알아야 한다. 우리는 받을 수 없는 것을 받는 '은혜' 받은 자요, 받아야 할 벌을 받지 않는 '자비'를 얻은 자다. 벌 받아야 할 내가 벌을 받지 않았다면, 나도 할 수만 있다면 내게 벌 받을 사람이 그 벌을 받지 않도록 기꺼이 도와주어야 한다. 이것이 신앙생활이다.

자비가 아니라 내 무지와 오해였을지도 모른다

내 딴에는 내가 용서하고 자비를 베풀었다고 생각하는데 어쩌면 나

혼자 오해하고 비판하다가 철회한 것일 뿐 용서할 일조차 아니었을지도 모른다. 내가 부분적으로 알고 잘 몰라서 정죄하고 미워했을 뿐 실은 비난할 일이 아니었을 수도 있다. 그런 것은 자비랄 것도 없고 용서할 것도 없다.

한 여성이 비행기 탑승 시간을 기다리며 대합실에 앉아 책을 읽고 있었다. 그런데 잠시 후 부스럭 소리가 들려 옆을 보니 웬 신사가 그녀의 쿠키 봉지를 뜯어서 쿠키를 꺼내 먹는 것이 아닌가. 그녀는 자기 쿠키를 다 빼앗길까 봐, 그리고 그것이 자기 것임을 알려주기 위해 자기도 봉지에 손을 넣어 쿠키를 갖다 먹었다. 그런데도 신사는 염치도 없이 계속 쿠키를 꺼내 먹는 것이었다.

'저 사람 참…. 그렇게 안 생겼는데 몰상식하고 염치도 없네.'

결국 마지막 쿠키 하나만 남자 신사는 그 쿠키를 먼저 잡더니 반으로 쪼개 반쪽만 먹고 나머지는 인심 쓰듯 봉지에 남겨 놓고 갔다. 화가 난 그녀는 반 조각이 남아 있는 봉지를 낚아채서 자기 가방에 쑤셔 넣다가 깜짝 놀랐다. 아까 자기가 사 온 쿠키가 봉지째 그대로 가방 속에 들어 있었기 때문이다.

그녀는 속으로 그 신사를 욕했지만, 그 삿대질이 자기에게 향하기까지는 오래 걸리지 않았다. 본인의 쿠키를 먹고 있던 신사의 눈에는 자신이야말로 남의 쿠키 봉지에 불쑥 손을 넣어 꺼내 먹는 이상한 여자였기 때문이다.

우리는 모든 상황을 온전히 알지도 못하면서 내가 다 알고 내가 다 옳다는 전제하에 날 선 비판과 정죄의 칼을 수없이 휘두르며 살아간다. 오해와 비판은 대개 편협하고 무지한 단편적 시각에서 비롯되어 무자비와 잔인함으로 이어진다. 우리 할머니전서 4장 8절에 "몰라도 가만히나 있으면 중간이나 가지"라는 말씀이 있다. 부분적으로만 알고 보이는 것만으로 판단해서 미워하고 비난하다가 나중에 온전히 알게 되는 순간 그 부끄러움을 어쩌려고 하는가. 통곡하며 회개하며 정말로 하나님 앞에 얼굴을 들 수 없는 날이 오면 어떻게 하겠는가.

그러므로 오늘 비난과 잔인함 대신 용서와 자비를 택하는 것이 옳다. 내가 어처구니없는 얘기를 들으면 억울하고 어이가 없듯이, 누군가는 나의 비판과 비난이 억울할 수도 있다. 모든 것을 확실히 알게 될 때까지는 부분적인 시각으로 섣불리 판단해 정죄하지 말고, 모르면 모른다며 기꺼이 자비를 선택하여 이해하려고 노력하는 나와 당신이 되면 좋겠다.

진정한 자비가 우리 삶에 뿌리내리려면

FBI에서 프로파일러로 30년 넘게 일한 메리 엘런 오툴은 앨리사 보먼과 공동 저술한 《첫인상은 항상 배신한다》에서 첫인상은 항상 배신이었다고 말했다. 그런데 우리는 그 첫인상을 너무 신뢰하고 심각하게 생각하는 잘못을 저지르곤 한다.

2002년도 노벨 경제학상을 수상한 인지 심리학의 대가 대니얼 카너먼(Daniel Kahneman)은 "인간은 현재의 느낌에 전적으로 의지하면서 그토록 긴 과거에 대한 평가와 미래에 대한 예측을 놀라울 정도로 간단하게 끝내려 한다"라고 말했다. 사람은 현재의 느낌에 너무 집중하고 매몰되어 의지해서 어떤 상대방의 상황이나 오랜 과거의 역사와 앞으로 전개될 미래의 모든 예측을 아주 단순하게 끝내버리려 한다는 것이다.

인지 심리학 연구의 종합적인 결론에 따르면 인간은 생각보다 별로 생각을 하지 않으려 하는 '인지 구두쇠'(생각 구두쇠)다. 생각이 되게 많은 것 같지만, 인간은 삶을 영위하기 위해 생각을 자꾸 압축하고 축소시키고 쪼개는 것에 아주 능숙하게 학습되어 몇 가지만 종합해서 판단해 버린다. 그래서 생각보다 생각을 별로 안 하고 빨리 판단하고 결정을 내려버리는 경향이 있다. 쉽게 스스로 결론 내리고 사고(思考)를 종결하며, 그것을 확실하다고 신뢰한다. 어떤 사람을 이해하는 데 필요한 역사적 사건들과 미래 예측들을 종합적으로 충분히 고려하기보다는 너무 간단히, 너무 무서울 정도로 자기 느낌 하나에 전적으로 의지한다.

편견과 선입견은 내 기준에서 시작된다. 그리고 거기서 무지, 무자비, 잔인한 비난이 나온다. 내 기준만 고집하면 다른 사람이 틀렸다고 쉽게 말하게 되지만 내 생각, 내 편견을 내려놓으면 다른 사람의 의견도 인정해주고 넓게 이해할 수 있다. 내가 틀릴 수 있고 내 판단이 옳지 않다는 것을 인정할 때, 그래서 내 느낌과 판단을 유보하고 기도하고 엎드릴 때 사랑과 자비가 시작된다.

내 기준을 고집하는 것은 내가 옳다는 우월함에서 온다. 그 마음을 품고 있으면 동정 비슷하게는 대할 수 있어도 자비는 성립될 수 없다.

팀 켈러 목사는 "당신이 누군가보다 우월하다고 생각한다면 그 사람을 용서하는 것은 불가능합니다"라고 말했다. 우리는 내가 누군가보다 우월하다는 생각을 많이 한다. 그래서 내가 다 판단하면서 자기가 이해해준다고 생각한다. '저 사람은 저렇게 교만하지만 내가 이해해준다'라며 용서를 베푼 듯 생각하지만 그건 진정한 용서와 자비가 아니다.

성경은 "아무 일에든지 다툼이나 허영으로 하지 말고 오직 겸손한 마음으로 각각 자기보다 남을 낫게 여기고"(빌 2:3)라고 말씀한다. 남을 더 높게 여기라는 것이다. 허영을 버리고 우월감을 내려놓고 겸손하게 밑으로 내려갈 때 진정한 용서와 자비가 베풀어질 수 있다. 자비를 받은 자로서 다른 사람에게 자비로 반응하는 것은 우리가 누리는 은혜를 연장시키고 영원히 소유하게 만드는 힘이 된다.

절망의 밤에
희망을 노래하라

07

사망의 골짜기에서 살아남게 한 희망의 지도

2018년에 싱가포르에서 열린 북미정상회담 기간 중, 트럼프 미국 대통령과 북한 김정은 위원장의 경호를 맡은 것은 구르카 용병부대였다. 세계 3대 용병의 하나로 꼽히는 네팔의 구르카족은 히말라야 고산지대에서 단련된 체력과 전통 칼인 '쿠크리'라는 단검 하나로 용병 한 명이 백 명의 무장 군인을 상대로 이길 만큼 백병전에 능하고 용맹하다고 알려져 있다.

1816년 당시 세계 최강으로 불리던 영국이 네팔의 고르카 왕국을 침공했다가 1개 사단 만 오천 명이 구르카 용병 천 명에게 밀려 퇴각한 적이 있는데, 그들의 용맹함을 인정하고 이후 구르카족으로 구성된 특수부대를 두기 시작해 지금까지 이르고 있다. 영국의 구르카 용병은 1,2차 세계대전 등 영국이 참전한 유럽, 아시아, 아프리카 등지의 각종 전투에서 활약했다.

2차 세계대전 중 일본군이 버마(現 미얀마)의 모든 밀림을 장악했을 때 영국군이 구르카 부대를 투입했다. 당시의 군 기록에 "일본군을 잡으러 정글로 들어가는 것은 상어를 잡으러 바닷속으로 들어가는 것과 마찬가지"라고 했을 정도였지만 구르카 전사들에게 정글은 기량을 한껏 발휘할 무대였다. 구르카 대대 디마푸라 중사는 혼자 일본군 참호에 들어가 24명을 죽였는데 몇몇 일본군은 철모를 쓴 두개골이 깨지고 어깨뼈까지 두 쪽이 났다고 한다.

그런 구르카족에게도 위기가 있었다. 한 번은 이들 부대가 일본군에 완전히 포위당해 집중포화를 받게 되었다. 결국 각자 흩어져 살길을 도모하기로 했는데, 흩어진 부대원들이 하나둘씩 속속 부대로 복귀했지만 한 병사가 돌아오지 못했다. 몇 주 동안 수색을 했으나 발견되지 않아 결국 전사자(戰死者)로 처리되었는데 6개월이 넘은 어느 날, 그 병사가 유령처럼 혼자 부대로 걸어 들어와 부대가 발칵 뒤집혔다.

그를 조사하던 군은 그가 이 위험한 정글과 적들의 공격에도 살아남은 뜻밖의 비결을 알게 되었다.

"이 지도가 저를 살렸습니다."

그것은 너덜너덜하게 낡아 빠진 런던 관광 지도였다. 적과의 교전과 정글의 열악한 환경에서 사선을 넘나들 때, 차라리 죽는 게 낫겠다며 포기하고 싶을 때마다 그는 이 관광 지도를 꺼내 들었다.

'내가 반드시 살아서 가족들에게 런던 관광을 시켜줘야지….'

그는 이 꿈을 품고 용병으로 왔고, 런던 지도를 볼 때마다 그 꿈을 계속 들춰보며 참혹한 절망의 밤을 견뎠다. 절망의 어두운 밤과 사망의 음침한 골짜기에서 그를 건져낸 것은 탁월한 신체 능력이나 전투기술, 정글에 대한 해박한 경험과 지식이 아니라 결국 이 꿈과 희망이었던 것이다.

절망 속의 민족과 함께한 한국 교회

한 여론조사에서 우리 국민의 69퍼센트가 희망 없이 산다고 답했다고 한다. 더 암울한 것은 이 대답의 비율은 젊은 층으로 내려갈수록 높아졌다는 사실이다. 윗세대들이 살아온 방식으로 아무리 노력하고 몸부림쳐 봐야 성공은커녕 내 몸 하나 누일 집 한 채 얻을 수 없음이 그들을 절망하고 무기력해지게 한다. 우리 사회 구성원의 대부분이 지금 그런 이유로 어깨가 축 늘어져 있다.

희망을 잃고 희망이 부재하면 삶에 생기와 활력이 사라지고 무기력해진다. 이 시대는 집단 무기력증에 빠진 것 같다. 이럴 때 우리 그리스도인들은 이 시대와 사회를 다시 생기 있고 활력 있게 만드는 원동력이 되어야 한다.

한국 기독교는 민족의 큰 아픔과 고난의 때에 태동했다. 탄압받던 일제 강점기에 기독교인의 숫자는 겨우 1.5퍼센트에 불과했지만, 민족의 독립운동에 앞장섰다. 3·1 만세운동을 주도했던 민족 대표 33인 중 16명이 기독교인이었고, 임시 정부를 이끈 김구와 미국에서 독립운동을 펼친 이승만, 교육자이자 애국 계몽 운동에 앞장선 안창호, 헤이그 밀사로 파견된 이준 등 수많은 독립운동가가 독실한 기독교인이었다.

또한 근대교육이 전무했던 이 땅에 학교를 세워 가르치며 누구에게나 미래의 소망이 있음을 가르쳤고, 병원을 세워 병들고 아프고 소외된 수많은 이웃들을 섬기고 살폈다. 그 시대에 아무도 관심 두지 않았던, 아니 신경 쓸 여력도 없었던 사회적 약자와 소외 계층을 위해 사회복지 단체들을 만들었으며, 한때는 국가도 신경 쓰지 못하는 사회복지 시설의 80퍼센트 이상을 교회가 감당하기도 했다. 그렇게 교회와 기독교인은 사회적으로 존경과 사랑을 받는 대상이었다.

그런데 지금은 존경과 사랑은 온데간데없고 비난과 조롱의 대상이 되어버렸다. 예수님의 말씀처럼 마지막 때 교회가 감당해야 할 시대의 징조와 영적 도전일 수도 있겠지만 그렇게 책임을 전가하기에는 교회와 그리스도인들의 삶이 너무도 부끄러운 것이 사실이다. 교회가 절망의 어두운 밤에 있는 자들에게 희망의 빛이 되고 갈등과 분열의 깊은 골을 메워주지 못하고, 부패해가는 이 세상에서 소금의 역할을 감당하지 못해서 사람들의 마음이 교회를 떠나기 시작했고, 있어선 안 될 일이 교회에서 일어나면서 손가락질과 욕설이 쏟아지는 참담한 현실에 이른 것이 아니겠는가.

지난 역사에서 한국 교회가 시대 가운데 항상 교회의 역할을 감당해왔듯이, 이제 우리가 그 역할을 다시 감당하고, 낙심하고 절망한 이웃들과 이 시대와 다음세대에게 이 절망의 밤에도 다윗처럼 희망의 노래를 불러줄 의무와 책임이 있다. 하나님께서 흙에 생기를 불어넣어 사람을 지으시고, 에스겔의 환상에서 소망 없는 뼈들에 생기가 불어오게 하자 그들이 일어나 큰 군대가 된 것처럼, 교회가 그 희망의 생기를 불어넣는 귀한 통로가 되어야 한다.

여호와 하나님이 땅의 흙으로 사람을 지으시고 생기를 그 코에 불어넣으시니 사람이 생령이 되니라 창 2:7

세상은 희망과 위로의 노래를 찾아다닌다

이 낙심과 무기력의 시간, 이 절망의 어두운 밤에 교회와 그리스도인들이 그 역할을 제대로 감당하지 못하니 이 시대는 당황하고 더욱 이 어두움에 짓눌려 세상의 노래에서 희망과 위로를 찾으려 한다.

드라마 〈응답하라 1988〉의 OST로 리메이크되면서 사람들에게 참 많은 사랑을 받은 〈걱정말아요 그대〉라는 노래가 있다. "그대여 아무 걱정 하지 말아요 / 우리 함께 노래합시다 / 그대 아픈 기억들 모두 … 그대 가슴에 깊이 묻어버리고 / 지나간 것은 지나간 대로 그런 의미가 있죠 / 떠난 이에게 노래하세요 / 후회 없이 사랑했노라 말해요" 이런 세상의 유행가는 잠시나마 우리 마음을 울컥하게 하고 가슴 따뜻한 위로를 전한다.

그런데 가사를 가만히 들여다보면 "그대는 참 힘들었겠어요. 하지만 걱정말아요. 지나간 아픔도 의미가 있겠죠. 그래도 실컷 한번 사랑해봤잖아요" 이뿐이다. 그 상처도 다 의미가 있을 것이라고 위로하지만 결국 아픈 기억은 모두 묻고 잊으라는 말밖에는 할 수 없다. 인생의 해답도 희망도 찾을 수 없다.

사람들은 인문학 강의나 위로의 토크쇼 같은 것도 찾아다닌다. 이러한 것은 지적 욕구를 충족시키고 마음을 위로해주기도 하지만 궁극적이고 진정한 해답을 줄 수는 없다. 진정한 인생의 답이라면 끝까지 붙들고 살겠지만, 잠시 감정적으로 위로받고 지적으로 만족하는 토크쇼는 영원하지 않다. 금세 식상해진 대중은 새로운 강연자를 찾아나서고, 그런 인기와 유행은 계속 변해갈 것이다. 즐겨듣던 유행가도 금방 잊힌다. 신곡들이 매일 쏟아져 나오고, 사람들은 수가 성 여인이 다른 남자를 찾아 만족과 위로를 얻으려 한 것처럼 다시 새로운 곡을 선택한다.

노래도, 강연도 많은 이들의 공감을 사고 유행은 될 수 있지만 진정한 해답은 될 수 없다. 그러나 주님의 말씀과 소망은 역사 속에 사라지지 않고 영원히 존재하며 우리를 살리고 일으킨다. 그러므로 우리는 세상의 노래 대신 그리스도인만이 부를 수 있는 고백과 노래를 부르고 세상에 들려주어야 한다. 다윗이 불렀던 시편 23편, 그 희망의 노래를.

여호와가 나의 목자시니 나는 아무 걱정과 부족함이 없습니다.
지금 사망의 음침한 골짜기 같은
절망과 어둠의 시간을 지나고 있지만
이 시간은 반드시 끝나고
풍족한 푸른 초장과 쉴만한 평화로운 물가에서
세상이 줄 수 없는 평안을 누리게 될 거예요.
그러니 오늘 우리는 그분의 인도하심만을 따라가야 합니다.
내 고집과 소견에 좋은 길이 아니라 주의 지팡이와 막대기,
주의 말씀과 성령의 인도하심에 순종하며 한 걸음 또 한 걸음

당신의 그 무겁고 지친 발걸음을 떼어 옮겨야 합니다.

힘을 내세요. 그분은 절대 실수하지 않으시며,

내가 계획하고 의도하고 원하고 바라는 것보다 더 멋진

내 삶의 결말을 만들어 놓으셨습니다.

하나님은 시편 23편을 통해, 새로울 것 하나 없는 우리에게 아주 명쾌하게 그분의 말씀을 선포하신다. "사랑하는 내 아들아, 사랑하는 내 딸아. 그 사망의 음침한 골짜기는 반드시 끝이 있어! 그리고, 너 아직 끝난 거 아니야!"라고.

희망을 택하여 현실 너머의 꿈과 약속을 보라

오늘 만난 이 상황의 어두움과 그로 인한 절망이 너무도 두려운 이유는 무엇인가? 이 고난은 끝날 것 같지 않고, 반면 내 인생은 끝난 것처럼 보이기 때문이 아닌가. 하지만 거꾸로 생각해야 한다. 나는 아직 끝난 게 아니고, 고난은 반드시 끝난다.

삶과 상황은 항상 우리에게 "절망할 것인가, 희망을 품고 살아갈 것인가"를 묻고 선택을 종용한다. 이런 물음에 다들 당연히 희망을 선택해야 한다고 할 것이다. 그런데 답은 알지만, 어떻게 해야 하는지 그 방법은 잘 모르는 것 같다. 오히려 의도하지 않았지만, 대개는 절망을 선택한 모습으로 살아가고 있다.

사실 절망을 선택하기란 아주 쉽다. 의도적으로 애쓰고 노력하지 않은 채 그냥 가만히 마음에 맡겨두면 우리 마음은 무조건 절망을 선택한다. 그저 내 감정대로, 보이는 상황을 따라 반응하는 것은 다 절망을 선택하는 것이다. 영적으로 깨어 있지 않으면 무조건 절망을 선택한다. 코로나19 시국을 바라볼 때 어땠는가? 내 눈앞과 주변의 상황을 보다 보면 삶의 소망이 없고 그냥 자연스레 낙심하고 희망 없는 상태로 살게 되지 않던가?

희망을 선택해야 함을 알고도 절망이라는 오답을 택하는 것은 눈앞의 현실을 보기 때문이다. 희망을 선택한다는 것은 눈앞의 현실에 머무르지 않고 현실 그 너머의 꿈과 약속을 보는 것이다. 내 감정대로 살려는 본능을 억제하고, 믿음으로 반응하는 것이다.

그래서 희망을 선택하려면 내 삶을 1인칭 주인공 시점이 아니라 전지적 하나님의 시점에서 보는 특별한 시력이 필요하다. 하나님의 시점에서는 요셉이 채색옷을 찢기고 노예로 팔리는 것도, 누명 쓰고 감옥살이하는 것도 결코 절망이 아니었다. 우리에게도 이런 거룩하고 특별한 영적 시력이 필요하다. 비록 넘어지고 깨어졌지만, 지금은 초라하고 절망적이지만 결국 하나님이 최후 승리를 주신다는 신뢰를 품고 하나님의 뜻과 관점으로 보면서 내 현실을 그 통로와 과정으로 인식해야 희망을 선택할 수 있다.

그러므로 희망을 선택하기로 결단했다면 나의 시선 처리부터 바꿔야 한다. 내 눈앞의 초라한 현실, 곤란한 상황, 희박한 가능성을 보면 희망을 품을 수 없다. 캄캄한 사망의 음침한 골짜기에 내 시선과 마음을 쏟지 말고 그 너머에 있는 하나님의 약속을 봐야 한다. 반드시 나에게 허락하실 푸른 초장과 쉴 만한 물가를 바라봐야 한다. 그러기 위해 하나님의 전지적인 시점으로 내 상황, 처지, 형편 너머를 볼 수 있는 영적 시력과 분별의 능력을 달라고 기도해야 한다.

〈일어나 걸어라〉라는 찬양의 2절 가사는 "나의 등 뒤에서 나를 도우시는 주 / 평안히 길을 갈 때 보이지 않아도 / 지치고 곤하여 넘어질 때면 다가와 손 내미시네"라고 한다. 궁금하다. 왜 하나님은 실패하고 넘어지고 낙심한 자들에게만 손을 내밀어 주실까?

그런데 그것이 아니다. 그분은 늘 내 등 뒤에 계시는데 내가 그분을 놓치고 산 것이다. 평안히 많은 것을 누릴 때는 그분을 못 보고 살았는데, 넘어지고 나니 나를 떠나지 않고 늘 손 내밀고 계셨던 그분이 비로소 보이는 것이다.

어둠은 집중할 기회다

내 삶에 맞닥뜨린 재정, 건강, 관계, 진로, 자녀 등 육신의 모든 문제와 영적 문제들이 너무 크고 많아서 도무지 끝나지 않는 동굴 같고 그 절망의 어둠 속에 길을 잃은 것 같다면 그럴수록 정신 차려야 한다. 양은 시력이 너무 약해서 길을 잘 잃고 가시덤불이나 웅덩이에도 곧잘 빠진다. 그럴 때 그 양이 살 수 있는 유일한 방법은 자신을 애타게 부르며 찾고 있는 목자에 집중하여 그 음성을 듣는 것이다.

미국의 시각장애인 대니얼 키시 씨는 혀를 차서 소리를 내고, 인근 사물에 부딪혀 되돌아오는 음파를 감지해 사물을 인식한다고 한다.

그는 시각장애 아동 500여 명에게 반향 위치측정을 가르쳐 긍정적인 성과를 얻기도 했다. 2021년 6월, 영국 더램대 심리학과의 로어 탈러 교수 연구진은 "시각장애인이 10주 훈련 끝에 박쥐나 돌고래처럼 혀에서 낸 소리의 반사파로 물체 크기와 위치를 파악할 수 있었다"라는 연구 결과를 발표하기도 했다.

어둠은 집중할 기회다. 때로 칠흑 같은 삶의 어둠은 모든 감각을 곤두세워 뭔가에 집중하게 한다. 사망의 음침한 골짜기에 있는 양들은 목자의 발소리, 목소리, 지팡이 소리에 온 신경을 곤두세워 집중한다. 그러니 어찌 그것이 실패인가. 오늘 넘어지고 실패하여 곤하여 지쳐 쓰러졌는가? 이럴 때 하나님의 음성, 목자의 음성, 지팡이 소리에만 온 신경을 집중하여 그분을 만나면 회복하는 귀한 시간이 될 것이다.

영화에 집중하라고 불을 꺼놨는데 떠들거나 스마트폰을 켜는 몰지각한 사람들이 있다. 인생에서도 하나님께 집중하고 본질에 집중하라고 인생의 불을 꺼주셨는데, 고난이라는 어둠 가운데 내 주장으로 시시비비 분쟁하며 갈등의 소리를 높이는 사람, 스마트폰을 켜듯 세상의 처세술, 방법론, 인문학과 심리학으로 위로받으려 드는 사람이 있다.

코로나 시대에 세계적으로 '코로나 블루'라는 우울한 심리 상태가 광범위하게 일어났는데 이에 우리나라만 해도 심리치료나 우울한 마음 달래기 등의 심리 관련 책 판매량이 무려 5배나 급증했다고 한다. 하지만 우리는 안다. 그것이 답은 아님을. 어둠의 시간에는 온 신경을 하나님과 그분의 말씀에 집중해야 한다. 시끄럽게 떠들고 다른 것을 보면 하나님의 음성을 듣지도, 하나님을 만나지도 못한다.

"너는 끝났어. 거울을 봐. 무슨 소망이 있어 보인다고 그 난리고 노력이니? 그만하는 것이 오히려 네 삶에 유익이고 하나님께 영광되지 않겠어?"

마귀는 절망의 밤에 우리에게 자꾸 이렇게 속삭인다. 하지만 세상의 어떤 권력자도 떠오르는 해를 막을 수 없듯, 마귀는 절대 나를 향한 하나님의 계획과 결말을 바꾸거나 손댈 수 없다. 그래서 내가 절망해서 포기하고 등 돌리게 만든다. 등 뒤에 해가 떠올라도 보지 못하고 평생 살다가 내 인생에는 해가 떠오르지 않았다고 말하게 하려는 것이다. 그 때문에 마귀는 해 뜨는 시간이 가까워질수록 조급해져서 나를 더욱 압박한다. 혹시 당신의 마음이 여느 때와 달리 더 우울해지고 낙심되고 눌린다면 기대하라. 그것은 해가 뜰 시간이 가까워졌다는 뜻일 수 있으니!

내 인생의 해는 결국 뜨지 않았다고 착각하게 만들려는 마귀에게 놀아나지 말라. 동트기 직전의 새벽이 가장 어둡듯이 우리 인생도 기도 응답과 하나님의 해답이 있기 전 그 마지막 영적 도전과 갈등이 가장 어둡고 치열한 법이니, 곧 떠오를 해가 있음을 믿고 힘을 내라. 나를 절망시키려는 그 절망이 절망하게, 나를 포기시키려 했던 그 포기가 포기하게, 나를 조급하게 만들려 했던 그 마귀가 조급해지게 하자.

하나님의 음성에만 귀를 기울여라

세상의 평가, 냉혹한 잣대와 부정적 의견에 속지 말고 나를 향해 이렇게 말씀해주시는 하나님 아버지의 음성에만 조용히 귀를 기울이자.

두려워하지 말라 내가 너와 함께함이라 놀라지 말라 나는 네 하나님이 됨이라 내가 너를 굳세게 하리라 참으로 너를 도와주리라 참으로 나의 의로운 오른손으로 너를 붙들리라 사 41:10

내가 네게 명령한 것이 아니냐 강하고 담대하라 두려워하지 말며 놀라지 말라 네가 어디로 가든지 네 하나님 여호와가 너와 함께하느니라 수 1:9

여인이 어찌 그 젖 먹는 자식을 잊겠으며 자기 태에서 난 아들을 긍휼히 여기지 않겠느냐 그들은 혹시 잊을지라도 나는 너를 잊지 아니할 것이라 사 49:15

그리고 그 음성을 들었다면 이제는 그분을 향해 내가 여기 있음을 간절하게 울며 외치고 알려야 한다. 양에게는 다른 방법이 없다. 고난의 가시덤불을 헤쳐갈 힘도, 절망의 웅덩이를 스스로 극복할 능력도 없다. 나를 찾아 애타게 내 이름을 부르시는 목자의 음성에만 집중하고, 크게 울어 내가 여기 있다고 그분에게 알리는 것이 양이 할 수 있는 유일하고도 최선의 방법이다.

예배가 바로 그런 시간이다. 예배는 절망으로 어둡고 캄캄한 인생 중에서 교회로 나와 조용히 세상과 단절하고 나의 목자이신 하나님 아버지의 음성에 귀 기울이는 시간이다. 하나님이 아직도 나를 사랑하시고 애타게 부르며 찾고 계심을 알았다면 이제 그분을 향해 목청 높여

나의 존재를 알려야 한다. 내가 당신을 신뢰하며 기다리고 있다고 외쳐야 한다. 그게 바로 찬양이고 기도다.

"하나님, 제가 여기 있습니다. 저를 붙들어주세요. 지금까지 지나온 모든 세월이 다 하나님의 은혜였고, 오늘도 내일도 앞으로의 모든 삶도 주님의 은혜가 아니면 저는 살 수 없습니다"라고 기도하며 찬양함으로 주님께 나아가야 한다. "저를 고쳐주세요, 회복시켜주세요, 살려주세요, 저를 붙들어주세요!"라는 울부짖음이 하늘나라 보좌에 들리게 되길 바란다.

오늘의 절망은 끝이 아니다. 오늘 내 눈앞의 문제와 현실적 어려움은 끝이 아니라 놀라운 해답지로 가는 풀이 과정이자 통로임을 믿으라. 실패하고 넘어졌을 때 눈앞의 초라한 현실과 희박한 가능성, 처절한 상황이 아닌 희망을 선택하고 바라보고 품는 자, 그 너머의 꿈과 희망을 선택한 자는 주님께 집중하며 그분만 바라봄으로써 마귀의 헛되고 악한 시도를 멋지게 물리치고, 어떠한 처절한 상황 속에서도 살아날 것이다.

절망은 새로 시작할 창조적 파괴의 기회다

사실 절망은 모든 것의 해체와 파괴를 의미한다. 파괴가 기쁜 사람은 없을 것이다. 그러나 때로는 완전한 파괴가 있어야 멋진 건축이 새롭게 시작될 수 있기에 파괴는 새로운 건설의 시작이라 할 수 있겠다. 따라서 절망의 어두운 밤에 희망을 선택하는 것은 건설적인 파괴를 받아들이고 기뻐한다는 의미이기도 하다.

내가 목회하는 지금 울산온양순복음교회도 그 증거다. 예전의 교회를 허물 때 나는 얼마나 가슴 아팠는지 모른다. 우리 교인들은 그 성전도 참 좋아했지만, 허물고 새로 건축하는 그 시간이 있었기에 지금 더 아름다운 곳에서 예배드리고 있다. 그 건설적 파괴를 기쁘게 수용하지 않았다면 지금 나는 다른 성도들을 만나지 못했을 것이다. 하나님께서 새 부대에 새 포도주를 채워주겠노라 하신 약속을 받아들이고 완전한 파괴를 기쁘게 받아들였기에 새로운 하나님의 계획이 성취되었음을 우리 교회는 목도하고 있다.

발명왕 에디슨은 학교에서 학습 부진아, 이상하게 사고하는 부적응자로 낙인찍혀 퇴학당했다. 그런데 그의 어머니는 그 일로 절망하는 대신 희망을 선택했다. 창조적 파괴로 생각하고 그 인생을 새로 쌓기 시작한 것이다. 홈스쿨링을 시작했고 디트로이트 도서관에 있는 책을 모두 읽게 했으며 여러 경험을 통해 학교에서 배울 수 없었던 것까지 가르쳤다.

만약 그녀가 학교에 탄원해서 복학시키려 하거나 다른 학교로 전학시켰다면 에디슨은 어떻게 됐을까? 반쯤 허물어진 그의 인생에 뭔가를 덧대 보려고 노력했다면, 그래서 복학과 전학을 반복하며 다른 학교를 전전했다면 아마 그는 공부 못한다고 구박만 받고 이상한 아이로 낙인찍혀 아이들에게 따돌림당하며 괴로운 시간만 보냈을 것이다. '다른' 것을 틀렸다고 혼내는 꾸중만 듣다가 창조적인 생각이 다 소멸되어, 위대한 발명가가 되기는커녕 평범한 삶조차 살지 못했을지도 모른다.

우리 각자의 삶에도 건설적이고 창조적인 파괴가 필요하다. 그것이 없다면 어떤 시도도, 새로운 창조도 일어날 수 없다. 대개 사람들은 실패와 실수를 만회하려 무너진 곳에 땜질하듯 덧바르고 계속 뭔가를 덧대며 어떻게든 살려보려고 애쓰지만 자꾸 무너지고 결국 실패만 반복하기 일쑤다.

무너짐에 집착하면 새로운 창조적 결과물이 생겨나지 못한다. 그때는 그분의 계획을 믿고 나를 완전히 낮추어 처음부터 다시 시작할 때임을 알아야 한다. 무너졌을 때 어떻게든 다시 쌓아보려고 애쓰기보다는 아예 밑동마저 헐고 다시 시작하라. 완전하게 포기하고 파괴해 다시 세우는 것이 훨씬 빠르고 위대해지는 길이다.

잊지 말라. 절망처럼 보이는 지금이 이전에 꿀 수 없었던 멋진 꿈과 희망을 품을 수 있는 절호의 기회다. 어찌 보면 완전히 무너진 것 같은 '파괴'는 내가 주도하고 경영하고 계획하는 내 'history'(역사)가 아니라 나를 통해 이루실 'He-story'(그분의 역사)가 시작되는 출발점일 수 있다. 나의 'history'가 무너질 때 먼 훗날 간증이 될 하나님의 이야기, 진짜 'History'가 시작될 것이다.

거룩한 파괴 뒤에 일어날 하나님의 새롭고 놀라운 일을 기대한다면 절망스러운 파괴의 밤에도 노래할 수 있다. 내 생각과 능력으로는 도저히 스스로 도달할 수 없는 멋진 초장과 쉴만한 물가를 기대하며 잠시 잠깐 그 파괴의 시간을 감당하고 견디며 누려보자.

당신도 어둠을 헤치고 나와서 희망을 선포하라

토크쇼의 여왕 오프라 윈프리(Oprah Winfrey)는 1954년 1월 미시시피주에서 가난한 흑인 미혼모의 사생아로 태어나 여섯 살이 될 때까지 자기 신발 한 켤레가 없을 정도로 가난하게 자랐다. 열 살이 채 되기도 전에 성폭행을 당했고 열네 살 어린 나이에 자신도 사생아를 낳고 미혼모가 되는 인생의 악순환을 경험했다. 처참한 인생의 탈출구로 마약에 손을 댔고, 우울감을 주체하지 못해 식욕으로 풀다가 한때 체중이 100킬로그램을 넘기도 했다.

이런 소녀에게 무슨 꿈과 희망이 있었겠는가. 그녀의 삶에서 꿈과 희망이란 사치였다. 하지만 오프라는 그 칠흑 같은 절망의 밤에서 희망을 잃지 않고 가난의 설움, 성폭행의 상처, 늪과 같던 마약의 중독에서 빠져나왔다. 그리고 마침내 자신의 이름을 딴 〈오프라 윈프리 쇼〉를 시작해 미국 전역에서만 3천만 명 이상, 전세계 132개국에서 1억 명 이상이 시청하는 프로그램으로 만들었고, 어떤 상황에서도 절대 포기하지 말고, 희망을 선택하고 꿈을 노래해야 함을 알렸다.

그녀는 불행을 이겨냈을 뿐 아니라 불행한 과거를 솔직하게 오픈하며 많은 사람에게 희망의 씨앗이 되었고, 많은 자선사업에 앞장서며 꿈과 희망을 잃은 사람들에게 다시 살 희망을 제공하는 멋진 인생을 살아가고 있다. 오프라 윈프리의 이런 삶 덕분에 사람들은 그녀를 보며 힘을 얻는다고 한다. 미국에서는 '오프라 윈프리처럼 되는 것'이라는 의미의 '오프라이제이션'(Oprahization)이라는 신조어가 생기고 통용될 정도다.

이 땅에도 우리로 인해 '크리스처니제이션', '안호성이제이션' 이런 신조어가 생겼으면 좋겠다. 캄캄한 어둠을 헤치고 나와 세상의 절망한 이들에게 희망을 준 오프라 윈프리처럼 "그러니 이제 너도 살아!"라고 선포해야 한다. 집회나 방송, 출판, 강의 등 나의 사역들 역시 결국은 내가 지나온 절망의 밤과 그 안에서 겪은 상처와 아픔을 고백하며, 나와 같은 이들이 희망을 놓지 않도록 돕고 손잡아주는 일이다. 당신도, 지금 실패와 고독과 절망의 어두운 밤을 지나고 있을지라도 반드시 이겨내고 멋지게 역전해 또다른 누군가에게 희망의 노래가 되어주면 좋겠다.

살 희망을 줄 수 있는 유일한 분이 우리 하나님이시다. 그러니 상황, 처지, 형편, 세상의 말에 속아 절망을 선택하는 어리석음이 되지 말고, 사망의 음침한 골짜기에서 나에게 가장 좋은 것 주시는 하나님 아버지께 나아가라. 나를 포기하지 않는 그분의 음성에만 귀 기울이고 끝끝내 그분이 나를 찾으실 때까지 인내로 버티고 견뎌라. 목자이신 주님을 좇아 결국에는 도달할 푸른 초장과 쉴만한 물가를 향해 끝까지, 우리 모두 Keep Going!

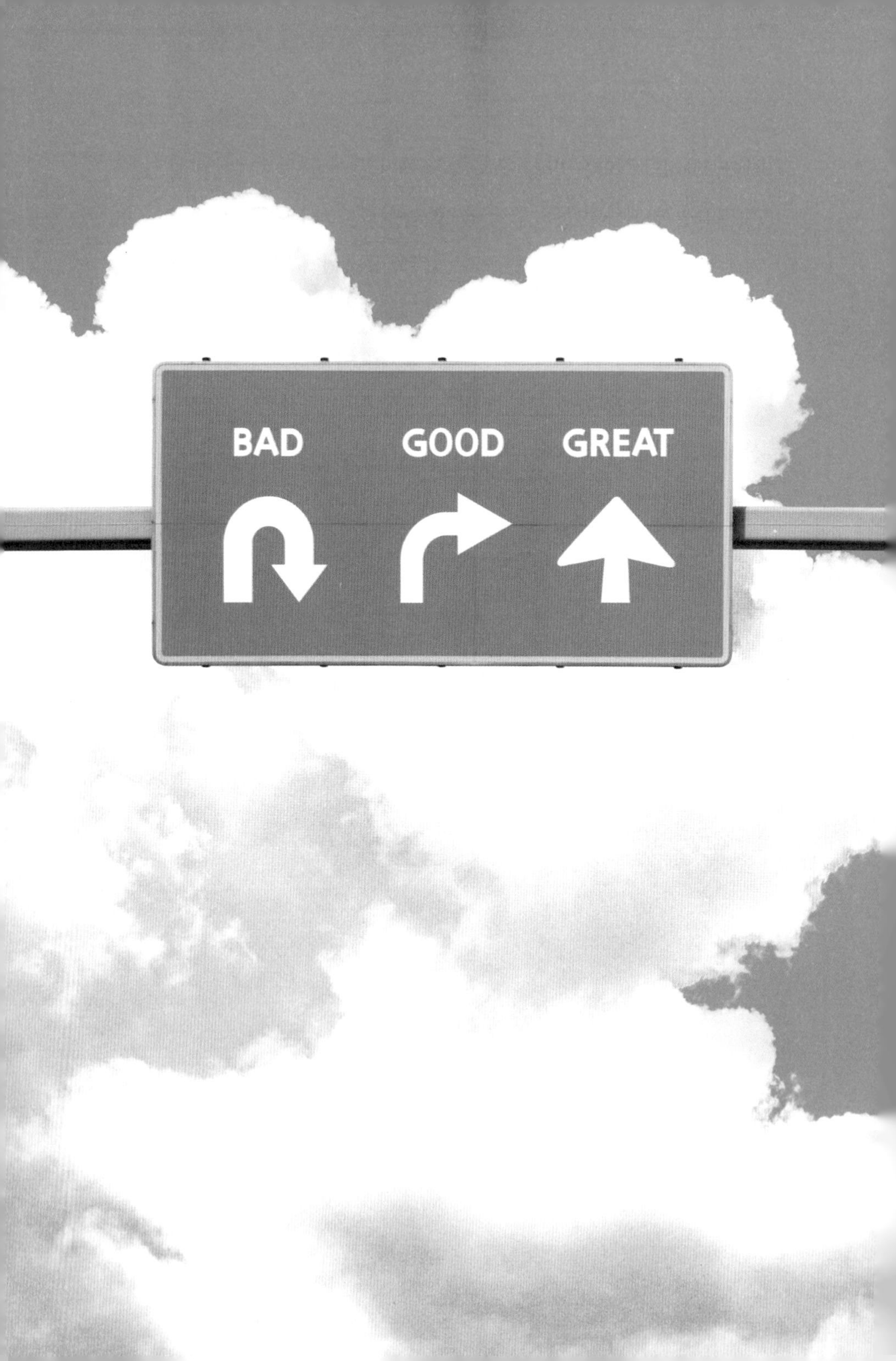
BAD
GOOD
GREAT

PART 02

택한 길로 나아가는 삶

빌 3:7-9, 12-14 그러나 무엇이든지 내게 유익하던 것을 내가 그리스도를 위하여 다 해로 여길뿐더러 또한 모든 것을 해로 여김은 내 주 그리스도 예수를 아는 지식이 가장 고상하기 때문이라 내가 그를 위하여 모든 것을 잃어버리고 배설물로 여김은 그리스도를 얻고 그 안에서 발견되려 함이니 내가 가진 의는 율법에서 난 것이 아니요 오직 그리스도를 믿음으로 말미암은 것이니 곧 믿음으로 하나님께로부터 난 의라 … 내가 이미 얻었다 함도 아니요 온전히 이루었다 함도 아니라 오직 내가 그리스도 예수께 잡힌 바 된 그것을 잡으려고 달려가노라 형제들아 나는 아직 내가 잡은 줄로 여기지 아니하고 오직 한 일 즉 뒤에 있는 것은 잊어버리고 앞에 있는 것을 잡으려고 푯대를 향하여 그리스도 예수 안에서 하나님이 위에서 부르신 부름의 상을 위하여 달려가노라

선택보다 포기보다
중요한 것

08

그렇게까지 포기해서 선택한 이유를 기억하라

이 책 첫 챕터의 제목이 '선택의 다른 이름'이었다. 사람들은 선택을 뭔가 하나를 택해서 내 삶에 덧대는 것으로 생각하는데 우리가 마주하는 선택은 대부분 뭔가를 포기해야 하나를 얻을 수 있는 것들이다. 앞서 언급했다시피 선택의 필요성은 인생의 제한성에서 비롯된다. 무제한이라 모든 것을 다 하고 누리고 살 수 있으면 선택이라는 것을 할 필요가 없다. 그러나 우리는 항상 제한적인 조건 속에 있어서 모두 다 하기에는 에너지도 시간도 능력도 돈도 부족하므로 뭔가는 포기하고, 그렇게 포기하면서 남는 에너지와 물질, 시간을 내가 선택한 중요한 곳에 쏟는 것이다.

그래서 선택이란 더 중요한 것을 선택하기 위해서 꽤 좋은 것이지만 덜 중요한 것을 내려놓는 작업이다. 포기는 선택하는 과정이고 방법이다. 포기하지 못하고 어정거리는 것은 선택이 아니다. 잘 내려놓고 포기할 줄 알아야 잘 선택할 수 있다.

선택의 과정과 방법이 포기라면, 선택의 목적과 방향은 바로 집중이다. 왜 그렇게 포기하고 모든 것을 내려놓는가? 더 가치 있는 것에 집중하기 위해서다. 그런데 어리석은 사람은 좋은 선택을 위해 기껏 잘 포기해놓고는, 막상 정말 집중해야 할 가치 있는 것에는 집중하지 못한 채 살아간다.

선택만 잘한다고 되는 것이 아니다. 좋은 선택을 했다고 반드시 승리하는 것이 아니다. 선택을 잘하고도 실패하고 망할 수 있다. 출애굽 백성이 그랬다. 애굽에서 430년 동안 종노릇 하던 이스라엘 백성들은 하나님의 역사하심을 보고서 애굽을 탈출하고 하나님의 백성이 되기로 선택했다. 하지만 출애굽 잘해놓고도 결국 그들은 다 망했다. 잘못된 선택이어서가 아니라 집중하지 못했기 때문이었다. 애굽을 떠나 가나안에 가기로 선택했으면 가나안만 바라봐야 하는데 과거에 매여 맨날 애굽만 바라보다가 망했다.

왜 좋은 선택을 해놓고도 실패할까? 많은 것을 포기하고서라도 선택하려 한 그것에 집중하지 못하기 때문이다. 소중한 것을 얻기 위해 많은 것을 포기했으면 선택한 그것에 집중하고 누려야 하지 않겠는가? 그런데 왜 집중하지 못할까? 많은 것을 포기하고 어렵게 선택해놓고도 집중하지 못하는 이유는 후회 때문이다.

누가복음 10장의 마르다와 마리아 자매의 이야기를 선택과 후회의 측면에서 생각해보자. 둘 다 뭔가를 선택했다. 마르다는 예수님을 섬기기로, 마리아는 말씀을 듣기로. 무엇이 맞고 무엇이 틀린 것인가? 이것은 옳고 그름의 문제가 아니라 선택의 문제다. 둘 다 맞다. 마르다는 예수님 섬기는 것을 선택했고, 은혜의 말씀 듣는 것을 포기했다. 그러면 이제 섬기는 일에 집중하면 된다. 마리아는 예수님 말씀 듣는 것을 선택하느라 언니와의 좋은 관계를 포기했다. 그러면 욕먹고 관계가 좀 틀어질 수 있는 것을 감수하고 말씀에 집중하면 된다.

마리아의 승리는 내가 선택한 좋은 편을 빼앗기지 않고 말씀에 집중한 것이다. 그렇다면 마르다의 실패는 무엇인가? 섬기는 것을 선택한 것이 아니라, 섬기는 것을 선택해놓고 집중하지 못하고 자꾸 다른 데 신경 쓴 것이 실패다.

마르다가 '마리아는 내가 이렇게 힘들게 일하는데 도와주지도 않고!'라고 분노하는 그 이면에는 자기 선택에 대한 후회가 있다. '아! 나도 말씀 들을 걸 그랬나? 괜히 나만 바보 되는 거 아니야?' 이러면 섬김의 유익도, 섬김의 아름다운 신앙의 가치도 누릴 수 없다. 오늘 뭔가 포기하고 선택했다면 거기에 집중하라.

마르다가 일도 열심히 하고 말씀도 듣는다면 그게 최선이겠지만 그러기가 쉽지 않다. 차선은 일을 조금 포기하고 말씀의 은혜에 집중하는 것이다. 그런데 그것도 안 되면, 차라리 말씀의 은혜를 포기하고 자신의 섬김으로 수많은 자들이 은혜를 누릴 수 있게 하면 된다. 열심히 섬기는 것을 선택하는 것도 좋은 일이다. 하지만 정말 최악은 일도 안 하고 말씀도 안 듣는 사람이 되는 것이다.

선택했다면 후회하지 말라

모든 것에 만족할 수 있는 완벽한 선택은 없다. 뭔가를 선택했다면 하나는 포기하는 것이다. 어렵게 뭔가를 포기했다면 포기한 그것 때문에 갈등하며 후회하지 말고 오늘 누려야 할 것에 집중하라. 짜장면을 선택했다면 포기한 짬뽕에 미련 두지 말라. 달짝지근한 짜장면을 포기했다면 짬뽕의 얼큰함에 집중하라.

주일 아침, 예배의 자리에 나오기까지는 많은 것을 포기해야 한다. 늦잠 잘 수 있는 안락함, 놀러갈 기회와 교제의 즐거움을 포기한다. 멀리서 오는 분들은 차비와 기름값도 포기한다. 그렇게 많은 것을 포기하고 왔으면 포기한 것으로 끝나면 안 된다. 그 좋은 것들을 포기하고 왔다면 이제는 물 건너간 것들 기웃거리고 갈등할 것이 아니라 예배에 성공하기 위해 집중해야 한다.

결혼도 그렇다. 완벽한 결혼, 완벽한 상대란 없다. 그래서 뭔가를 포기하고 하나를 선택해야 하는데 주로 돈이냐 성품이냐의 선택일 때가 많다. 경제력은 없는 대신 착한 사람을 선택했다면 그의 선한 성품을 누리고 살면 된다. 성품 대신 돈의 가치를 선택했다면 모나고 거친 성격 때문에 조금 힘들지만 물질의 풍족함을 즐기고 살면 된다.

그런데 꼭 선택해놓고 후회한다. 자상함을 선택해놓고 풍족함이 없다고 불평하거나 "아, ○○오빠는 아직도 고시 공부하나? 우리 3천 원짜리 떡볶이 하나 가운데 놓고 먹으면서도 참 행복했는데. 그 오빠 진짜 착했는데⋯" 하며 후회한다면 현재 가진 것마저 누리지 못하는 미련하고 불행한 인생이다. 이미 물 건너간 것을 과감히 포기하고 집중할 것에 집중하자.

매년 집회를 가는 한 교회의 부목사님이 상담을 청해 오셨다. 이제 담임 목회를 나가야 할 나이와 상황이 되었는데, 대학 시절에 선교사로 서원했던 생각이 났다고 한다. 담임 목사로 나가면 많은 것이 결정

되기 때문에 찔리고 후회될까 봐 고민이셨다.

나는 단기선교를 다녀오라고 조언했다. 담임 목회를 나가면 힘든 일이 계속 벌어질 텐데 그때마다 '내가 선교 안 나가서 이러나? 내가 여기 오지 말았어야 했나?' 고민하면 안 그래도 힘든 목회를 더 힘들게 할 수 있으니 그런 이유를 차단하도록 1년이라도 단기선교를 갔다 오라 했다. 그런 후 담임 목회를 하게 되면 힘들어도 죄책감과 후회는 없을 것이기 때문이다.

이렇게라도 후회할 거리를 미리 차단할 수 있다면 좋겠지만 그렇지 않은 경우도 많다. 한 번은 어느 집사님 부부가 시부모님을 모시는 문제로 상담하러 오셨다. 여러 사정이 얽혀 참 결정하기 어려운 상황이고, 후회가 막심할 수 있는 선택이었기에 결론을 내지 못하고 나에게까지 오신 것이었다.

어차피 후회할 길을 가는 것이다. 모셔도 힘들어서 후회할 것이고, 안 모셔도 죄송해서 후회스러울 것이다. 어떤 결정을 해도 후회와 힘듦은 반드시 있으니 그것을 기억하고, 그 선택에만 집중하는 것이 현명하다. 그래서 그분들께 이렇게 말씀드렸다.

"이것만 아시면 돼요. 어떤 선택을 하시든 분명히 후회할 겁니다. A든 B든 양자 간에 선택하셨다면 그 길에 확신을 가지세요. 다른 선택을 했어도 후회하고 아파하실 거예요. 그러니 선택을 지지하고 응원해 주시고 끝까지 가세요."

후회와 갈등에 쓸 에너지를 집중에 사용하라

그렇다. 완벽한 선택은 없다. 포기했다면 더는 갈등하거나 후회하지 말자. 성공한 사람들은 선택과 집중을 했다. 선택에 집중하고 몰입해야 강력한 능력의 인생을 산다. 선택만 하고 집중은 못 한다면 후회하고 갈등하다 집중할 기회와 타임을 놓치는 어리석은 인생이다.

새벽기도? 힘들다. 운동과 다이어트? 힘들다. 그런데 새벽기도며 운동이 가장 힘든 사람이 어떤 사람인지 아는가? 일주일에 한두 번 하는 사람이다. 아침마다 해야 하나 말아야 하나 갈등한다. 잠을 자도 후회, 일어나도 고통이다. 자기의 에너지를 맨날 후회하고 갈등하는 데 쓰니 너무 힘이 든다. 차라리 매일 운동하는 사람은 별로 힘들지 않다. 그 갈등과 번민에 쓸 에너지를 일어나고 달려 나가는 데 쓰기 때문이다. 그러면 훨씬 건강하고 발전적인 인생을 살 수 있다.

대학교 유학센터에서 센터장을 할 때 근심이 많고 불안해하고 걱정하는 사람들을 만날 때가 많았다. 그런 사람들은 어제는 가겠다고 했다가 오늘 와서는 못 가겠다고 하고, 다음 날은 다시 보내달라고 했다. 특히 부모가 그러면 나는 절대 보내지 않았다. 그런 사람들은 가서도 필경 후회하다 끝나기 때문이다.

유학은 당혹스러움을 맛보러 가는 것이다. 외국에 나가면 모든 삶의 패턴이 다 곤란함이 된다. 불 하나 켜는 것도, 변기의 물 내리는 시스템도 다르니 당혹스럽다. 슈퍼마켓 가서 물건 하나 사려 할 때도 '어리바리하게 보이지 않으려면 이렇게 하고, 계산할 때 이렇게 얘기하고…' 하며 일일이 할 말을 준비해서 들어가야 한다. 얼마나 피곤하고 힘든 삶인가.

사실 어학연수는 그것을 하러 가는 것인데 어떤 사람들은 그 당혹스러움을 만날 때마다 '괜히 왔나? 그냥 영어학원 다닐 걸 그랬나. 시O스쿨이 나을 뻔했나?' 하며 계속 후회만 하다가 정작 유학생활에서 누릴 수 있는 유익은 다 포기한다. 게다가 한국에서는 맨날 파스타와 피자만 먹던 사람들이 꼭 유학 가면 굳이 한 시간 반을 차 타고 가서 떡볶이를 먹고 온다.

선택하려면 많은 것을 내려놓아야 하는 만큼 그 포기한 것들이 아깝지 않도록 집중해서, 그 선택으로 추구했던 목적들을 반드시 이루길 바란다. 갈등하고 후회하고 번민하는 데 에너지 낭비하지 말고, 내가 선택한 것에 집중하여 행복과 즐거움을 누리자.

하나님과 만나에 집중하라

예전에 만났던 목사님 한 분이 옛날이 좋았다고 하시길래 그 옛날이 언제냐고 물어보니 〈응답하라 1988〉 드라마도 못 봤냐고, 그때가 순수하고 좋았다고 하셨다. 그런데 1980년대인 1985년도에 가장 유행했던 노래가 이선희의 〈아! 옛날이여〉라는 사실을 아는가? 그때도 "지난 시절 다시 올 수 없나 그날"이라며 '옛날'을 찾았다. 우리가 "아! 옛날이여"라며 맨날 과거를 찾듯이 출애굽한 이스라엘 백성도 늘 "아, 애굽이여" 타령이었다. 홍해 앞에서 애굽의 철병거가 쫓아오는 것을 보자 애굽을 생각한다.

그들이 또 모세에게 이르되 애굽에 매장지가 없어서 당신이 우리를 이끌어 내어 이 광야에서 죽게 하느냐 어찌하여 당신이 우리를 애굽에서 이끌어 내어 우리에게 이같이 하느냐 우리가 애굽에서 당신에게 이른 말이 이것이 아니냐 이르기를 우리를 내버려 두라 우리가 애굽 사람을 섬길 것이라 하지 아니하더냐 애굽 사람을 섬기는 것이 광야에서 죽는 것보다 낫겠노라 출 14:11,12

홍해가 갈라지는 기적을 보고도 그들은 배가 조금 고파지자 애굽의 고기 가마 곁에 앉아 있을 때를 그리워하기 시작했다. 홍해도 가르신 하나님인데 은혜를 안 주시겠는가! 그렇지만 그후로도 뭐만 터지면 애굽, 애굽, 애굽이다!

이스라엘 자손이 그들에게 이르되 우리가 애굽 땅에서 고기 가마 곁에 앉아 있던 때와 떡을 배불리 먹던 때에 여호와의 손에 죽었더라면 좋았을 것을 너희가 이 광야로 우리를 인도해 내어 이 온 회중이 주려 죽게 하는도다 출 16:3

… 이스라엘 자손도 다시 울며 이르되 누가 우리에게 고기를 주어 먹게 하랴 우리가 애굽에 있을 때에는 값없이 생선과 오이와 참외와 부추와 파와 마늘을 먹은 것이 생각나거늘 민 11:4,5

… 어찌하여 우리를 애굽에서 인도해 내어 이 광야에서 죽게 하는가 이곳에는 먹을 것도 없고 물도 없도다 우리 마음이 이 하찮은 음식을 싫어하노라 하매 민 21:5

그들은 출애굽을 선택했고 그것은 옳은 선택이었다. 그런데 망했다. 왜인가? 그들이 포기했던 바로의 구질구질한 떡고물을 그리워하느라 하나님이 공급하시는 은혜에 집중하지 못했기 때문이다. 고기와 생선, 부추, 파를 포기했으면 하나님의 은혜로 주신 만나에 집중해야 했다. 애굽의 안정되고 익숙한 삶을 포기했으면 애굽에 집착할 것이 아니라 가나안으로 한 걸음이라도 더 달려가는 데 그 에너지를 써야 했다.

또한 그들은 하나님이 은혜로 주신 만나를 "이 하찮은 음식"이라며 싫어했다. 내가 선택한 것에는 집중하지 못하고 하찮게 여기면서, 포기한 것들을 크고 귀하게 보는 이 잘못된 습성이 우리에게 있다. 내 앞에 있는 것이 가장 좋고 행복한 것임을 알지 못하고, 그 옛날 첫사랑을 평생 마음에 품고 살아가는 등의 무식하고 잘못된 행동을 한다. 오늘 또 후회하며 방황하고 갈등하면 더 늦는다. 한 번 선택했으면 그 길로 끊임없이 전진하라.

다른 것을 잃고도 선택하려 한 본질의 목적에 집중하라

수많은 이스라엘 백성이 출애굽의 본질적인 목적을 잊어버리고 애굽만 바라보다 가나안에는 들어가지도 못하고 광야에서 죽었다. 선택은 수많은 포기를 동반하는데, 우리는 포기했다는 그 자체에 방점을 찍을 것이 아니라 많은 것을 포기하면서까지 그것을 선택했던 이유, 그 본질의 목적을 잊지 말아야 한다.

사람들이 왜 돈을 내고 독서실에 가는가? 집에 책상이 없어서 독서실

가는 사람은 없다. 오히려 집에 너무 많은 것이 있어서 간다. 안락한 소파도 있고, 텔레비전도 있다. 냉장고만 열면 먹을 것이 있고, 거실에서는 가족들의 웃음소리가 들려온다. 그것을 포기하는 거다. 독서실에는 덩그러니 책상 하나만 있다. 집중을 방해할 편안과 안락함을 포기하고, 공부에만 집중하려는 것이다.

그런데 어떤 사람은 그 좋은 것을 다 포기하고 돈 내고 독서실을 다녀와서는 7시간 독서실 갔다 온 것만 내세운다. 독서실 가는 것이 대단한 게 아니다. 독서실에서 공부를 해야 대단한 거다. 독서실 가는 목적은 불편하게 몇 시간을 앉아 있는 게 아니라 지식을 채우는 것에 있어야 한다. 많은 사람이 이런 우를 범한다. 선택하고 포기했으면 본질에 집중해 그 목적을 이루어야 한다.

나는 집회할 때, 강단에 설 때 밥을 먹지 않는다. 금식하고 강대상에 서는 것이 중요한 게 아니다. 밥을 굶어서라도 말씀 전하는 데 집중하고 싶은 것이다. 어떤 사람들은 밥 굶고 서는 것에 관심을 두는데, 밥을 안 먹는 그 자체가 아니라 밥을 안 먹어서라도 집중하고 싶은 그 본질의 목적이 중요하다. 그런데 만일 밥 굶고 서는데도 말씀에 집중하지 못하고 딴짓한다면 그건 잘못이다. 차라리 밥 먹는 게 낫다.

금식기도도 그렇다. 먹을 것이 쌓였는데 왜 군이 금식하며 기도하는가? 밥을 끊고 배고픔을 감당하면서라도 하나님을 만나고 싶어서다. 하나님께 집중하고 싶은 것이다. 그런데 금식기도를 시작하고는 배고픔을 잊으려고 종일 잠만 자는 사람이 있다. 드라마를 몰아서 보고 스마트폰 게임을 해서 배고픔을 잊으려 한다.

이런 한심한 행동을 하느니 차라리 밥 먹고 힘을 내서 기도 한 번 하는 게 훨씬 낫다. 뭔가를 포기했으면 포기했던 이유를 기억해야 한다. 기도라면 기도에 집중해야지 밥 굶는 포기에 방점을 찍어서는 안 된다. 식사까지 포기하고 굶기를 택했다면 기도에, 하나님을 만나고 교제하는 데 집중해야 한다.

어디에 방점을 찍어야 하는가

> 그러나 무엇이든지 내게 유익하던 것을 내가 그리스도를 위하여 다 해로 여길뿐더러 또한 모든 것을 해로 여김은 내 주 그리스도 예수를 아는 지식이 가장 고상하기 때문이라 내가 그를 위하여 모든 것을 잃어버리고 배설물로 여김은 그리스도를 얻고 그 안에서 발견되려 함이니 … 빌 3:7-9

사도 바울은 예수님을 만나 그분을 구주로 믿고 회심하자 예수님을 아는 고상한 지식을 방해하는 이전의 배경과 스펙, 지식, 인간관계, 학문 등을 배설물처럼 포기했다. 이것이 선택이다. 그는 예수님을 선택하면서 이전에 소중했던 것들을 과감히 포기했다. 대단하고 훌륭한 신앙이다. 박수를 칠 일이다.

그런데 여기서 잘 생각할 것이 있다. 선택할 때는 나쁜 것도 버려야 하지만, 우리가 포기해야 하는 것은 나쁜 것만이 아니다. 좋고 중요하되 '덜' 중요한 것들도 '더' 중요한 것을 위해 포기해야 한다. 중요한 것들을 버리면서까지 붙잡고 선택해야 할, 진짜 추구할 가치 때문이다. 바울이 예수님을 선택하면서 배설물을 버리듯 과감히 포기한 것들은 나쁜 것이 아니었다. 좋은데, 중요한데 덜 중요한 것들을 더 중요한 것을 위해 포기한 것이었다.

생각해볼 것이 또 한 가지 있다. 왜 버려야 하는가? 버리는 그 자체가 목적이 아니다. 버리고 비운 곳에 채우기 위함이다. 기독교 신앙의 가치는 연단이나 수행, 무소유 그 자체에 있지 않다. 사실 기독교는 '버림'이 아니라 '채움'의 종교다. 세상의 배경과 스펙, 지식 등을 배설물처럼 가치 없이 여기며 포기할 수 있는 이유는 더 훌륭한 것이 내 삶에 채워지기를 원하기 때문이다. 내 속에 내가 너무 많아서 주님이 계실 곳이 없기에 이것을 비우고 버려서라도 그분으로 내 마음을 채우려 하는 것이다.

그러므로 사도 바울이 "내가 그를 위하여 모든 것을 잃어버리고 배설물로 여김"(8절)은 참으로 귀하지만, 여기에 방점을 찍고 칭찬과 부러움의 박수를 치며 끝나면 안 된다. 방점을 찍을 곳은 여기가 아니라 "푯대를 향하여"(14절)다.

> 내가 이미 얻었다 함도 아니요 온전히 이루었다 함도 아니라 오직 내가 그리스도 예수께 잡힌 바 된 그것을 잡으려고 달려가노라 형제들아 나는 아직 내가 잡은 줄로 여기지 아니하고 오직 한 일 즉 뒤에 있는 것은 잊어버리고 앞에 있는 것을 잡으려고 푯대를 향하여 그리스도 예수 안에서 하나님이 위에서 부르신 부름의 상을 위하여 달려가노라 빌 3:12-14

방점은 우리가 추구하는 인생의 방향에 찍어야 한다. 푯대를 향하여 달려갈 그 집중력에 방점을 찍어야 한다. 그 확실한 푯대를 향하여 집중하고 달려가는 신앙이 건강하고 능력 있는 것이며, 푯대를 향하여 달려가는 이 집중이 없다면 모든 버림과 비움은 무가치하고 무의미한 일이 되고 만다. 포기는 선택의 방법일 뿐 그것이 목적인 것은 아니다. 선택에서 정말 중요한 것은 포기와 버림보다 집중과 몰입, 그리고 채움이다. 내가 예수를 위해서 많은 것을 포기했다면 그다음은 집중해야 한다. 선택한 가치(본질적인 목적)를 이루고 승리하기 위해서는 집중이 꼭 필요하다.

현재의 시간과 공간에 집중하라

승리하는 사람들은 미래의 계획에만 마음을 쏟지 않는다. 나는 무엇이 되고 무엇을 하겠다는 꿈과 계획은 필요하지만, 미래 먼발치의 꿈같은 얘기만 하고 있으면 안 된다. 현재에 집중하라. 지금 맡은 일, 지금 할 수 있는 일과 눈앞에 있는 내 사람에게 집중해야 후회하지 않는 인생을 살 수 있다.

집중력이 떨어질 때 생각과 마음이 흐트러지고 부산하여 뜬구름 잡는 인생들이 많다. 집중을 잃고 과거로 회귀하여 오늘을 잃어버리고, 미래의 꿈에 취해 오늘을 불성실하게 사는 것은 망하는 인생의 지름길이다. 현재에 집중하고, 지금 있는 그 자리에 집중해야 승리한다.

현재의 시간에 집중하라

예전에 우리 교회 중등부에 아이돌 스타가 꿈인 여학생이 있었다. 그런데 아이돌이 되려면 노래와 춤을 연습하고 운동이든 다이어트든 해야 할 텐데 이 아이는 미래에만 취해 춤 연습, 노래 연습보다 사인 연습만 했다. 주일이면 예배에 올 때 사인을 몇 개씩 만들어 와서 어떤 게 좋은지 물어봤다.

몰려다니던 아이들도 똑같아서 자기들끼리 매니저 정하고 스타일리스트 정하고, 그 와중에 탈락된 한 아이가 삐져서 교회에 나오지 않아 애를 먹인 일도 있다. 그 아이들을 생각해보면 미래에 대한 계획과 신앙에 대한 꿈만 꾸고 꿈같은 소리만 하면서 오늘을 살지 못하는 우리의 삶도 그렇지 않은가 싶다.

공부 못하고, 사역에 어려움을 겪는 사람들은 대개 그 시간에 집중하지 못하고 그 공간에 집중하지 못한다. 여기 있을 때는 저것 생각하고 저것을 해야 할 때는 이것을 한다. 국어 시간에 국어책 밑에 영어책 깔고 영어를 공부하고, 영어 시간에는 수학을 공부한다. 맨날 계획 짜고 계획표를 알록달록하게 색칠하는 데 몇 시간을 들인다. 전형적으로 공부 못하는 유형들이다.

청년은 돈이 없고, 중년은 시간이 없고, 노인은 체력이 없다. 청춘의 때는 돈 없어서 불평하고, 중년 때는 시간에 쫓겨 살면서 '내가 돈 버는 기계인가' 생각하고, 노년이 되면 '난 힘도 없고 이제 아무 희망도 없어' 한다. 평생 불행한 것이다.

거꾸로 살아야 한다. 청년은 돈은 없지만 젊음과 패기, 열정, 건강이 있고 도전할 기회가 있다. 중년에는 열심히 경제생활 하며 바쁜 중에도 그 경제력으로 내 사랑하는 사람들이 마음껏 공부하고 넉넉하게 살아가는 모습을 보며 행복할 수 있다. 노년이 되면 체력은 없지만 시간 여유가 있으니 이를 누리며 살면 된다. 나에게 없는 것만 찾다가는 늘 불행한 삶을 벗어나지 못한다.

중고생 아이들은 마스크로 얼굴을 반쯤 가려도 빛나는 피부를 숨길 수 없다. 이 피부는 살 수도 없는데 아이들은 자기가 아름다운 시절을 지나고 있는 것을 몰라서 어떻게든 엄마처럼 되고 싶어 한다. 엄마는 딸의 피부처럼 되고 싶어 기능성 화장품을 바르는데 딸은 엄마 흉내 내느라 그 예쁜 피부 위에 화장을 한다. 지금이 가장 예쁘고 좋을 때다. 후회하지 않으려면 지금 내가 할 수 있는 것에 집중해서 행복을 찾고 누려라!

현재의 공간에 집중하라

공부 못하는 유형 중에는 바리바리 짐을 싸서 꼭 어디에 가야 공부하는 사람도 있다. 거기 있다 보면 또 안 돼서 다시 집으로 돌아오고, 그러다가 책상 위치가 잘못된 것 같다며 책상을 옮긴다. 공부만 하려고 하면 부산스럽게 자리 옮기고 정리를 한다.

예수님은 공생애 사역 동안 약 2만 제곱킬로미터(전라남북도를 합친 정도)의 이스라엘을 한 번도 벗어나신 적이 없지만 온 인류를 살리셨다. 좁음, 갇힘의 한계가 꿈을 꺾을 수 없다. 나는 시골에 있었지만 개척 때부터 꿈을 꾸고 선포했고, 시골에 있어도 절대 하나님의 역사는 제한이 없다는 것을 경험해왔다. 내게 주어진 공간과 시간에 집중하여 사역하자 전국에서 찾아오신다.

나는 집회 사역을 가면 그 기간에는 근처의 지인이나 아는 교회들에 연락하지 않는다. 나중에 알고는 "근처에 와서 연락도 안 하고 만나지도 않고 그냥 갔다"라고 서운해하는 분들도 계시지만, 집회하는 동안은 그 교회만을 위해 마음을 쏟는다. 나를 아는 목사님들은 부흥사라는 집회 사역자로서는 최악의 단점이라고 말하지만, 거꾸로 최고의 강점이 되었다. 잠시 섭섭함을 느끼더라도 자기 교회 집회 와서도 다른 데 마음 쓰지 않고 집중하는 것을 알기에 아쉬움과 서운함을 금방 풀어버리기 때문이다.

오늘 할 수 있는 것, 지금 할 수 있는 것에 집중해 최선을 다해야 한다. 오늘 내가 소유한 시간과 공간이 하찮게 보이고, 내가 소유한 것들은 작아 보이고 포기한 것들은 커 보여서 계속 후회하고 한탄하는 사람은 자신을 불행으로 몰아넣는다. 그런 사람은 꿈꿀 자격이 없다. 오늘 할 수 있는 일들이 가치 없는 것이 아니며 주어진 현실은 절대 작지 않다. 그 일에, 지금 앞에 있는 그 사람에게 집중하라. 놀라운 일들은 거기서부터 시작된다. 가장 강력한 인생은 오늘 맡기신 그 작은 것에 집중한다.

집중으로 능력 있는 삶을 살라

앞서 언급한 바 있듯이 어둠은 집중의 기회다. 집중해야 할 때, 집중력이 떨어질 때, 때로는 어둠만큼 집중의 효과가 큰 것도 드물다. 극장에서 영화 보러 온 것을 망각하고 다른 일에 집중하는 사람들이 있다. 그럴 때 암전이 필요하다. 캄캄하게 불이 꺼지면 집중을 분산시켜 방해하는 요소들이 일순간 제거되어 영화에 몰입하기 쉬워진다.

인생도 그렇다. 때로는 인생에서 캄캄한 사망의 음침한 골짜기 같은 낙심과 절망의 때를 만날 때가 있다. 그 고난의 캄캄한 어둠과 밤이 실은 내가 놓치고 있던 귀한 것에 대한 집중력을 높이는 시간일 수도 있다. 인생의 어두운 밑바닥에서야 누가 진짜인지 가짜인지 가려져 진짜 소중한 것, 본질이 뭔지 깨닫게 된다. 옛날 미친 듯이 추구하고 붙잡으려 했던 것들이 얼마나 허망한 것인지 평탄할 때는 잘 모르지만 캄캄해지면 명확하게 드러난다. 그때가 되면 가짜는 다 떨어져 나간다.

다산 정약용은 전남 강진의 다산초당, 그 시골의 좁은 유배지에 갇혀서 후대에 길이 남을 저서 500여 권을 집필했다. 인생이 밑바닥으로 떨어지니 친구도 다 정리되었다. 다산은 그때 유배지에서 사귄 18명을 다산초당에서 가르치고 함께하며 그 위대한 업적을 이루어낸 것이다.

대구에 집회 갔을 때 한 식당에서 밥을 먹으려다 깜짝 놀란 적이 있다. 나무 책상에 냄비를 하나 올려놓았는데 냄비가 끓어올랐다. 아무리 봐도 가스버너나 인덕션이 없는데 갑자기 테이블 위의 찌개가 펄펄 끓는 것이 너무 신기했다. 주인에게 물어봤더니, 책상에 바늘만한 미세한 구멍이 하나 뚫려 있는데 그 조그만 구멍으로 레이저(LASER)가 나와 그 냄비를 데워버린 것이라 했다.

집중에 이렇게 능력이 있다. 레이저는 복사 유도 방출에 의한 광증폭 (Light Amplification by Stimulated Emission of Radiation)의 줄임말로, 본래 빛의 증폭이라는 물리적 현상을 가리키고 일상적으로는 이를 이용해 만들어진, 강하고 퍼지지 않으며 멀리 전달되는 단색광 레이저 빔 (beam) 또는 레이저광(光)을 가리킨다. 이 레이저 자체는 온도도 낮고 아무것도 아니다. 그런데 레이저가 한 점으로 모아지면 다이아몬드를 깨고 철판을 종잇장처럼 가른다. 레이저가 모여 집중될 때 강력한 힘이 있다.

모든 것을 다 하면 좋다. 모든 것을 다 만족시킬 수 있다면 좋다. 하지만 그럴 수 없다면 과감하게 선택하고 나머지를 포기하는 것이 지혜다. 그리고 어렵게 포기했다면 이제 선택한 것에 집중하는 것이 능력이다. 교회에서 인간관계도 만족스럽고, 정치력도 발휘하고, 문화적 즐거움도 감정적 위로와 만족도 있다면 얼마나 좋겠는가? 그러나 그것이 안 되면 포기하고 집중해야 한다. 다른 것들은 아쉽고 안타깝지만 포기하고, 오직 하나님의 은혜에만, 오직 예수님께만, 오직 예배와 말씀 기도에만 집중해야 한다. 레이저처럼 집중해서 당신의 선택에 최선을 다하라! 거기에 답이 있고 승리가 있고 후회 없는 미래가 있다.

창 45:3-5 요셉이 그 형들에게 이르되 나는 요셉이라 내 아버지께
서 아직 살아 계시니이까 형들이 그 앞에서 놀라서 대답하지 못하더라
요셉이 형들에게 이르되 내게로 가까이 오소서 그들이 가까이 가니 이
르되 나는 당신들의 아우 요셉이니 당신들이 애굽에 판 자라 당신들이
나를 이 곳에 팔았다고 해서 근심하지 마소서 한탄하지 마소서 하나님
이 생명을 구원하시려고 나를 당신들보다 먼저 보내셨나이다

상처를 흉터 아닌
추억이 되게 하라

09

당신의 상처는 추억인가, 흉터인가?

우리는 저마다 상처를 지니고 살아간다. 실패와 상처는 누구에게나 있다. 실패와 상처 없이 성공만 하면 행복할 것 같지만 인생의 행복은 상처의 유무보다 그 상처와 실패에 어떻게 반응하느냐로 결정된다. 정말 힘들었던 상처와 아픔을 겪은 가정이 있다. 오랜 세월이 흘러 가족이 모여 드라마를 보는데 그 가정이 힘들었던 그때와 비슷한 상황이 펼쳐질 때 두 종류의 반응이 나타난다.

한 가정은 어쩔 줄 몰라 한다. 옛날의 상처와 아픔이 떠오르게 하는 장면에서 서로 눈을 마주치지 못하고 어색해하다가 각자 방으로 들어가 버린다. 상처가 치유, 회복되지 못한 채 곪고 흉터가 되어 그저 감추고 가리고 싶은 것이다. 그런데 다른 가정은 그런 드라마가 방영될 때 오히려 가족들을 불러 모은다. "우리 집 얘기랑 완전히 똑같네. 작가가 우리 집 보고 쓴 거 아니야?"라고 웃으며 지난날을 추억한다. 이 가정은 그 과거의 상처와 아픔이 이제 추억거리가 된 것이다.

요셉은 상처 많은 아이였다. 복잡한 가정사로 형들의 시기와 질투를 받았다. 열일곱 살에 하나님께 비전의 꿈을 받지만 그 때문에 형들의 질투는 더 심해졌다. 어린 나이에 감당하기 힘든 형들의 배신으로, 짐승처럼 묶여 노예로 팔려가는 신세가 된다. 열일곱 살짜리 소년에게는 죽을 때까지 곱씹고 헤어 나오지 못할 상처였을 것이다.

하지만 애굽에 팔리고 그 일로 상상도 예측도 할 수 없었던 인생의 변환이 이루어지면서 그의 상처는 완전히, 놀랍게 해결된다. 요셉은 당시 최고의 대제국 이집트의 국무총리가 되고, 근동 지역을 덮은 흉년과 기근으로 가족들이 굶어죽게 되었을 때 높은 신분을 구원의 통로로 삼아 가족을 살려낸다. 그리고 자신에게 그렇게 힘들고 끔찍한 고독과 인생의 깊은 상처를 안긴 형들을 만나 그들을 용서하고 품어준다.

만일 요셉이 이 상처를 풀지 않았다면 평생 호의호식하고 권력의 자리에 있었을지라도 과연 행복했을까? 밤마다 악몽에 시달리고, 분노와 적개심에 살았을 것이다. 하지만 이제 그는 진정 행복해졌다. 모든 상처가 치유되어 더는 곪아 터져 감추고 싶은 아픔이 아니라 그날을 이야기할 수 있는 추억거리가 되었다. 우리 삶의 모습과 결말도 그렇기를 바란다. 그것이 바로 하나님께서 우리에게 바라시는 모습이다.

인생의 상처는 흉터가 될 수도 있고 추억이 될 수도 있다. 서양의 격언에 "Scars into stars"(상처가 별이 된다)라는 말이 있다. C와 T 한 자만 바뀌면 상처(scar)가 별(star)이 된다. 상처를 흉터로 남길 것인가, 아니면 별처럼 아름다운 추억이 되게 할 것인가? 상처와 실패는 누구에게나 오게 마련이니, 상처를 입거든 그 상처가 곪다가 흉물스러운 흉터가 되게 하지 말고, 상처를 치유하고 잘 극복해 언제든 추억할 수 있는 별이 되게 하자.

상처와 실패는 하나님께 돌아가는 통로

상처와 아픔은 일견 하나도 쓸모없어 보이지만 그 안에도 유익이 있다. 가장 큰 유익은 하나님께 돌아가고 예수님께 더 가까이 나아갈 기회가 된다는 것이다. 탕자는 정말 불효막심한 아들이었다. 아버지가 돌아가시지도 않았는데 유산 절반을 미리 받아 타국에서 허랑방탕하게 살다 쫄딱 망하고, 돼지들이 먹는 쥐엄열매조차 허락되지 않는 처절한 인생의 밑바닥에 떨어지자 비로소 아버지께 돌아갈 생각을 한다.

이렇게 인생의 처참한 실패와 상처는 오히려 잊고 살던 하나님께 돌아가게 하는 영적 귀소 본능을 불러일으킬 때가 많다. 성경은 물론이고 우리 주변에서 하나님을 만난 위대한 사람들에게서는 다들 인생의 실패와 아픈 상처를 통해 하나님을 만난 놀라운 간증들이 넘쳐난다.

《지성에서 영성으로》의 저자이신 故 이어령 교수님은 우리나라 최고의 지성인이자 인문학의 고수셨다. 그는 본래 무신론자로 자신의 지식과 지성을 신의 부존재를 증명하는 데 사용하셨다. 그런데 사랑하는 딸을 잃은 후 그 깊은 슬픔과 괴로움이 신념과 철학과 지성을 허물고 하나님을 만나게 하는 귀한 통로가 되었다.

열두 해 혈루증 앓았던 여인은 참담한 질병 때문에 무조건 예수님께 나아가 은혜의 옷자락을 거침없이 붙잡았다. 수로보니게 이방 여인이 예수님께 가장 겸손한 모습으로 엎드려 상에 떨어진 부스러기 은혜라도 달라고 청했던 이유는 딸이 귀신 들려 죽어가는 절박한 상황과 아픔 때문이었다. 열등감과 고독함으로 뽕나무에 올라갔다가 예수님을 만나고야 말았던 삭개오도 그런 사람이다. 고기 한 마리 잡지 못해 낙심했던 베드로는 상처의 그 새벽에 예수님을 만났다. 당신도 상처와 아픔, 실패가 없었다면 지금 이 구원의 자리에 없었을지도 모른다.

내 인생을 돌아보니 첫사랑이 실패하고 진로가 막힌 막막함, 그리고 질병으로 죽음의 문턱에 섰던 참혹한 병상이 있었다. 그때의 나 역시 아버지의 집을 떠올린 탕자처럼 하나님의 품이 기억났다. 그때 나는 왜 나에게 이런 상처와 답답한 현실만 있냐고 가슴을 치며 아파했는데, 지금 돌아보니 그 모든 순간이 다 하나님의 은혜였다. 내가 지금의 자리에 설 수 있는 가장 중요한 이유는 그 실패와 막힘, 단절 때문이었음을 감사하며 고백할 수 있다.

상처와 아픔 때문에 예배의 자리가 기억나길 바란다. 실패와 고독 덕분에 사명의 자리가 기억나길 바란다. 그 실패와 상처가 하나님께 돌아오게 하는 절호의 기회이며 은혜의 자리에 머물게 하는 거룩한 도구임을 잊지 말자.

상처와 실패는 희망을 전하는 통로

불행을 이기고 희망을 전한 베이브 루스

'밤비노의 저주'는 보스턴 레드삭스가 1920년 베이브 루스 선수를 뉴욕 양키스에 트레이드 시킨 후 수십 년간 월드시리즈에서 한 번도 우승하지 못한 것을 가리키는 말이다. 이야기의 주인공 베이브 루스의 본명은 조지 허먼 루스다.

'베이브'(Babe, 아기)는 키 185센티미터, 체중 95킬로그램의 거구인 그가 너무도 순진하고 순수해서 동료들이 붙여준 별명이고 '밤비노'(Bambino) 역시 이탈리어로 아기라는 뜻이니 두 별명 모두 순수하고 아이들을 좋아했던 베이브 루스의 성향을 잘 나타내준다. 그는 별명처럼 아이들을 참 좋아했다. 뉴욕 양키스 시절인 1932년 시카고 컵스와의 월드시리즈 3차전에서 병상에 누워있는 한 어린이에게 "내가 이 회에 너만을 위해 홈런을 때리겠다. 그러니 너도 살아라"라고 하고 그 약속을 지키기 위해 이른바 예고 홈런을 친 것은 감동적인 유명한 일화다.

베이브 루스는 13세 때 어머니를 잃었고, 술에 찌들어 살던 아버지가 아들을 고아원에 보내버려 베이브는 고아 아닌 고아로 불행하고 상처 많은 어린 시절을 보냈다. 그런데 고아원에서 그의 뛰어난 운동 재능을 발견한 마티아스 신부가 그에게 야구를 권유하였고 야구에 전념한 베이브는 19세에 메이저리그 프로 선수가 되었다. 그는 힘든 역경과 실패를 딛고, 그 상처의 시간으로 인해 오히려 예상치 못한 인생 전환을 이루었으며, 많은 사람에게 희망을 주는 위대한 삶을 살았다.

대공황 시절, 그는 714개의 홈런을 쏟아 올리며 절망 속의 미국 국민에게 큰 사랑을 받았다. 그 홈런은 마치 우리나라의 IMF 시절, 그 힘들고 어려울 때 박찬호의 승리와 박세리의 우승 소식처럼 전 국민의 희망과 즐거움이었다. 714개의 홈런을 치기까지 그는 무려 1,330번이나 삼진아웃을 당했다. 야구 전문가들은 이 기록은 그의 홈런 기록을 넘어서는 것만큼이나 깨기 어려울 것이라고 말한다. 그런데 역설적으로 이 1,330번의 민망한 삼진아웃은 그를 역사상 가장 위대한 야구선수로 만든 것이다.

실패로 끝나지 않은 테리 폭스의 도전

그 인생이 실패로 보여도 그 시간을 끝까지 열심히 살아가면 그런 중에도 많은 사람에게 용기와 희망을 전하는 통로와 도구가 될 수도 있다. 18세에 골육종(뼈암)에 걸려 오른쪽 다리를 절단하고 의족에 의지해야 했던 캐나다 청년 테리 폭스도 그런 사람이었다.

그는 많은 암 환자들의 힘겨운 투병 생활을 지켜보다가 그들을 위한 모금 운동을 결심하고 1980년 4월 12일, 위대한 도전을 시작한다. 캐나다 동부 끝~서부 끝 횡단을 목표로 마라톤을 시작해 143일 동안 6개 주를 통과하며 무려 5,374킬로미터를 달렸다. 거의 매일 마라톤 풀코스를 달린 셈이다. 남은 왼쪽 다리와 의족이라는 불편한 몸과 암의 고통 속에서도 캐나다 대륙의 3분의 2를 달리는 기적을 이뤄냈지만, 암세포의 폐 전이로 144일째부터 달리기는 중단되었고, 6개월 후 그는 세상을 떠났다.

그가 달리기를 중단했을 때 170만 달러였던 암 연구기금 모금액은 그가 죽었을 때 2천 4백만 달러(원화로 환산하면 약 300억 원 정도)를 넘었고, 그후에도 테리 폭스의 숭고한 뜻은 세계로 퍼져나갔다. 우리나라를 포함한 세계 55개국에서 매년 9월이면 '테리 폭스 희망의 달리기 대회'가 열리고 암 환자들을 돕고 암 연구를 지원하는 모금 운동이 계속 이어지고 있다.

캐나다에서 테리 폭스는 영웅이다. 캐나다 1달러짜리 주화도 만들어진 적이 있는데 앞면에는 엘리자베스 2세 여왕의 모습이, 뒷면에는 의족을 의지해서 달리는 테리 폭스의 모습이 새겨져 있다. 테리 폭스의 도전은 실패로 끝난 것처럼 보이지만 그의 정신은 귀중한 가치로 승화되어 지금도 이어지면서 많은 사람에게 희망을 전해주고 있다.

상처와 실패는 패러다임을 바꿀 절호의 기회

2008년 베이징올림픽 유도 금메달리스트 최민호 선수의 인터뷰를 보다가 "나는 오늘까지 내 인생에서 최선이었다"라는 말에 눈물을 흘렸다. 자기 인생에 대해 최선이었다고 자신 있게 말할 정도면 얼마나 혹독하게 자신을 채찍질했을지 이해하기 때문이다.

나도 그렇게 살았다. 어린 시절부터 쉬는 것을 죄라고 생각하며 최선을 다해 살아왔다. 고등학교 3학년 2학기부터 유학 시절, 그리고 지금까지 부모님께 손 벌리지 않고 내 힘으로 버티며 왔으니 얼마나 모진 시간이 많았겠는가. 그러나 그 최선만큼 나 자신을 믿는 오만함이 있었다. 최선과 성실이 결국 성공을 보장해줄 것이라는 확고한 믿음과 오만함이 있었다. 그런데 그 모든 것에 하나님의 거룩한 파괴가 이루어지자 나는 주님 없이는 아무것도 아니며 아무것도 할 수 없는 존재임을 알았고, 그분만 의지해야 함을 확실히 배우게 되었다.

인생의 패러다임이 바뀌어 사람과 세상 가치와 스펙이 아닌 하나님을 만나고 의지해야 사는데 그것을 바꿀 절호의 기회가 바로 상처와 실패다. 내 인생의 방향이 완전히 바뀐 계기이자 인생의 가장 큰 승부수도 어떤 세미나나 교육이 아니라 과거의 큰 상처였다.

사실 시대마다 혁명과 개혁의 주축 세력은 고위 관리들이 아니었다.

항상 밑바닥 인생들이 '모 아니면 도'일 때, 이렇게 사나 마나 할 때 혁명의 기치를 높이고 선봉에 섰다. 등 따습고 배부를 때는 개혁과 파괴적인 혁신을 이루기 어렵다. 처절한 밑바닥이나 위기의 절정에서 도전 정신과 개혁의 취지가 깨어나는 법이다.

뼈대만 남은 것을 살려보려고 대충 끌고 가면 이도 저도 아니게 된다. 완전히 부서지는 창조적 파괴 위에 창조적 건설이 가능해진다. 내 인생에 혁신적인 개혁과 변화가 정말 필요하다면 차라리 이 실패가 싹 다 정리하고 진정한 가치를 잡고 전진할 기회다.

인생의 밑바닥에 놓였는가? 두려워할 것 없다. 삶이 무너져 더는 잃을 것이 없을 때 관점의 전환이 이루어지는 것이니 가진 것 없다고 절망하지 말고 그런 때일수록 도전하고 모험하라. 내 삶의 혁명과 개혁은 그때 비로소 시작될 것이다.

목회하면서 배신도 당하고 상처도 받고, 수많은 아픔과 곤란한 일을 겪는다. 솔직히, 그 상처와 배신감으로 강단마저 쳐다보기 싫을 때도 있다. 그런데 그때마다 떠나는 것이 아니라 '내 힘으로 할 수 있는 게 없구나. 오로지 하나님만 의지해야겠구나' 하고 다시 배우며 회복하게 된다. 그래서 상처가 커 보여도 내가 얻은 교훈에 비하면 오히려 저렴한 과외비같이 느껴지기도 한다.

성전을 건축할 때 인간적 술수와 상술, 도둑질도 많았고 배신감도 많이 느꼈다. 처음에는 '아, 인간이 왜 저렇지?' 실망하고 낙심도 되었지만 그런 일들을 겪으면서 거꾸로 배워갔다. 발등 찍는 도끼보다 내가 도끼를 믿는 것 자체가 잘못이라는 것을. "하나님, 주의 사람이라면서 어떻게 저럴 수 있습니까?"라고 하소연하는데 하나님이 이런 마음을 주셨다.

"믿는 도끼에 발등 찍혔다고? 도끼를 믿은 네가 잘못이다."

내가 믿는 도끼에 발등을 찍혔다는 건 나부터가 도끼를 믿는 실수를 했다는 뜻이다. 도끼는 믿을 대상이 아니다. 기댈 안전한 구조가 아니다. 기대고 싶으면 소파에 앉아야지 왜 도끼에 기대다가 발등을 찍히고 탓한단 말인가. 사람은 믿고 의존할 대상이 아니라 품고 사랑할 대상이다. 그것을 배워가는 데 그 실패와 상처들이 필요했다.

당신은 실패와 상처를 통해 무엇을 배우며, 어떤 사고의 전환을 경험하는가? 상처와 실패가 당신의 인생에서 평안하고 평탄할 때는 도저히 놓을 수 없었던 것들을 놓고 진정 가치 있는 것들을 붙잡는 놀라운 사고 전환의 계기가 되기를 바란다.

우리에게 상처와 실패를 선택할 수 있는 권한이 있다면 나는 이 장을 쓰지 않았을 것이다. 상처와 실패를 선택하지 말고 성공과 형통을 선택하라고 했을 것이다. 하지만 그런 인생은 없다. 상처와 실패는 누구에게나 아프고 꺼려지지만 그 안에도 귀중한 의미와 유익이 있다. 상처와 실패를 선택할 수는 없지만 이것을 대하는 반응은 선택할 수 있다. 그 반응은 저마다 다르다. 어떤 사람은 처절히 후회하며 상처에서 헤어 나오지 못한 채 아픔의 나날을 보내고, 어떤 사람은 오히려 전과는 다른 인생의 도전과 출발을 경험한다.

상처를 능가하는 행복을 꿈꾸며 전진하라

MBN의 〈나는 자연인이다〉라는 프로그램에는 회한의 상처와 아픔들이 있다. 그들의 실패는 상처에서 멈추고, 더 이상 전진하는 이야기가 없다. 그들이 다시 일어나 전진했다면 채널A 〈서민갑부〉에 나왔을 것이다. 더 잘하면 CBS 〈새롭게 하소서〉에 출연하고 국민일보 〈역경의 열매〉에 소개됐을 것이다.

내 아픔과 상처가 추억거리가 되려면 더 잘되면 된다. 그걸 능가할 수 있게 더 큰 사람이 되면 된다. 더 전진하고 행복하면 된다. 실패하고 상처받았다면 거기서 멈추지 말고 실패와 상처를 능가하는 행복을 향해 계속 나아가라. 인생을 실패로 끝내서 새드 엔딩을 맞고 싶은 게 아니라면, 한 장을 더 넘겨서 실패를 추억할 수 있는 다음 장을 만들라. 그것이 가장 아름다운 차선의 반응일 것이다.

상처는 만질수록 덧나서 흉터가 된다. 상처는 그 상처를 덮을 만큼 더 큰 행복으로 감싸라. 나는 첫사랑에 실패해 죽으려고까지 했다. 그러나 그 상처와 씨름하지 않았다. 사랑은 사랑으로 잊는다는 말이 있다. 내 사명에 집중하는 가운데 사랑하는 아내를 만나 가정을 이루고, 이기적인 내가 내 목숨을 버려도 좋을 만큼 사랑하는 자녀들과 행복을 누리니 옛사랑은 생각나지도 않게 되었다. 그러니 이제 그 상처를 덮을 만큼 더 멋지고 행복한 인생을 꿈꾸며 나아가라. 아직은 눈물이 흐를지라도 언젠가는 웃으며 이야기할 날이 올 것이다.

사도 바울은 예수 믿는 사람을 다 죽이러 다녔던 사람이다. 그런 사람이 예수님을 증거할 때 그 과거가 얼마나 부끄러운 실패와 상처였겠는가. 그 과거를 아는 사람들이 그를 믿지 못하고 손가락질하는 일을 얼마나 많이 당했겠는가. 하지만 그 상처로 주저앉지 않고 계속 전진했다. 하나님께서 만세 전부터 자신을 향해 계획하신 사명을 발견하고 그 뜻대로 살아가며, 만천하에 예수님의 복음을 전하고 아름다운 복음의 열매들을 심었다. 그리고 그 죄를 스스로 고백하고, 주님을 더욱 증거하는 간증거리가 되게 했다.

레알 마드리드 카스티야의 골키퍼로 활약하던 스무 살 청년이 교통사고를 당해 병원으로 실려왔다. 큰 부상으로 더 이상 축구선수를 할수 없게 된 그는 자기 인생이 끝났다고 생각하며 낙심에 빠졌다. 그때 간호사에게 선물 받은 기타 하나가 긴 입원 생활 중 유일한 위로였다. 그는 기타를 연주하고 작곡도 하다가 노래의 재능을 발견하고 가수의 길로 들어서게 되었다. 〈Hey〉라는 곡으로 우리나라에도 잘 알려졌으며 전 세계적으로 3억 장의 음반이 팔린 스페인 가수 훌리오 이글레시아스의 이야기다.

〈서민 갑부〉의 출연자는 대부분 인생 역전의 터닝포인트가 실패였다. 그러니 당신도 멈추지 말고 일어나 다시 한번 전진하라. 오늘의 실패와 상처가 당신의 마지막 장이 되지 않고, 끝까지 나아가 다음 이야기가 기대되는 역전승의 절정 순간으로 멋지게 재사용되길 바란다.

극복한 과거는 자랑할 추억거리가 된다

부산 자갈치시장에는 '꼼장어'(곰장어)가 유명하다. 본래 먹지도 않던 생선 곰장어가 어떻게 부산의 명물이 되었을까? 일제 강점기에 일본인들은 곰장어 껍데기로 벨트나 게다짝(일본인이 신는 나막신)의 끈으로 만들었다. 그래서 곰장어를 잡아 껍데기만 벗겨 가고 고기는 버렸는데 먹고살 것 없이 배고프던 시절, 사람들이 이 남은 고기를 먹기 시작한 것이 그 유래라고 한다.

세계적인 도시의 명물이나 상징적 문화 중에는 과거의 상처와 아픔이 결정적인 계기가 된 것들이 많다. 우리나라도 그렇다. 부산 이야기를 조금 더 해보자. 6·25 동란으로 피난민이 몰려들어 먹을 것이 부족하던 시절, 미군 부대에서 발라 먹고 남은 돼지뼈와 부속물들을 푹 고아 만든 음식이 부산 돼지국밥이고, 당시 북한에서 피난 온 실향민들이 고향을 그리워하며 메밀 대신 흔한 밀가루로 냉면을 대체해 만들어 먹은 것이 밀면이다.

부산은 원래 인구가 많은 대도시가 아니었다. 8·15 광복으로 2백만 명의 해외동포들이 부산으로 귀국했는데 해외생활로 국내에 마땅히 거처할 곳이 없다 보니 그중 10퍼센트에 달하는 20만 명이 그냥 부산에 정착해 살기 시작했다. 그리고 얼마 후 6·25 동란으로 피난민이 더해지면서, 약 47만 명이던 부산의 인구는 짧은 시간 동안 급증하여 90만 명에 육박하게 되었다. 이에 주거지 부족이 큰 문제가 되어 산비탈까지 깎아서 집을 만들게 된 것이 부산 감천문화마을이다. 산비탈을 깎아 만든 마을에는 마당에 아직 비석이 깔린 집들도 있다고 한다. 공동묘지를 깎고 비석을 엎어 주춧돌로 사용해서 집을 지었기 때문이다.

이렇게 과거의 상처와 아픔이 세월이 흐른 후 오히려 멋진 고유의 명물, 자랑거리가 되기도 한다. 우리가 지금 그런 곳을 이렇게 드러내고 문화로 자랑하고 추억거리로 이야기할 수 있는 것은 그만큼 잘살게 됐다는 증거다. 우리가 아직 후진국이나 개발도상국에 머물러 있다면 문화적 가치로 보전하고 드러내놓고 홍보할 수 있을까?

우리나라도 88올림픽을 개최할 당시에는 판자촌과 달동네가 즐비해서 공항 인근과 경기장으로 이동하는 곳곳에 보이는 판자촌을 철거했다. 이때 철거된 집이 72만 호(戶)나 된다고 한다. 올림픽 개최 시 인근의 환경을 위해 철거되는 집의 수를 비교한 자료에 따르면 세계에서 유례를 찾기 힘들 만큼 많다고 한다. 극복하지 못한 가난은 세계 각지에서 오는 외국인과 외신에 감추고 싶은 상처와 흉터였기 때문이다. 하지만 가난을 극복하고 세계 10대 경제대국이 된 지금은 이것을 문화유산으로 관광자원으로 보존하고 오히려 적극 홍보하고 있다.

가난한 사람은 가난을 숨기지만 잘된 사람은 예전의 가난을 자랑하고 이야기한다. 추억거리가 되었기 때문이다. 오늘 당신의 삶도 그랬으면 좋겠다. 상처를 극복하지 못하고 씨름하며 그 속에서 헤매고 있다면 그것은 아직 추억거리가 될 수 없다. 아픈가? 실패했는가? 상처 입었는가? 여기서 끝내지 말고 계속 전진해서 이 페이지를 넘기길 바란다. 다음 페이지에는 자랑하고 간증하고 추억하는 나와 당신이기를 주의 이름으로 축복한다.

상처와 씨름하지 말고 힘을 빼라

예전에 여의도순복음교회 집회를 앞두고 식중독과 세균성 장염에 걸린 적이 있다. 진짜 아무것도 할 수가 없었다. 나는 집회에 들어가기 전이면 항상 엄청난 긴장에 휩싸이는데 이때는 너무 힘이 없어 긴장도 하지 못했다. 들어가기 5분 전까지 부목사님들이 몸을 주물러주셨는데 '내가 과연 이걸 할 수 있을까?' 하는 생각이 들었다. 아니, 서 있을 수나 있을까 싶을 정도였다. 내가 서 있지만 내 정신이 아니었고, 내가 노력해서 할 수 있는 것이 없었다.

'하나님, 이제 제가 어떻게 할 수 없습니다. 어차피 저는 제 의지로 아무것도 할 수 없습니다. 마음껏 부려주옵소서.'

그렇게 기도하고 나서 올라가 말씀을 전하는데 내가 입을 벌렸지만 무슨 말을 하는지도 몰랐다. 그냥 입만 벌렸다. 그런데 그때 놀라운 일들이 벌어졌다. 갑자기 한 명 한 명 울음이 터지더니 그 큰 대성전 안이 울음바다가 되기 시작했다. 뒤에 서 계시던 장로님들까지 우는 놀라운 역사가 벌어졌다. 하나님께서 나를 무장해제시키셔서 힘을 빼고 약하게 만드시니 나를 너무 쉽게 사용하실 수 있었다.

그렇다. 힘을 빼야 더 강력한 인생을 살 수 있다. 내 힘껏 하면 더 잘될 것 같은데 내 힘이 들어가는 순간 절대로 강력한 샷이 나올 수 없고 내 힘이 남아 있는 동안 아름다운 샷은 없다. 내가 깨닫고 경험하여 스스로 힘을 빼면 가장 좋은데 그럴 수 없을 때 하나님께서 통제하신다. 내가 능동적으로 내려놓고 힘을 빼지 못하면 하나님께서 강제적으로 빼서 힘 빠진 나를 사용하신다. 그런데 힘이 빠지면 하나님께서 쓰시기에 너무 편한 도구가 된다.

낚싯바늘에 걸린 물고기는 놀라서 낚시꾼의 반대 방향으로 멀리 도망치려 한다. 그러면 도망치려 할 때마다 자기 몸에 깊게 파고드는 바늘에 완전히 꽉 붙잡혀 헤어 나올 수가 없다. 하지만 영리한 물고기들은, 물론 우연일 수도 있겠지만, 재빨리 그 낚시꾼 쪽으로 헤엄쳐서 바늘에서 벗어날 기회를 노린다. 우리의 상처가 그렇다. 도망치고 피하려 할수록 나를 옴짝달싹 못 하게 하는 평생의 흉이고 덫이 되지만, 오히려 담대하게 그것을 받아들이고 잘 사용하면 우리 인생에서 절호의 기회가 되기도 한다.

실패를 너무 두려워하며 도망치려 하거나 상처에 등 돌리고 외면하지 말라. 그러면 절대로 풀리지 않는다. 상처와 싸우지 말고 힘을 빼라. 당당하게 맞서듯 상처를 직면하고, 상처에 반응을 잘해서 멋지게 승리하고 더 자유로운 인생을 살기를 바란다.

폭우가 쏟아지던 어느 날, 사택에서 물맷돌학교 아이들의 모습이 보였다. 청소하려고 왔다 갔다 하며 이리저리 비를 피하려 애쓰는 모습을 보는데 인생수업을 해줘야겠다는 생각이 들어 아이들을 불러 모았다. 함께 비를 맞자고 했더니 안 된단다. 왜 안 되냐고 했더니 아이들이 한 명 두 명 어색해하며 비를 맞기 시작했다.

"얘들아, 비 맞아도 괜찮아. 너무 피하려 하지 마. 오히려 비를 안 맞으려고 피해 다니면 비가 거추장스럽고 힘든 거야. 그런데 비를 한껏 맞아보면, 그때부터 비는 즐거운 놀이야! 비 오는 날만 되면 오늘 이 날을 기억하고 행복하게 추억하게 될 거야."

그렇게 빗속에서 아이들과 행복하고 즐거운 시간을 보냈다. 나는 이 것을 '비 맞는 수업'이라고 부른다. 비를 맞아 보면 아무것도 아님을 알게 된다. 춥고 시린 상처와 실패는 어쩌면 인생에 내리는 비와도 같 다. 나는 피하라고 하고 싶다. 하지만 인생에 비 한 번 안 맞고 사는 사람이 어디 있겠는가. 자꾸 피하려고만 하면 비오는 날마다 짜증 나 고 힘들 것이다.

그렇다면 가끔은 그 비를 적극적으로 맞이하고 누려보라. 상처 없는 인생 되려고 애쓰기보다 내 상처가 별이 되게 하라. 상처로 인해 하나 님과 더 가까워지고, 희망을 전하고, 인생의 패러다임을 전환하여 결국 에는 승리해서 멋진 간증과 추억거리를 만들라.

BTS는 〈permission to dance〉라는 노래에서 "We don't need to worry Cause when we fall we know how to land(우린 걱정할 필 요 없어. 추락한대도 어떻게 착륙하는지 알거든)"라는 멋진 가사를 들려준다. 실패를 두려워하지 말자. 비 오는 것도 두려워하지 말자. 우리는 주님 안에서 착륙하는 법을 알고, 비를 즐기는 법을 알고 있으니까 말이다.

민 11:4-9 그들 중에 섞여 사는 다른 인종들이 탐욕을 품으매 이스라엘 자손도 다시 울며 이르되 누가 우리에게 고기를 주어 먹게 하랴 우리가 애굽에 있을 때에는 값없이 생선과 오이와 참외와 부추와 파와 마늘들을 먹은 것이 생각나거늘 이제는 우리의 기력이 다하여 이 만나 외에는 보이는 것이 아무것도 없도다 하니 만나는 깟씨와 같고 모양은 진주와 같은 것이라 백성이 두루 다니며 그것을 거두어 맷돌에 갈기도 하며 절구에 찧기도 하고 가마에 삶기도 하여 과자를 만들었으니 그 맛이 기름 섞은 과자 맛 같았더라 밤에 이슬이 진영에 내릴 때에 만나도 함께 내렸더라

당연한 것 아니라
은혜다

10

Look again, 다시 한번 보라

2017년 봄, 영국 애버딘의 로버트 고든 대학교에서 현대미술 전시회가 열리고 있었다. 루아이리 그레이라는 학생이 친구와 장난을 치려고 산 1파운드(약 1500원)짜리 파인애플을 들고 전시회를 둘러보고 있었는데, 비어있는 작품 전시대를 발견하자 그의 장난기가 발동했다. 이 파인애플을 전시대에 두면 얼마나 그대로 있을지, 사람들이 그것을 진짜 '예술'이라 믿을지 궁금해진 그는 파인애플을 몰래 빈 전시대에 올려놓았다.

다음날 다시 전시회를 찾은 그는 깜짝 놀랐다. 전시대에 파인애플이 그대로 있는 것은 물론, 유리 덮개까지 덮어 '작품'으로 전시되고 있었기 때문이다. 그 이야기를 전해 들은 지도교수가 전시회에 가서 큐레이터에게 "평범한 파인애플 같은데 이게 진짜 작품이냐?"라고 질문했더니 큐레이터는 물론이라며 작품의 천재성을 칭찬하기까지 했다. 그러자 교수는 자신의 제자가 장난으로 올려놓은 것이었다고 말했고, 결국 전시회 측은 확인 끝에 자신들의 실수를 깨달았으나 이를 계속 전시하겠다고 밝혔다.

공교롭게도 그 미술 전시회의 주제는 'Look Again'(다시 보라)이었다. 우리 주변의 장소와 공간을 새롭게 바라보자는 취지와 같이, 내가 들고 있던 평범한 파인애플도 보는 관점에 따라 작품이 될 수도 있고 쓰레기통에 버릴 무가치한 것이 될 수도 있다. 우리 삶도 그렇다. 별 볼 일 없고 무의미해 보이는 일상도 작품처럼 소중히 여겨질 수도 있고, 엄청 존귀하고 소중하게 여겼던 것이 달리 보면 아무짝에도 쓸데없는 쓰레기였음을 깨닫게 되기도 한다.

사람들은 네잎클로버를 좋아해서 클로버밭에 가면 쪼그려 앉아 몇 시간씩 네잎클로버를 찾는다. '행운'이라는 꽃말을 지닌 네잎클로버를 찾으면 행운을 얻기라도 할 것처럼. 그런데 세잎클로버의 꽃말이 행복이라는 것을 아는가? 우리는 네잎클로버같이 특이하고 이색적이고 놀라운 일을 감사라고 생각해 늘 행운을 좇아 살면서, 널리고 널린 행복을 간과할 때가 많다. 실은 네잎클로버같이 드문 행운만 좇을 것이 아니라 이미 세잎클로버처럼 널려 있는 행복을 누리고 살아야 하는데 말이다.

내 삶에 들린 작은 행복들이 어쩌면 내 인생에서 가장 소중한 자산일 수 있다. 행복인 줄 알고 평생 미친 듯이 바라보고 좇아왔던 것이 어느 날에는 무가치한 것이었음을 깨닫고 후회하기도 한다. 다시 한번 보자. 그것이 정말 볼품없고 하찮은 것인지, 그것이 나의 행복을 팔고 소중한 대가를 지불하며 얻어도 좋을 만한 진짜 가치인지를. 그리고 우리의 일상과 공간을 새로운 눈으로 다시 둘러보자. 주님이 그 안에 가득히 주신 행복한 은혜를 발견하도록.

조건도 제한도 없이 너무 풍족한 은혜

430년 동안 애굽의 종노릇하던 이스라엘 백성이 그들의 자력으로 애굽을 탈출해 자유를 얻는 것은 단언컨대 불가능한 일이었다. 그러나 하나님이 하셨다. 열 가지 재앙으로 애굽을 치고 홍해를 갈라 그들을 구하시고야 말았다. 죄와 사망의 권세 아래 애굽에 종속되었던 그들은 이제 하나님께 속한 백성이 되어 가나안 땅을 향해 걸어가게 되었다. 외롭고 척박한 광야에서의 40년은 호락호락하지 않고 부족한 것투성이였지만 바라보는 곳이 천국의 소망 같은 가나안이었기 때문에 그들은 완벽하지 않은 환경에서도 행복하게 노래할 수 있었다.

이 출애굽과 가나안으로 가는 여정이 성도들의 삶의 모형이다. 우리 힘과 능력으로는 도저히 구원받을 수 없는, 죄와 사망의 노예였던 우리를 하나님께서 건지셨다. 가능성 제로(0)였던 우리에게 전적인 은혜를 베풀어 천국 백성 삼으셨다. 우리가 살아가는 이 땅은 광야와 같아서 완벽하지도 풍성하지도 않고 부족함도 많지만, 우리가 바라보는 곳이 천국이기에 우리는 그 소망을 바라보며 행복을 노래하고 감사를 외칠 수 있다.

하나님을 믿고 그분의 백성이 되면 모든 것이 풍족하고 완전하게 갖추어질 것으로 생각하는데, 결코 그렇지 않다. 가나안과 같은 천국을 향해 가는 백성들에게 광야 한복판에서 호텔 같은 삶이 보장되지는 않는다. 나그네 삶은 무조건 고되다. 나는 많은 집회로 나그네 같은 생활을 늘 반복하는데, 호텔조차 모든 것을 완벽하게 구비한 곳이 아니다. 광야의 나그네 삶은 늘 부족하고 처량하고 힘들 테지만 그래도 소망을 가질 수 있는 것은 하나님께서 이런 삶을 버틸 힘과 은혜를 반드시 공급해주시기 때문이다.

하나님은 이스라엘 백성에게 광야 가운데 완벽한 환경을 제공해주시는 대신, 충분히 버티며 걸어갈 수 있는 은혜를 주셨다. 그것이 바로 만나의 은혜다. 아무것도 없는 황량한 광야 한복판에서 장정만 60만 명인, 200만이 넘는 엄청난 규모의 회중이 한 번에 먹을 것을 구할 가능성은 전혀 없다. 그런데 하나님은 아침마다 만나를 내리셔서 그들이 별 노력과 수고 없이 가져다가 음식을 만들어 먹도록 하셨다. 그 맛은 마치 꿀 섞은 과자 같았다고 한다(정말 맛있는 음식을 나타내는 유대인의 관용적 표현). 이스라엘 백성을 구원해주신 것으로 그치지 않고 그들이 가나안 땅에 들어갈 때까지 만나로 공급해주셨듯이, 하나님은 우리에게도 우리가 천국 가는 순간까지 나그네 같은 삶을 충분히 버텨낼 수 있도록 힘과 능력의 은혜를 만나처럼 매일 공급해주신다.

광야 한복판에서 그들은 음식이 없으면 버틸 수 없는 연약한 인생이고 환경에도 부족함이 많았지만 하나님께서 붙들어 주셨기에 걱정할 필요가 없었다. 그런데 문제가 하나 있었다. 그 만나가 매일 흡족하게 내렸다는 것이다. 조건 없이 너무나 풍족하게 주시니 그들은 먹다가 물려서 만나를 하찮게 여기고 불평했다.

내가 우리 하나님이었다면 나는 이들이 맨날 감사하며 살 수 있게 만들 수 있다. 일단 풍족하게 주면 안 된다. 간당간당하게, 선착순 만 명으로 제한했다면 200만 명 중 경쟁률 200:1이니 아마 마지막 9,999번째 들어온 사람은 환호하고 세리머니하고 아주 난리가 났을 것이다.

또는 열두 지파를 4조 3교대로 나눠서 3일에 한 번씩만 먹게 했다면 만나를 먹을 때마다 감격했을 것이다. 만약 하나님께서 이렇게 만나에 제한을 두어 조건을 걸고 주셨다면 그들은 획득할 때마다 감사했을 것이다.

호의를 계속 베풀면 그것을 권리로 안다. 처음에는 환호성을 터뜨릴 만한 기적의 선물이었을지라도 그것이 너무 풍족하고 제한 없이 주어지면 절대 감사를 유지할 수 없는 나쁜 습성이 우리 안에 있다.

어디까지가 탐욕인가

> 그들 중에 섞여 사는 다른 인종들이 탐욕을 품으매 이스라엘 자손도 다시 울며 이르되 누가 우리에게 고기를 주어 먹게 하랴 민 11:4

그들 중에 섞여 사는 다른 인종들이 탐욕을 품었다. 이들을 출애굽기에서는 '잡족'(출 12:38)이라 표현한다. 예수님은 교회 안에 알곡만 있는 것이 아니라 가라지도 있다고 말씀하셨다. 그렇듯 하나님의 백성인 우리의 여정에는 가라지도 있고 잡족도 있다. 그들이 하는 일은 탐욕을 품는 것이었고, 탐욕을 품자 불평과 원망이 시작됐다.

탐욕의 기준은 무엇일까? 어디까지가 욕망일까? 어떤 사람은 자기는 욕심이 없다며 한 달에 5천만 원만 벌면 되겠다고 한다. A라는 사람은 백억 원을 원하고 B라는 사람은 백만 원을 원한다면 A가 탐욕이 많은 것인가?

탐욕의 기준은 물질이 아니라 하나님의 마음과 의중에 있다. 하나님의 뜻이 기준으로, 하나님께서 허락하신 것까지는 탐욕이 아니다. 즉 하나님이 허락하셨다면 어떤 사람에게는 5천만 원, 백억 원도 탐욕이 아닐 수 있지만, 하나님의 허락이 없다면 어떤 사람에게는 만 원짜리 한 장 찔러주는 것도 뇌물이고 탐욕일 수 있다.

오늘 하나님이 나에게 허락하신 것을 바라보는 것이 감사고, 나에게 허락지 않은 것에 눈 돌리는 것, 그래서 잘못된 것을 바라보는 것이 탐욕이다. 고기와 생선과 오이와 참외, 부추와 파와 마늘이 대단한 욕심은 아닌 것으로 보이지만 광야에서 하나님께서 허락지 않으신 것이었기에 탐욕이었다.

> 백성이 하나님과 모세를 향하여 원망하되 … 우리 마음이 이 하찮은 음식을 싫어하노라(we detest this miserable food, NIV) 하매 민 21:5

탐욕은 불평과 원망의 씨앗이다. 광야에서 굶어 죽을 형편일 때는 만나에 감격했는데 그 만나가 매일 풍족하게 내리자 감사가 사라지더니 탐욕을 품어 불평하고 심지어 원망하면서 "이 초라하고 볼품없는 (miserable) 음식을 혐오한다(detest)"라는 끔찍한 표현까지 쓴다. 탐욕은 반드시 죄를 낳고 그 죄는 사망으로 이어진다. 하나님께서 허락지 않으신 것에 눈 돌린 작은 선택 하나로 이스라엘 백성은 하나님께서 약속하고 허락하신 가나안 땅을 정복하지 못했고 그들의 인생도 완전히 무너졌다.

상황이 좋으면 감사하고 열악하면 불평할 것 같지만, 감사와 불평은 각기 상황과 조건에서가 아니라 시선에서 나온다. 감사와 불평의 결과는 엄청난 차이를 낳는데 그 시작점은 작은 시선의 차이다. 그들이 약속의 땅을 정복하지 못하는 엄청난 결과는 작은 시선에서 시작됐다. 오늘 당신은 무엇을 보고 있는가? 왜 불평하고 울고 있는가? 무엇 때문에 서운하고 섭섭한가? 하나님이 내게 주지 않으신 것을 보고 있기 때문인가? 눈을 돌려 하나님이 내게 주신 것이 얼마나 많은지를 보라. 그것을 보는 게 감사고, 그것을 바라보는 작업이 바로 신앙이다.

없던 것을 얻고 잃은 것을 찾아야만 기적일까?

나는 개척 후 하루도 쉬지 않고 금식하고 사역했다. 몸을 혹사하며 사역하다 보니 보는 사람마다 나의 건강 상태가 정상이 아님을 느껴 걱정할 정도였고, 한계에 다다른 적도 많았다.

2019년에는 종합검진 결과, 과로로 지방간부터 면역이며 몸 상태가 엉망이라는 판정을 받았다. 그후 2020년에 코로나19로 삶이 조금 정리되었고, 내 건강을 챙겨주시려는 우리 교회 집사님들의 강요와 헌신적 노력으로 열심히 운동하면서 조금씩 좋아지는 것을 느꼈다. 그리고 2021년 종합검진 때 의사 선생님이 "목사님, 그간 무슨 일이 있으셨어요? 모든 수치가 다 정상으로 돌아왔어요. 도대체 운동을 얼마나 하신 거예요?"라며 놀라워했다.

근력이 최하위였는데 조금만 더 올라가면 정상범위를 초과할 정도가 되었고, 간은 한 번 손상되면 회복되기 어려워 유지만 되어도 좋겠다 했는데 거의 정상 수준으로 올라왔다고 한다. 정말 기적과 같았다. 그래서 "이게 다 하나님의 은혜고, 우리 성도님들 덕입니다"라고 고백했다. 기도해주시고, 열심히 운동시키며 애써주신 우리 성도님들에게 너무 감사해 눈물이 났다.

우리는 이렇게 뭔가 잃었다 되찾으면 기적인 줄 알고 눈물 흘리며 박수를 친다. 그런데 실은 잃지 않도록 지금까지 지켜주신 것이 더 감사하고, 기적 아니겠는가. 우리는 내가 가진 것은 작게 보고 내게 없는 것, 내가 잃은 것은 아주 크게 본다. 오죽하면 남의 떡이 커 보인다는 속담이 있을 정도다. 그러나 바디매오가 눈을 뜬 것도 기적이지만 그냥 계속 보고 있는 당신이 더 기적 아닌가. 죽은 나사로가 살아난 것도 기적이지만 지금 살아 있는 당신이 더 기적 아닌가.

나는 우리 교회에서 처음 신앙생활을 시작해 은혜받은 한 교인의 고백에 감동한 적이 있다. 그 분은 불과 5,6개월 전에 내가 목사인 것을 알면서도 내 앞에서 "나무 관세음보살~" 하던 분인데 이제 "제가 이렇게 예배하고 하나님을 알고 하나님의 백성이 된 것은 기적입니다"라며 카카오톡에 감사의 기도문을 올려 나를 울리셨다.

그런데 교회 나온 지 얼마 안 된 조신자의 간증만 기적일까? 나는, 당신은 기적 아닌가? 우리가 구원받은 것이 기적이고, 마음껏 예배하고 찬양할 수 있는 것이 기적이며 감사다. 내가 하나님의 자녀인 것이 감사하다. 오늘도 많은 사람에게 전도하다 거절당하고 실패해서 가슴 아프지만 전도자인 것이 감사하다. 영혼이 살고 죽는 중요한 문제 앞에서 복음 전하는 자가 된 것은 기적 중의 기적이다.

코로나19 시대를 지나며 정말 감사한 점은, 이전에는 당연했던 것들이 당연한 것이 아님을 알게 된 것이다. 내가 예배드리는 것도, 내가 교회 다녀주는 것도 아니다. 옛날에는 교회 못 들어오는 것은 꿈도 꿀 수 없는 일이었지만 코로나19 시기에는 예배당에 들어오려면 신청해야 했고 인원 제한으로 못 들어오기도 했다.

내가 아무리 예배드리고 찬양하고 싶어도, 내가 아무리 하나님을 위해 일하고 싶어도 할 수 없는 때가 온다. 그러니 하나님께서 허락해주시고 기회 주셨을 때 정말 전심으로 목 놓아 찬양하고 예배해야 한다. 마스크를 벗고 마음껏 찬양하고 예배하는 날이 와도 그게 당연한 것이 아님을 꼭 기억하길 바란다.

누군가의 생명과도 같은 내 일상의 하루

포천에 가면 '38교'라는 조그만 다리가 하나 있다. 6·25가 처음 터졌을 때는 이 작은 다리가 남북의 경계였는데 전쟁 후 휴전선이 다시 그어지면서 그 동네가 남한으로 편입되었고 그곳에 우리가 잘 아는 이동 갈비와 일동 막걸리가 생겼다. 그곳 주민들은 옛날 행정구역으로라면 북한 사람이 되어 김일성을 찬양하며 살았을 텐데 휴전선이 조금 위로 올라간 덕분에 대한민국 국민이 되어 자유를 누리며 살고 있다고 감사했다.

오늘 우리가 사는 이 자유 대한민국, 얼마나 감사한 땅인가. 그런데 젊은 사람들은 '헬조선'이라고 불평한다. 물론 이 땅의 삶도 만만하지는 않지만 여기가 지옥이라면 어디 가서 살 것인가. 38선 휴전선 너머의 땅이 얼마나 힘든지 그들은 알까? 북한 사람들은 평양은 북한이라고 생각하지도 않는다. 자신들은 갈 수 없는 새로운 나라라고 생각할 정도다. 일반 주민들은 들어가지 못하고 선택받은 상위 1퍼센트 내의 소수만이 평양 땅을 밟는다. 나는 그 평양에 가서 일주일 동안 좋은 시설에 묵으며 최고의 대우를 받았지만 단 하루도 더 있기 싫었다. 그렇게 처참한 땅이 북한이다.

탈북민들은 하나원에서 몇 달 동안 정착을 위한 교육을 받고 세상에 나온다. 한 번은 그들을 인터뷰한 영상을 보았는데, 탈북도 체력이 있고 미래의 소망이 있는 사람들이 하다 보니 젊은 사람들이 대다수인데 맨 끝에 일흔이 넘은 할아버지 한 분이 계셨다.

북한은 우리나라의 60년대 초반보다 못한 생활을 하고 있다. 60년대 초반만 해도 우리나라의 평균수명은 60세가 안 되어 환갑잔치를 크게 했다. 지금 60대는 동네 노인정에도 들어가지 못할 만큼 젊은 축에 속하지만 북한은 그렇지 않다. 그래서 70세가 넘는 고령에 탈북이라니 믿기 힘들고, 얼마나 더 살겠다고 위험천만한 도전을 했을까 궁금했다. 그 할아버지가 무심한 듯 한마디를 툭 뱉으셨는데, 그 한마디가 내 마음을 울렸다.

"내래 아무것도 필요 없습니다. 그저 죽는 날까지 목청 터지도록 찬송 한번 실컷 불러보려고 왔시요."

그 분은 할머니 대부터 대대로 복음을 전수받은 진짜 그리스도인이셨다. 가정교회, 지하교회에서 숨어서 예배하는 북한 기독교인들은 소리가 새어 나가 발각될까 봐 이불을 겹겹이 뒤집어쓰고 속으로 삼키는 찬양을 한다. 그렇게 매일 삼키는 찬양만 하던 어느 날, 이런 생각이 들어 목숨 걸고 내려오신 거였다. '내가 이 땅에서 살면 얼마나 더 살겠나. 자유 대한민국으로 가자. 가다가 발각되면 죽어 천국 가면 그만이고, 혹시 하나님의 은혜로 살아 대한민국에 도착하면 목청 터지도록 찬송 실컷 부르다 천국 가자!'

우리가 마음껏 부르는 찬송 한 곡조 부르기 위해 어떤 사람은 목숨을 건다. 우리는 이 자유 대한민국에 살면서 감사하지 못하지만 누군가는 우리가 이 땅에서 아무것도 아닌 듯 누리는 이 자유의 한 날을 얻기 위해 생명을 건다. 그러기에 우리는 그 기적과도 같은 하루를 살며 그 한 번의 예배, 그 한 곡의 찬양도 절대로 소홀히 할 수 없다.

감사가 흘러넘치는가 감사가 사라졌는가? 혹시 예배 공간이 조금 덥거나 춥다고 불평하는가? 심심해서 불평하고 바빠서 불평하는가? 배고파도 불평하고 배불러도 불평하고 있는가? 우리는 완벽하게 맞춰주지 않은 것들에 불평하지만 우리가 누리는 이 자리가 정말 기적의 자리임을 잊으면 안 된다. 늘 내 곁에 당연한 듯 있는 것들이 가장 큰 감사인데 너무 익숙해지고 편해져서 그게 은혜인 줄 모르고 살았는지도 모른다. 하나님이 내게 허락하신 그 기적과 같은 선물에 대해 감사를 회복하려면 나의 시선을 그것에 집중하고 '다시 보는' 것부터 시작해야 할 것이다.

감사를 키우고 늘리는 방법

같은 '감사'지만 맥추(麥秋)감사절은 봄철이 끝나는 시점에 보리를 추수하여 첫 곡식과 열매를 하나님께 드리는 절기라는 점에서 추수를 다 마치고 모든 것이 풍족하여 한껏 갖추어 드리는 추수감사절과 다르다. 다 갖춰지지 않아서 풍족하지 않은 상태에서 드리는 이 감사가 진짜 감사 아닐까. 우리 삶이 풍족한 날은 추수감사절, 덜 갖춰지고 부족한 날에는 맥추감사절로 언제나 하나님께 감사를 드리는 나날이었으면 좋겠다.

이전에 한계를 못 넘어 얻지 못한 복을 누리기 위해서 하나님께서 요구하시는 핵심 키워드는 감사다. 너무 익숙해지고 특별할 것 하나 없는 일상과 오늘도 무심히 누리는 예배가 얼마나 소중한지 깨닫고 감사할 때, 하나님께서 우리가 이전에 누려보지 못했던 축복과 은혜를 주시려고 이미 준비하고 계신 줄 믿는다.

교회 처음 나오는 사람들도 나를 창조하신 하나님의 DNA로 하나님의 존재를 안다. 내가 열심히 일해서 돈 벌고 이뤄냈다고 말은 하지만, 내가 어떤 존재로부터 복을 받고 있다고 생각해서 서로 "복 많이 받으세요"라는 말로 축복한다. 그렇다. 복은 하나님께서 주시는 것이다. 그럼 우리는 받을 그릇이 필요하지 않겠는가?

그 그릇이 바로 감사다. 하나님께서 아무리 많은 은혜와 복을 주셔도 내게 담을 그릇이 준비되지 않았다면 하나도 내 것이 될 수 없다. 이미 하나님은 복과 은혜를 풍족하게 주고 계신다. 그러므로 우리는 더 큰 복과 은혜를 구하기보다는 주신 복을 담을 그릇을 더 크게 만들었으면 좋겠다. 그 그릇을 키우는 방법은 감사가 커지는 것이다.

감사가 커진다는 것은 감사의 크기와 범위가 크고 넓어진다는 뜻이다. 감사할 일이 있을 때마다 감사헌금이라든지 나눔 등으로 감사를 표현하는데 그 표현이 크기의 측면에서 더 늘어나고 커지는 것, 또한 전에는 감사할 것인 줄도 몰랐는데 차차 "이것도 감사네, 이것도 은혜네" 하고 감사의 범위를 넓혀가는 것이 감사의 그릇을 키우는 것이다. 놀랍고 특별한 일만 기대하던 데서 일상, 익숙한 일, 삶 속에서 소홀히 대하고 있었던 것들까지 은혜임을 고백할 때 감사의 범위가 넓어진다.

그러므로 감사의 그릇을 키우려면 지금 나에게 주어진 것, 나에게 있는 것을 바라보는 것부터 시작하면 된다. 오늘 내 삶이 완벽하지 않고 부족한 게 많지만, 하나님이 아직 허락하지 않으신 것에 눈을 돌려 탐욕을 품기보다 하나님의 인도하심을 신뢰하며 내 일상을 새로운 시선으로 보기 시작하는 것이다. 그래서 내가 자유 대한민국에 사는 것도, 예배드릴 수 있는 것도, 속 썩이는 자녀가 있는 것도 실은 기적 같은 은혜임을 깨달아 일상의 모든 일이 감사로 이어진다면 감사의 그릇은 넓어지고, 그 안에 담기는 복과 은혜는 더욱 많아질 것이다.

어쩌면 평범한 것이 위대하다. 평범함은 누리고 있을 때는 고물처럼 보이지만 지나고 난 뒤에는 가장 소중한 보물과도 같다. 소유한 자에게는 하찮게 여겨지지만 갈구하는 자에게는 가장 애틋한 그리움이 된다. 어떤 행사나 특별한 일, 초대된 손님만이 중요한 것이 아니다. 매일 겪는 일과 매일 만나는 앞, 뒤, 옆 사람이 가장 중요하고 소중하다.

마음껏 할 수 있고, 언제든 할 수 있을 것 같아 뒤로 미뤄놓았던 그 일들이 언젠가는 영원히 후회로 남을 수 있다. 오늘 너무 익숙해서 무심하게 대하는 평범함이 누군가에게는 가장 간절하게 소망하는 기도 제목이고 소중한 기적일 수 있다. 그러니 이것들을 주신 하나님께 감사하며 오늘도 감사의 그릇을 넓혀가자. 오늘 표현해야 할 감사와 사랑, 행복의 고백이 있다면 늦기 전에, 아니 지금 당장 하라.

그 은혜가 끝나기 전에

한번은 부모님이 내가 영국 유학 시절 찍었던 사진들을 보관한 상자를 보내주셔서 열어보았다. 필름 사진을 찍던 시절이라 제한된 사진에 최대한 소중한 것들을 담아야 했는데, 대부분이 빅벤, 타워브리지, 에펠탑 같은 소위 명소들의 사진이었다. 그때는 너무 특별해서 가장 소중한 줄 알고 찍어댔는데 지금은 아무 의미가 없다. 세월이 지난 지금, 그 사진들에는 눈길도 가지 않는다.

실은 가장 그립고 보고 싶은 사진은 매일 반복되던 흔해빠진 일상이었다. 그런데 아무리 찾아도 정작 매일 부대끼며 친구들과 함께 수업했던 학교와 강의실 사진은 하나도 없었다. 지금은 너무 그립고 회상하고 싶은 추억의 공간인데도.

그런데 갑자기 내 시선을 탁 붙든 사진이 있었다. 유학 시절, 내가 접시 닦기로 들어가 1년 동안 일하던 주방에서 노란 고무장갑을 끼고 빨간 앞치마를 두르고 찍은 초췌한 모습의 사진이었다. 가기 싫지만 매일 가야 했던, 소중할 것 하나 없는 일터였다. 그 사진을 보는 순간,

그때의 세제 냄새까지 기억나며 눈물이 핑 돌았다.

또 한 장의 사진을 보고 울컥했다. 빌려준 돈을 떼이는 바람에 하숙집에서 나와 한 칸짜리 허름한 자취방에서 살았던 적이 있다. 벌레가 나오고, 런던의 쌀쌀한 날씨에도 라디에이터를 제대로 틀어주지 않아 너무 춥고, 침대는 허리 부분이 꺾여서 아침마다 허리가 너무 아팠던 집이었다. 그래서 따뜻한 내 집과 엄마의 김치찌개가 그리워서 밤마다 눈물 흘리며 자던 그 침대, 내가 슬퍼서 울고 있으면 스프링이 끊어져 끼익끼익 같이 울어주던 그 침대 모서리가 찍혀 있는 사진이었다. 그 사진을 보며 얼마나 감격했는지 모른다. '왜 이런 사진들을 안 찍어놨을까!' 다시 그 시절로 돌아간다면 정말이지 그런 일상의 사진들을 찍어놓고 싶다.

이스라엘 백성이 만나에 감사하지 않게 된 것은 너무 풍족하게 무제한으로 주어져서이기도 하지만, 그것이 영원히 계속될 것이라고 착각했기 때문이기도 하다. 기억하라. 절대로 영원한 것은 없다. 매일 내리던 만나는 가나안 접경에 이르자 거짓말처럼 그쳐 전설처럼 신화처럼 되어버렸다. 우리가 지금 익숙하고도 당연하게 누리는 것들도 언젠가는 끝이 있다. 젊음도, 건강도, 생명도, 덤덤하니 특별할 것 하나 없는, 너무 당연히 늘 그 자리에 있을 것 같은 사람들도.

우리에게 주어진 큰 은혜와 기적들이 어느 순간 멈춰지면 그때부터는 매일 누려 익숙해져서 너무 하찮아 보이기까지 하던 그것이 당신에게 가장 소중하고 그리운 날로 다가올 수 있다. 그러니 너무 특별한 것만 찾지 말고 익숙하고 당연한 이 평범한 모습들을 기쁘게 누리며 마음

속에 잘 저장해두라. 그리고 오늘 하나님께서 허락하신 예배도, 맡겨주신 사역과 직분도, 일할 수 없는 그 밤이 오기 전에 더욱더 소중히 여기며 감당하라.

진짜 소중한 것이 바로 옆에 있는데 매일 반복되는 그 일상이 당연하고 익숙해 소중한 줄 모르고, 에펠탑이나 빅벤만 중요한 줄 알아 잔뜩 찍어 놓는 실수를 당신도 하고 있지 않은가? 성숙한 사람은 아무리 풍족하고 흔한 것도 그것의 가치를 알고 가치 있게 대한다. 성숙한 그리스도인이 되자. 하나님께서 주신 만나 같은 당신의 은혜가 있다. 아무리 익숙하고 널려 있고 영원해 보여도 소중한 것을 소중하게, 가치 있는 것을 가치 있게 대하는 성숙함이 우리에게 있기를 간절히 바란다.

저항과 충돌은
살아 있다는 증거

11

답을 알고도 틀리는 이유

'답정너'라고 "답은 정해져 있으니 너는 대답만 해"라는 말이 있다. 그런데 우리 신앙생활에도 답이 정해져 있고 우리는 선택만 하면 된다. 예수님은 분명한 정답을 제시해주셨다. '답정좁'이다. 답은 좁은 길로 가고 좁은 문으로 들어가는(마 7:13) 것으로 정해져 있다는 것이다. 아무리 찾는 이가 없고 인기가 없어도 그 길이 정답이라 하셨다. 어떤 선택을 해야 우리가 후회 없는 인생, 진정한 영적 승리를 얻을 수 있는가. 예수님이 분명히 선택해주신 정답, '좁은 문, 좁은 길'로 가는 것이다.

그 때에 사람들이 너희를 환난에 넘겨주겠으며 너희를 죽이리니 너희가 내 이름 때문에 모든 민족에게 미움을 받으리라 마 24:9

예수님은 마지막 때에 일어날 일을 묻는 제자들에게 대답해주시며 그 시대의 모습을 이 한 문장으로 표현하셨다. 마지막 시대가 가까워질수록 하나님의 말씀을 따르고 예수님을 구주로 영접하면 환난과 미움을 받게 되고 손해 볼 것이다. 정답은 몰라서만 틀리는 것이 아니다. 답을 알아도 선택할 용기가 없으면 틀릴 수 있다. 신앙은 결국 선택이다. 어떤 선택을 하느냐가 그 사람의 믿음을 드러내준다. 정답을 선택하는 결정과 그 길로 걸어갈 수 있는 용기가 바로 믿음이고 신앙이다. 그래서 믿음의 승리는 결국 선택의 승리, 결정의 승리인 셈이다.

넓은 길은 시대의 대세와 유행이며, 시대의 요구와 다수의 동의다. 그러니 많은 사람의 동의를 얻었다고 그것이 꼭 진리인 것은 아니며 오히려 가장 위험한 길일 수 있다. 멸망으로 인도하는 문은 크고 그 길은 넓어 그리로 들어가는 자가 많지만 좁은 길, 좁은 문은 갈등과 충돌을 피할 수 없고 손해 보고 힘들고 어려워서 찾는 자가 별로 없을 것이다. 그러나 그 외롭고 힘든 길이 오히려 잘 살고 있다는 반증일 수 있다. 우리에게 정답을 선택할 용기가 있기를 바란다. 영적 전쟁을 수행하는 영적 투사로서 형식의 외형만 갖췄다고 신앙이 아니다. 비슷한 믿음, 흉내 내는 신앙이 아니라 진짜가 돼야 한다. 진짜 믿음의 길, 제자의 길을 완주하고 말겠다는 결단과 선포가 우리에게 필요하다.

예수 믿는 것 때문에 온 세상으로부터 미움을 받는 것이 오늘 우리의 자화상이라면 핍박과 환난의 강도가 세어질수록 "못 하겠다, 안 되겠다"가 아니라 "그러나 끝까지 견디는 자는 구원을 얻으리라"(마 24:13)를 이 마지막 때의 결론으로 삼아 끝까지 버티고 견뎌야 할 것이다. 넓은 길로 가지 않고 좁은 길을 선택하는 것이 신앙이다. 힘들고 아파서 피하고 싶은 선택, 선택하기 싫은 그 길을 선택하는 믿음이 나와 당신에게 있는지 묻고 싶다. 예수님은 오늘도 우리에게 "나를 따라오려거든 자기를 부인하고 자기 십자가를 지고 나를 따를 것이니라"(마 16:24)라고 분명히 말씀하신다. 당신은 그 길을 따르겠는가?

좁은 길은 고행과 시련의 길이 아니다

그런데 좁은 길의 선택을 고행과 시련의 길로만 생각하는 것은 큰 오해다. 신앙의 가치를 고행과 시련에 두어서 삶을 어렵게 살고 고행하고 수련하는 것이 옳은 신앙이라고 착각해선 안 된다. 잘못하면 이것은 행위구원으로 비춰질 수도 있다. 실은 좁은 길은 주님께서 기뻐하시고 동행하시는 가장 행복한 길이다. 좁은 길로 간다는 것은 예수님과의 동행이 전제된다. 예수님이 늘 함께 계신다는 얘기다. 좁은 길에는 세상에서도 사람에게서도 얻을 수 없는 가장 큰 영광과 신앙의 기쁨, 즉 놀라운 하나님의 섭리와 인도하심을 거기서만 얻을 수 있다는 유익이 있다.

"자기를 부인하고 자기 십자가를 지고 나를 따라야 한다"라는 말씀도 예수님의 말씀이지만 우리는 이 말씀도 기억해야 한다.

> 수고하고 무거운 짐진 자들아 다 내게로 오라 내가 너희를 쉬게 하리라 나는 마음이 온유하고 겸손하니 나의 멍에를 메고 내게 배우라 그리하면 너희 마음이 쉼을 얻으리니 이는 내 멍에는 쉽고 내 짐은 가벼움이라 하시니라 마 11:28-30

십자가를 지는 그 좁은 길이 실은 세상의 무거운 짐을 내려놓고 영적 자유와 평안을 누리는 기쁨의 길이다. 하나님께서 메어주시는 좁은 길의 멍에는 세상의 슬픔과 무거운 수고의 짐보다 훨씬 가볍고, 진정한 자유가 있는 줄 믿는다. 그 길에서는 하나님의 인도하심과 도우심을 경험하며 주님과 동행할 수 있다.

세상의 넓은 길을 걸어가면 헛헛함과 두려움이 있다. 처음에는 유익하고 즐거운 듯해도 갈수록 이상하게 두렵다. 자기도 아닌 줄 안다. 알지만 부정하려 한다. 그러나 좁은 길을 갈 때는 이상하게 당당함이 있다. 손해와 아픔도 있지만 즐거움과 만족도 있다. 좁은 길을 갈 때 세상이 줄 수 없는 평안과 기쁨, 주인과 동행하는 즐거움의 매력에 중독되기도 한다. 그러면 목회만큼 재미있는 것이 없고 신앙생활만큼 즐거운 것이 없다. 그것을 누려야 한다.

나는 목회자로 부르시는 소명도 두려웠지만, 가보지 못했던 순복음이라는 교단의 벽을 허무는 것 또한 어려웠다. 순복음의 미답지라는 얘기를 듣고 가슴 뛰게 하신 하나님의 부르심으로 서른 살의 총각 전도사로서 혼자 울산으로 내려와 개척할 때도 외롭고 무서웠다. 그런데 그 길을 선택하자 나와 동행하시는 하나님의 역사와 공급하심은 놀라움 그 자체였다. 진짜 포기하고 싶을 때마다 하나하나 이어주시는 만남의 위로들은 기적이었다. 하나님은 내게 아름다운 만남과 눈물 나는 행복을 허락하셔서 이 시대를 향해 시퍼렇게 살아계신 하나님을 선포할 수밖에 없게 하셨다.

힘든 사역과 선교를 감당하는 동안 많은 비난과 정말 입에 담을 수 없는 저항을 받는다. 경제적 손해와 아픔, 외로움은 덤이다. 그러나 정말 힘든 그때마다 역사하시는 하나님의 기가 막힌 위로가 있다. 멋진 만남을 예비하시고, 만남을 통해 응원해주신다. 하나님이 역사하셔서 자로 잰 듯한 택배 패스로 복을 보내주시면 나는 하나님의 놀라운 어시스트에 감격하며 골만 넣는다. 당신도 좁은 길을 선택해서 수많은 선진이 경험한 하나님의 기가 막힌 어시스트를 받아 누리기를 간절히 소망한다. 그것을 경험하는 사람은 좁은 길을 계속 갈 수 있다.

좁은 길은 절대 수행, 연단의 길이 아니다. 힘들고 구차한 것 같아도 주님의 동행하심과 동거하심이 있기에 거기서만 누릴 수 있는 기쁨이 있다. 시대의 가치, 잠깐의 물질적, 감정적 유익을 좇는 사람은 절대 맛볼 수 없는 좁은 길의 기쁨과 영적 환희. 그리고 그 결말에는 크나큰 축복이 있다. 그러니 현재 받는 고난은 장차 누릴 영광과는 비교할 수 없음을 믿고, 끊임없이 그 길을 걸어갔으면 좋겠다.

닮은 것은 다른 것보다 위험하다

'춘래불사춘'(春來不似春)이라는 말이 있다. 봄은 왔건만 봄 같지 않다, 절기상으로는 봄이 왔지만 진짜 봄과는 다르다는 이 말은 민주주의의 형식은 갖추었으나 아직 그 이면에 비민주적 정치 행태가 남아 있던 독재 시절, 진정한 민주주의를 열망하던 민주 투사들이 즐겨 사용한 말이다. 이 고사성어 중 '같을-사'(似)는 실제로는 '닮다, 흉내 내다, 비슷하다'라는 뜻으로 사용된다. 사이비(似而非, 겉은 비슷하나 속은 완전히 다름)처럼 말이다.

우리의 믿음에도 '닮았는데 아닌 것'이 있다. 정답과 아주 다른 문항은 헷갈리지 않는다. 정답과 비슷한 문항 때문에 답을 고르기가 어려운 것이다. 멸망의 길은 완전히 다른 반대의 길이 아니라 진리와 닮고 유사한 넓은 길이다. 예수님을 떠나 이단 및 다른 종교로 가라 하면 누가 가겠는가. 하지만 비슷한 길이 문제다.

"꼭 그렇게 어렵게 신앙생활 해야 하나? 융통성 있게 해."

"이게 시대의 가치야. 시대의 대세를 거스르지 않고도 충분히 신앙생활 잘할 수 있잖아."

"적당히 해. 그렇게 힘들게 신앙생활 안 해도 얼마든지 즐겁게 신앙생활 잘하는 사람들 많더라."

시대는 이런 말로 우리가 좁은 길을 버리고 넓은 길로 오도록 유혹한다. 당신도 그 손짓을 매일 마주하고 있을 것이다. 진리와 닮고 유사한 넓은 길의 제시가 우리에겐 너무나도 달콤한 유혹이다. 그래서 많은 사람이 그것이 잘못됐다는 것도 모르고 대충 타협하고 '이 길도 맞을 거야'라고 자기를 안위하거나 변명하며 그 길을 걸어가다 망하고 실패한다.

넓은 길이나 좁은 길이나 방향이 같아 그 목적지나 결말도 같을 거라는 착각은 위험하다. 사람들은 넓은 길도 선택의 한 옵션이라고 생각해서 '넓은 길로도 갈 수 있고 좁은 길로도 갈 수 있지만'을 전제로 두고 '이왕이면 나는 넓은 길로 가겠어', '그래도 나는 좁은 길로 가겠어' 이런 식으로 갈등하고, 선택한다. 그러나 그것은 절대 고민할 선택지가 아니다.

신앙생활을 좁다고 자꾸 불평하는 이유는 넓은 길도 길로 보기 때문이다. 넓은 길을 표준 삼으면 내가 걷는 길이 너무 좁고 힘들어 보인다. 하지만 이것은 선택지가 아니다. 좁은 길을 표준으로 두고 넓은 길이 틀렸다고 선포해야지, 세상의 관점과 가치관으로 보고 넓은 길을 기준 삼아 내 길이 좁다고 얘기해서는 안 된다. 넓은 길을 기준으로 비교하면 좁은 길이지만, 이 길은 그냥 길이고 우리가 가야 할 길은 이 길밖에 없다.

얼마 전, 주변에 흔히 있는 이단 하나가 우리 교회 안에 있는 학생들에게 포교 활동을 했다. 이것만 봐도 비이성적인 집단이다. 자신들도 똑같은 하나님 믿는다면서 교회 와서 포교하는 것부터가 자신들의 다름과 비정상적임을 스스로 증명한 것 아니겠는가. 게다가 한 선생님이 우리는 이단과 상대하지 않는다고 하자 무슨 근거로 이단이라고 하냐며 행패를 부려 경찰까지 오고 난리가 났다.

이단들은 이렇게 무섭고 이상한 집단이지만 이것만이 무서운 게 아니다. 완전히 다른 이단 교리로 미혹하는 자들도 경계해야 하지만 실은 같은 곳을 향하여 함께 걸어가는 듯하나 적군인지 아군인지 식별되지 않는 대상이 더 위험하다. 같은 곳을 향하여 함께 걸어가는 듯하나 실은 완전히 다른 넓은 길을 걷고 그 길로 미혹하는 자들을 더욱 경계해야 한다.

거짓 선지자를 조심하라

그 때에 많은 사람이 실족하게 되어 서로 잡아주고 서로 미워하겠으며 거짓 선지자가 많이 일어나 많은 사람을 미혹하겠으며 마 24:10,11

마지막 환난의 때에는 사랑이 식어서 서로 미워하는 모습이 내부에서도 나타날 것이다. 그리고 거짓 선지자들이 많이 일어나 사람들을 미혹하는데, 넓은 길로 유인하는 이들의 미혹이 가장 위협적인 요소가 될 것이다. "좁은 문으로 들어가라"(마 7:13)라는 말씀 뒤에도 거짓 선지자에 대한 경고와 책망이 바로 뒤따른다.

거짓 선지자들을 삼가라 양의 옷을 입고 너희에게 나아오나 속에는 노략질하는 이리라 마 7:15

예수님은 양의 옷을 입고 네 영혼을 노략질하려는 이리 같은 거짓 선지자가 있으며 열매를 통해 그 리더가 어떤 존재인지 알 수 있다 하시고, "나더러 주여 주여 하는 자마다 다 천국에 들어갈 것이 아니요 다만 하늘에 계신 내 아버지의 뜻대로 행하는 자라야 들어가리라"(마 7:21)라고 단호히 말씀하신다. 그때 거짓선지자들은 "주여 주여 우리가 주의 이름으로 선지자 노릇하며 주의 이름으로 귀신을 쫓아내며 주의 이름으로 많은 권능을 행하지 아니하였나이까"(마 7:22)라고 반발하며 억울해할 것이다.

거짓 선지자들은 나름대로 시대의 대세와 통념과 가치관을 따르기 때문에 그 시대에 상당히 인기가 있다. 사람들이 몰려드니 많은 성공과 번영을 이루는 듯하다. 그러나 사람들의 칭찬과 인기를 얻고 성공한 듯 보여도, 능력을 인정받고 나름대로 사역에 열심과 열정이 있어도, 아닌 건 아니다. 교회의 건물 크기나 교인 수나 영향력으로 좀 유명해진 것을 번영이나 교회의 건강함이라 착각해서는 안 된다. 반드시 그 안에 하나님의 말씀을 따르려는 시도가 있어야 한다. 수가 많다고 부흥이라 착각하지 말라. 그럴듯하게 세워진 교회 건물과 모인 숫자, 영향력, 권위 등 외적으로 보이는 것이 진짜와 가짜를 구별하는 기준은 될 수 없다.

예수님은 거짓 선지자들에게 단호하고도 밝히 말씀하신다. "내가 너희를 도무지 알지 못하니 불법을 행하는 자들아 내게서 떠나가라"(마 7:23)라고. 리더의 역할이 중요하다. 양의 탈을 쓰고 노략질하는 이리와 같은 거짓 선지자들은 넓은 길의 유혹에 빠지게 만드는 가장 위협적인 요소이므로 면밀하게 살피고 두려워해야 한다.

만약 나를 비롯해 어떤 목회자든지 "넓은 길도 하나의 선택지가 될 수 있다"라는 달콤한 메시지로 사람들을 유혹하며 멸망의 길로 인도한다면 그 교회를 떠나야 한다. "하나님 말씀도 시대적으로는 이렇게 해석할 수 있지요"라고 대충 얼버무리는 자에게 영혼을 맡기지 말라. 예수님의 말씀을 전면으로 부정하는 시대의 가치를 따르면서 그런 시대의 안정과 유익에 저항하지 않는 목사라면 그를 떠나라. 어느 길로 가든 다 같은 방향이고 목적지는 같으니까 이 길도 맞다고 주장하며 사람들이 비(非)진리의 넓은 문을 선택하도록 미혹하는 자를 단호히 배척해야 한다.

합리와 효율이라는 넓은 길

목회자가 교회를 세상의 마인드와 경제적 효율의 법칙으로 '경영'한다? 그리스도인이 합리성과 효율과 편리함을 좇아 신앙생활을 결정한다? 이는 망하고 죽어가는 시대의 전형적인 모습이다.

온 인류가 경험한 가장 비합리적이고 비효율적인 선택은 바로 예수 그리스도의 성육신 사건이다. 효율적으로 하자면 말씀으로 다시 창조하시면 된다. 그런데 하나님은 가장 비효율적이고 비합리적인 선택을 하셨다. 독생자 아들을 이 땅에 보내 십자가 위에서 갈기갈기 찢으시고, 그 피로 우리를 살리고 구원을 이루셨다. 이런 극강의 비합리, 비효율의 은혜를 입은 자들이 모인 곳이 에클레시아, 바로 교회다.

그러면 교회는 무엇이 지배하고 이끌어가야겠는가? 하나님의 그 비합리와 비효율이 이끌어가야 한다. 사람의 합리와 효율이 교회를 지배하도록 방치해서는 안 된다. 그런데 언제부턴가 교회도 합리와 효율의 지배를 받아 효율적 결정과 합리적 선택으로 경영하는 곳이 되어버렸다. 수적 성장을 지향하고, 합리적이고 효율적이라는 미명으로 다음세대를 포기하고 분리하는 등 잘못된 일들이 횡행한다.

기독교의 신앙은 예수 그리스도의 십자가 희생으로 시작되었고, 우리 삶의 궁극적인 목적은 하나님을 영화롭게 하는 데 있다. 잘 먹고 잘살기 위해서가 아니라 하나님의 영광과 영화로움을 위해서 사는 것이다. 예배의 기본 가치와 정신은 희생과 헌신이다. 예배는 말 자체로 '희생'(犧牲)이다. 당신은 무슨 희생을 하고 있는가? 놀러 가며 차 안에서 틀어놓는 예배 동영상, 그것이 예배인가?

우리는 헌신과 희생이라는 기독교 신앙의 가치와 예배의 가치를 너무 쉽게 저버리고 시대의 흐름과 편리함을 좇아 신앙과 예배를 아주 기형적으로 변질시키고 있다. 요즘 성도들은 담임 목사가 여러 명이라고 한다. 자기가 필요할 때마다 틀어놓는 예배 동영상의 설교자가 다 담임 목사라고 한다. 내 편한 대로 말씀을 골라 먹는 행위를 멈춰야 한다. 아무리 시대적 이유를 대며 변명해도 이는 절대 하나님이 기뻐하시는 진정한 예배의 모습이 아니다.

코로나 시대를 지나며 너무나도 안타깝고 두려운 것은 넓은 길의 유혹이 막강해지고 있다는 사실이다. 그 길을 선택할 수밖에 없는 좋은 이유와 가도 좋을 만한 합리적 핑계들이 너무나도 많이 제공되어 많은 사람이 좁은 길을 버리고 넓은 길로 가고 있다. 편리성과 합리성, 효율성의 강력한 유혹에 수많은 예배자가 교회와 예배를 떠나고 있다. 그 많던 예배자들은 다 어디로 갔는가? 단지 코로나가 문제일까? 단언하건대 코로나가 끝나도 그들은 진정으로 예배드리지 않는다. 어떻게든 예배의 자리로 돌아오기 위해 애쓰는 당신이 되어야 한다.

보수적이고 전통적으로 유명한 교회에서 신앙생활을 하셨고 본인도 참 신앙이 좋은 한 장로님의 고백이 나를 충격에 빠뜨렸다. 옛날에는 주일날 예배를 빠진다는 것은 상상도 못 했고, 정말 불가피한 일로 빠지게 되면 너무 마음 아프고 찔리고 찝찝했는데, 요즘에는 주일날 교회에 가서 예배드리지 않아도 하나도 찔림이 없다는 말씀이었다.

죄의식을 잃어버리고 무뎌진 시대다. 이대로 가다간 기성세대는 믿음을 지킬 수 있다고 쳐도 다음세대의 신앙은 다 죽는다. 우리 자녀들에게 세상에서 왕따 당해도, 수많은 것들을 손해 봐도 이 길이 옳으니 이 좁은 길로 걸어가라고 먼저 모범을 보이고 길을 제시하는 우리가 되기를 바란다.

성경은 우리에게 "하나님의 선하시고 기뻐하시고 온전하신 뜻이 무엇인지 분별"(롬 12:2)하라 말씀하신다. 나는 이 시대 가운데 우리가 분별하여 하나님의 뜻을 따르기 위해 두 가지를 경고하고 싶다.

첫째는 편리함의 함정에 빠져 예배를 등한시하지 말라는 것이다. 예배는 희생과 헌신인데, 내 삶의 패턴대로 다 살아가면서 전혀 찔림도 아픔도 없이 형식적으로 예배를 내 삶에 끼워 넣는 것은 절대 잘못이다. 불가피하게 영상 예배를 드린다면 가장 정중하고 거룩한 자세로 드리고, 하나님이 허락하실 때는 가장 먼저 한달음에 달려 나가 맨 앞자리에서 가장 감격스러운 모습으로 예배하는 예배자가 되어라. 편리성의 함정에 빠지지 말고 합리성과 효율성에 놀아나지 않는 진짜 신앙인이 되어 예수님처럼 헌신과 희생의 좁은 길을 선택하고 따르라. 편리함의 함정에 빠지지 말라. 좁은 길을 선택하며 그 말씀에 순종하여 살아가며, 이에 수반되는 손해와 아픔을 감당하는 믿음이 진짜다.

악한 법의 제정에 저항해야 한다

둘째로, 이 시대 가운데 하나님의 뜻을 분별하면서 우리는 '차별금지법'과 '평등법'이라는 허울 좋은 이름으로 시도되는 악법의 제정에 저항해야 한다. 평등! 누구나 인정하고 동의하는 보편적 가치이고 정의다.

누구든 이유를 막론하고 학벌, 인종, 성별, 나이, 피부색, 출신 지역과 출신 민족에 따라 절대 차별받아서는 안 된다. 맞는 말이다. 누가 이걸 부정하겠는가. 오히려 교회는 시대와 사회가 무관심할 때부터 적극적으로 앞장서서 이를 행했다.

그런데 악한 반기독교적 세력은 여기에 동성애를 옹호하고 기독교 신앙의 가치와 신념을 핍박하는 독소조항을 교묘하게 끼워 넣으려 한다. 그 대표적인 예가 '양성평등'을 '성평등'으로 바꾸는 것이다. 양성평등, 정말 추구해야 할 가치다. 어느 한쪽이 다른 쪽보다 못한 권한을 갖는 것이 아니라 동일한 인격체로 보호와 존중을 받아야 한다. 그런데 양성평등이 성평등으로 바뀐다는 것은 무슨 의미이며 이 둘은 어떻게 다른가?

양성평등은 하나님의 창조질서를 존중해서 성은 남성과 여성밖에 없는 것이다. 그런데 성평등은 여기에 또 다른 성을 끼워 넣는다. LGBTAIQ라고 해서 여자 동성애자(Lesbian), 남자 동성애자(Gay), 양성애자(Bisexual), 트랜스젠더(Transgender)에 무성애자(Asexual), 간성(Intersex), 자기 성정체성에 의문을 가진 사람(Questioner)까지 다 인정하고, 차별해선 안 된다고 주장한다.

이것이 차별금지법과 평등법의 핵심 가치로, 반기독교 집단들은 이것을 위해 법 제정에 목숨을 건다. 이들은 이제 강력한 권력 집단이 되어 미국 같은 곳에서는 건드릴 수 없는 사회적 대세가 되어버렸다. 우리는 그들을 혐오하진 않으며 혐오해서도 안 되지만 이런 법은 분명 기독교의 신념과 신앙관에는 반하는 것이다.

이러한 법안이 제정되면 기독교 신앙관에 반한다고 얘기하는 것조차 처벌된다. 이 법은 내가 자녀에게 "하나님이 만드신 성은 남자와 여자가 있고 남자와 여자의 결합만이 진정한 가족제도"라고 얘기하는 것을 차별로 규정하여 제재하고 벌금을 물린다. 나는 내가 전하는 하나님의 진리를 불법이라 규정짓는 것 자체도 너무 싫지만, 이것이 합법화되면 설교나 자녀들에게 가르치는 것에 어떤 불이익을 당할까봐 앞장서서 얘기하지도, 기도하지도 못하게 된다.

차별금지법과 평등법은 좋은 취지인 것 같았지만, 이런 법이 제정된 국가들에서는 숱한 폐해가 일어나고 있다. 자신은 여자라고 주장하는 성전환자가 여자 화장실에 들어가서 5세, 7세의 어린 여자아이들을 성폭행 또는 성추행하는 일들이 일어나고, 여자 목욕탕에 들어가서 많은 사람이 기겁하여 쫓아내자 왜 차별하느냐며 동성애자 집단이 사람들과 부딪쳐 싸움이 나기도 했다.

뿐만 아니라 동성애가 크게 확산되었고, 사회 분위기가 급변하여 동성 간의 결혼을 인정하는 데까지 급속히 진행되어 이제는 돌이킬 수 없는 지경에 이르렀다. 아울러 기독교인이 자신의 종교적 신념에 반(反)하기 때문에 동성결혼 축하 케이크 제작을 거부했다는 이유로 거액의 벌금을 물어야 하는 등 동성애에 의해 기독교적 신념이 탄압받는 현실이 코앞에 다가왔다.

문화의 탈을 쓰고 공격해오는 네오막시즘

반기독교 정서와 차별금지법에 관한 자료에 가장 많이 등장하는 단어가 네오막시즘(neo-Marxism)이다. 1960년대 이후 서구 사회는 인권을 전면에 내세워 이슈화하면서 세력을 키워온 네오막시즘에 제대로 대응하지 못했고, 젠더주의 세력이 점차 커지면서 "성소수자의 인권을 존중한다"라는 언론과 지식인층의 여론에 등 떠밀려 결국 차별금지법의 통과를 막지 못했다. 동성애의 가장 큰 문제점은 동성애 지지세력의 배후 사상이 무신론을 주장하는 사회주의 사상인 막시즘(마르크스주의)과 네오막시즘이라는 사실이다.

막시즘은 오직 물질뿐이라는 유물론을 추구하며 하나님이 없다는 무신론을 핵심으로 하는 사상이다. 그래서 '종교는 인민의 아편'이라며 종교소멸론을 들고 나와 기독교를 핍박하고 교회를 무력으로 짓밟았다. 그러나 마르크스주의는 그들이 약속한 유토피아를 이루기는커녕 전쟁과 대량 학살, 강제노동이 끊이지 않고 경제는 파탄에 이르면서 결국 허구임이 드러나고 말았다.

경쟁력을 잃고 자멸하여 이론으로만 존재하던 막시즘에 문화의 가면을 쓰고 나타나 다시 세계를 신공산주의화하고 있는 변종 사상이 네오막시즘, 즉 '신(新)마르크스주의'다. 네오막시즘은 과거 국가 체제로서의 공산주의가 오늘날 평등권으로서의 사회주의로, 개인 인권이라는 틀로 변경-정착(paradigm shift)된 것으로, 사회 전반의 인권과 평등을 주장하며 세력을 확대해 나갔다. 네오막시즘에는 특히 기독교에 대한 반기독교 정서와 종교소멸 사상이 가득하다. 그런데 왜 이들은 동성애를 전면에 자꾸 내세우는가.

마르크스주의와 정신분석의 결합을 지향한 빌헬름 라이히는 성충동 해방이론을 통해 "진정한 해방은 성 해방을 동반해야 하며 성 혁명을 이루기 위해서는 성 정치가 실현되어야 한다"라고 주장했는데 이 '성 해방을 통한 사회 해방'은 반드시 교회의 해체를 요구한다. 건전하고 순결한 기독교의 성 관념은 그가 주장하는 성 해방에 가장 큰 걸림돌이기 때문이다. 이 이론은 "여성 위에 군림하는 헤게모니(남성 중심의 가부장제와 이성애 중심의 가족제도)를 파괴해야 한다"라는 급진적 페미니즘, "남녀 성정체성을 해체시켜야 여성의 진정한 해방이 실현된다"라는 젠더주의로 이어졌다.

21세기 들어 네오막시즘은 성소수자를 다수에 의해 억압받는 자로 부추기며 '성소수자들이 차별을 받는다'라는 인권 논리를 내세워 성소수자 해방운동을 전개하고 있다. 기독교가 동성애를 엄중한 죄로 규정하기 때문에 성소수자들, 특히 동성애자들은 대체로 기독교에 대해 극도의 증오심을 갖는다. 이에 네오막시즘은 성소수자를 혁명의 전위부대로 동원해 기독교 가치체계를 해체시키는 문화혁명의 핵무기로 사용하고 있다.

동성애 지지 세력은 동성애를 성적 차원에서 부각시키는 것이 아니라 인권과 평등 등 좋은 가치들을 선점하여 문화전쟁에서 주도권을 잡고, 이러한 단어들을 전면에 내세움으로써 논쟁의 중심을 성소수자들의 인권 보호 및 헌법상 행복추구권 차원으로 끌고 간다. 동성애 옹호를 소수의 핍박받는 인권을 보호하는 것으로 포장하며 지식인과 언론에까지 그 세력을 넓혔고, 이것에 반대하면 전근대적인 가치관으로 사고하는 편협한 사람, 매우 독선적이고 이기적인 집단, 인권 후진국으로 매도한다.

역사적으로 하나님을 대적하는 세력은 늘 존재했지만 이 시대의 반기독교 세력들은 테러와 감금 등으로 교회를 직접적으로 핍박할 뿐 아니라 간접적으로 문화 전쟁을 벌이고, 상징조작과 여론몰이를 통해 교묘하게 공격하고 억압한다. 평등법 또는 차별금지법은 그들이 휘두르는 기가 막힌 무기와 수단이다.

깨진 유리창을 방치하면 무서운 결과로 이어진다

교회는 처음에 네오막시스트들이 '억압적인 기독교의 성도덕으로부터의 해방'을 외치며 다음세대에 문란한 성생활을 충동질할 때 이를 방관했다. 동성애 옹호의 저변이 넓어져 가고 한 국가씩 차별금지법을 제정하기 시작하고, 네오막시스트 및 그들에 선동된 대중이 기독교를 집중 공격할 때도 침묵했다.

교회는 동성애를 성적으로 타락한 문화 중의 하나로 대수롭지 않게 여기거나 일부 소수의 문제로 보는 경향이 있는 듯하다. 또한 성경에서 동성애를 죄라고 규정하므로 더 생각할 필요도 없이 죄인 만큼 대응의 필요조차 느끼지 못하고, 경건한 신앙생활을 하는 기독교인들의 신앙이나 복음은 공격할 수 없다고 생각하는 것 같다.

문제점을 인식했어도 어차피 그래봐야 막을 수 없다고 탄식하는 사람도 있고, 거부할 수 없는 시대적 흐름으로 받아들여야 한다는 사람도 있다. 심지어 왜 좋은 법을 반대하냐고 공격하고 적대감을 표시하는 그리스도인과 목회자들도 있다.

우리는 코로나 시국에 반기독교 세력이 예배라는 기독교의 핵심 가치와 신념을 맹비난해서 기독교에 대한 혐오감과 반기독교 정서가 팽배한 사회적 분위기를 만드는 것을 보았고, 그렇게 공격과 오해를 받으며 아픔을 느꼈다. 그러나 어쩌면 그런 외부의 공격보다도 더 가슴 아픈 것은 분별하지 못하는 내부의 공격이다. 깨끗한 생수 한 잔에 독을 한 방울 떨어뜨렸다면 대부분이 다 좋은 물이니 괜찮다며 그것을 내 자녀에게 먹일 수 있겠는가?

입법 제안된 차별금지법에는 '특정 개인이나 집단에 대한 분리 구별 제한 배제나 불리한 대우를 표시 또는 조장하는 광고 행위는 차별로 본다'(제4조 제6항)라는 조항이 포함되어 있다. 이에 따르면 "우리는 이단의 출입을 금지합니다"라는 문구를 교회에 부착해도 불법이 된다. 그러므로 이런 법들이 제정되지 않도록 계속해서 함께 기도해야 한다.

인권, 평등, 차별금지라는 좋은 가치와 보편적 정의를 가져다 써서 반대하지 못하게 막고, 그 안에 동성애를 옹호하며 기독교 신앙의 가치와 신념을 역차별하는, 아니 차별을 넘어 핍박을 합법화하는 독소조항을 넣어 교회의 손발을 묶고 재갈을 물리려는 간교한 전략을 교회는 분별하고 간파해야 한다. 그리고 침묵으로 방관하며 방치하지 말고 적극적으로 저항하고 막아내야 한다.

미국의 범죄학자인 제임스 윌슨과 조지 켈링은 1982년 3월, '깨진 유리창'(Fixing Broken Windows: Restoring Order and Reducing Crime in Our Communities)이라는 글에서 사회 무질서에 관한 이론을 처음으로 발표했다. 깨진 유리창 하나를 방치해두면, 그것 하나로 끝나는 것이 아니라 그 지점을 중심으로 범죄가 확산된다는 이론이다. 이러한 사회 현상은 사소한 무질서 하나를 방치했을 때 벌어지는 엄청난 부정적 결과를 알려준다. 영적 '깨진 유리창의 법칙' 또한 분명 존재한다. 우리가 작은 것 하나를 깨진 유리창처럼 수수방관하고 침묵해 버리면 그것으로 인하여 돌이킬 수 없는 한탄스러운 시대를 맞게 될 수도 있다.

생명의 정체성은 저항과 충돌이다

사람의 체온은 36.5도다. 40도까지 올라가는 불볕더위에도, 영하 20도의 강추위에도 살아 있는 한 우리의 체온은 36.5도다. 이 36.5도를 지켜내는 것은 살아 있다는 증거다. 살아 있는 것은 끊임없이 환경과 상황에 저항하며 충돌하고 부딪친다. 상황과 환경에 나를 맡기지 않고 저항해서 지켜내는 것이 생명의 정체성이다. 하지만 시체의 체온은 방 안의 온도를 따라간다. 절절 끓는 찜질방에 갖다 놓으면 40도로 올라가고, 영하 10도의 냉동고에 두면 영하 10도가 된다. 처한 상황과 현실을 그대로 받아들이며 아무런 저항도 하지 않는 것, 외부의 환경과 자극에 휩쓸리고 동화되는 것은 죽음의 정체성이다.

그렇다면 우리는 살아 있는가, 살았으나 죽은 자인가? 자신이 시대적 상황과 처지, 형편 속에서 믿음으로 저항하며 지켜내고 있는지, 아니면 시대의 상황과 대세, 유행, 흐름 속에 나를 맡겨 동화되어가고 있는지 살펴보라. 이것이 내 믿음과 우리 시대의 영성을 점검할 수 있는 체크리스트다.

급작스러운 폭우로 강물이 흙탕물이 되어 범람할 때, 밑둥째 뽑힌 아름드리 통나무가 둥둥 떠내려가는 것을 본 적이 있다. 아무리 크고 무거워도 생명력이 없으면 저항하지 못하고 휩쓸려 떠내려갈 뿐이다. 그런데 놀랍게도 그 엄청난 물줄기 속에서도 물고기들은 떠내려가지 않았다. 손가락 두 마디 크기밖에 안 되는 새끼 송사리도 그 세찬 물살을 온몸으로 받아냈다. 너무나도 놀라운 생명의 현장이었다. 크기나 무게로만 보면 몇만 배는 더 크고 무거운 통나무도 죽은 것은 저항 없이 그저 휩쓸려 떠내려가지만, 코딱지만한 심장이 팔딱팔딱 뛰고 있는 한 송사리는 절대 물살에 휩쓸려 가지 않는다. 그 세찬 물살을 온몸으로 받아내느라 몸이 찢어져라 고통스러워도 견딘다.

교회와 신앙도 마찬가지다. 떠내려가지 않지 않기 위해 끊임없이 충돌하고 버텨내는 것이 살아 있는 신앙이다. 크기와 숫자, 신앙의 연수와 대수가 내 믿음의 강건함을 자랑하는 증거가 아니다. 교회가 아무리 커도, 신앙생활 아무리 잘하는 것 같아도 시대의 탁류와 조류에 저항하지 못한 채 힘없이 떠내려가며 "요즘 다 그래요"라고 하는 것은 밑동 잘린 통나무처럼 죽은 신앙이다. 하지만 교회가 작고 초라해 보여도, 세상의 가치로든 신앙의 연수로든 자랑할 것 없는 내 모습일지라도 오염된 이 시대의 문화와 시대의 대세에 끊임없이 저항하며 맞서고 충돌하고 있다면 그것이 바로 생명력 있는 교회요 살아 있는 신앙이다.

망하는 시대와 공동체에서 가장 많이 들려오는 소리는 "요즘 다 그래요", "요즘 애들 다 그래요", "요즘 교회 다 그래요", "요즘 예배 다 그래요"다. 뭐가 다 그런가. 아무리 시대가 다 그렇고, 요즘 애들이 다 그렇고, 요즘 예배가 다 그렇고, 요즘 교회가 다 그렇다 할지라도 아닌 것은 아니다. 아무리 다들 그러니 그냥 인정하고 대충 넘어가자고 해도, 아닌 것은 죽어도 아닌 것이다. 성경의 가르침대로만, 하나님의 말씀대로만 살아가려는 몸부림이 있어야 진정 살아 있는 신앙이고 진정한 목사요 성도다.

영적 마지노선 한국 교회는 죽었나 살았나

6·25 전쟁의 낙동강 전투를 기억한다. 세계가 볼 때 이 전쟁의 전세는 이미 기울었지만, 낙동강 전선을 최후의 보루(堡壘)로 끝까지 항전하며 지켜주신 선진(先陣)이 계셨기에 때가 이르자 연합군이 들어와 역전되었고, 우리가 오늘 이렇게 자유 대한민국에서 살 수 있게 되었다.

나는 한국 교회가 영적 마지노선이자 최후의 보루라고 생각한다. 이 전투에서 우리가 할 일은 끝까지 버티고 저항하며 충돌하는 것이다. 나는 하나님께서 이 마지막 때 영적 장자의 지위를 한국 교계에 주신 것은 절대 우연이 아니라고 믿는다. 이때를 위함이 아니라고 누가 말할 수 있겠는가.

어쩌면 누군가의 탄식처럼 어쩌면 막지 못할 수도 있다. 싸워도 바꾸지 못할 수도 있다. 그러나 결과가 같아도 같은 것이 아니다. 하나님은 그 과정에서 우리의 선택과 몸부림을 보시기 때문이다. 그래서 결과에 상관없이 나는 그 일을 할 뿐이다.

어릴 때 즐겨 하던 놀이 중에 '여우야 여우야'라는 것이 있었다. 술래가 뒤돌아 서 있으면 아이들이 살금살금 뒤로 가서 술래에게 "여우야, 여우야, 뭐하니?" 하고 묻는다. "잠잔다", "밥 먹는다"라는 대답에서 "개구리 반찬"까지 오면 아이들은 이제 긴장한 채 "죽었니? 살았니?"라는 마지막 질문을 해야 한다. "죽었다" 그러면 괜찮다. 그때는 편안하게 있어도 된다. 그런데 "살았다!" 하면 후다닥 뛰어야 한다.

나는 이 질문이 한국 교회를 향해 "한국 교회여, 살았느냐 죽었느냐?" 물으시는 하나님의 준엄하신 질문인 듯싶다. 그 앞에서 우리는 담대하고 단호하게 하나님께 외쳐야 한다.

"하나님, 저희가 살아 있습니다! 절대로 시대의 풍조와 대세의 바알 앞에 무릎 꿇지 않겠습니다! 저항하고 충돌하며 하나님의 뜻대로 살려고 그 좁은 길을 선택하여 나아가겠습니다!"

또한 이 질문은 사탄과 마귀가 이 시대 한국 교회를 공격하기 위해 "한국 교회, 너희들 죽었니, 살았니?" 하며 옆구리를 찔러보는 간교한 질문일 수 있다. 이때 우리는 그 간교한 계략과 교묘한 술수 앞에 큰소리로 "살았다!" 외치며 달려 나가 시대적 위협을 대적하고 유혹에 저항하며 충돌해야 한다. 아무리 힘들고 어려워도 예수님의 그 좁은 길을 선택하여 이탈하지 않고 끝까지 걸어가 마침내 승리하는 믿음의 용사들로 살아가자.

능력에 맞는 일보다
일에 맞는 능력

12

사명에 걸맞은 능력을 구하라

교회가 나약해지고 있다. 발톱과 이빨을 뽑힌 사자처럼 처참하게, 머리카락 잘린 삼손처럼 비루하게 하나님의 사람들이 능력을 잃어가고 있다. 마치 골리앗의 조롱을 받으면서도 전의를 상실한 채 40일 동안 바위 뒤에 숨어 두려워 떨며 어쩔 수 없다고, 현실이라고 패배를 받아들이고 있던 이스라엘처럼 죄악과 시대의 우상과 맞설 투쟁력을 상실한 채 주저앉아 절망만 하고 있다. 초대 교회의 엄청난 영성과 믿음의 선배들이 보여준 신앙의 야성을 잃고 점점 교회와 성도들의 능력과 영성이 시들어가고 있다.

왜 우리는 사도행전적 능력을 체험하지 못하고, 우리 삶에 시퍼렇게 살아계신 하나님을 증거하는 기적의 주인공이 되지 못하고 있는가? 왜 놀라운 변화와 꿈꾸지도, 생각지도 못한 위대한 인생의 전환과 축복을 맛보지 못하는가? 내 수준에서 일하고, 내 수준에서 꿈꾸고, 내 수준으로 기도하기 때문이다.

내 수준과 처지에서 그럴듯하고 그럴 만한 것들을 꿈꾸며 살아가는 것은 믿음 생활이 아니다. 이성이 개입된 기도와 순종과 비전은 아무 힘과 능력이 없다. 그것은 믿음이 아니라 경영이다. 우리는 믿음으로 말미암아 사는 존재지 내 삶을 내 능력껏 경영하는 자들이 아니다. 우리는 스스로 "나는 아직 최고의 축복은 맛보지도 못했다, 아직 최고의 부흥의 때는 오지도 않았다"라고 선포하고, 더 큰 복과 더 깊은 영성을 꿈꾸며 위대한 삶을 향하여 도전하고 모험해야 한다. 큰 꿈을 꾸고, 하나님의 뜻대로 더욱 입을 크게 벌려 위대한 인생에 도전해야 한다.

그러기 위해서 우선 해야 할 일은 기도의 방향을 바꾸어 '위대한 사명에 걸맞은 능력'을 구하는 것이다. 우리는 거꾸로, 내 능력에 걸맞은 사명을 구하고 내 현실과 상황에 합리적인 꿈을 꾸며 살아간다. 그러니 믿음의 선배들이 보여준 놀라우신 하나님의 능력이 오늘 우리 삶에서는 발현되지 못하는 것이다. 선택해야 한다. 내 능력껏 일할 것인가, 아니면 하나님 주신 내 능력 밖의 큰 꿈과 사명을 품고 그에 합당한 능력을 구할 것인가.

믿음의 공동체에서도, 믿음이 있다 하면서도 사람들은 대개 '경영'을 한다. 합리적인 이유와 효과적인 방법으로 상황, 처지, 형편에 걸맞은 일만 하다 보니 그 수준을 뛰어넘지 못하는 한계 안에 살게 된다. 하지만 이제 선택을 바꿔야 한다. 내 수준과 능력에 맞는 일이 아니라 하나님이 주신 일과 꿈과 사명에 걸맞은 능력을 주님께 구해야 한다.

"능력에 맞는 사명을 구하지 말고, 사명에 맞는 능력을 구하라."

저명한 미국의 설교자 필립스 브룩스(Phillips Brooks)의 명언이다. 감당해야 할 헌신과 맡겨진 과분한 사역과 사명 앞에서 두려워하며 주저하는 성도들에게 주는 아주 명쾌한 신앙적 답변 아닌가? 이 작은 '관점의 차이'와 '기도 방향의 선택' 한 번이 삶의 질을 바꾸고 평범한 인생을 위대한 인생으로 바꾸는 전환점이 될 수 있다.

부족한 환경을 딛고 하나님께 쓰임받은 믿음의 사람들

신앙의 위대한 인물들은 그 위대한 사명에 합당한 처지와 환경과 상황에 있지 않았으며, 그들이 이룬 위대한 업적에 합당하게 일할 만한 능력을 갖추지도 못했다. 오히려 그들은 열악한 환경에서 희박한 가능성을 믿음으로 극복하고 이겨냈다. 다윗, 모세, 에스더, 다니엘, 스룹바벨, 에스라, 바울, 베드로 이들 모두 다 우리가 소명 앞에서 느끼는 두려움과 사명을 회피하고 싶은 마음, 힘겨운 상황 때문에 불순종하고 싶은 유혹을 경험했다.

불붙은 떨기나무 앞에서 거대한 출애굽 프로젝트의 사명을 받을 때 모세는 40년 동안 도망자로 광야에서 양만 치며 살던 볼품없는 80세 노인이었다. 나는 입이 뻣뻣하고 혀가 둔한 자이니 제발 보낼 만한 자를 보내시라는(출 4:10,13) 탄식에 두려움과 회피하고 싶은 마음이 잘 나타나 있다. 그런 그가 어찌 부르신 소명과 맡기신 사명에 합당한 능력과 상황을 갖춘 인물이라 하겠는가.

다윗은 시퍼렇게 살아계신 하나님의 능력을 증거하기 위해 골리앗과 맞설 때 자신의 초라함과 연약함, 가능성 없음을 알았다. 그는 어리고 칼과 갑옷도 없었다. 그러나 전쟁은 여호와께 속한 것이지 칼과 창이라는 시대의 스펙에 달려 있지 않다는 것을 믿고 선포했고(삼상 17:45,47) 이 선택을 통해 시대의 위대한 인생으로 급부상하게 되었다.

베드로 사도의 설교 한 번에 사람들이 회개하며 주님 앞에 나아와 회개하고 세례를 받는데 무려 3천 명이 더했다. 그런데 그가 본래 이런 유의 말씀과 사역과 기적을 펼칠 만한 위인이 아니었음을 우리는 성경을 통해 잘 알고 있다. 이것은 그의 인격과 학식과 능력으로는 꿈꿀 수 없었던 사역이었다.

그는 시몬이라는 본명보다 예수님이 지어주신 '베드로'(반석)라는 별명으로 더 알려졌지만, 반석과 같은 굳건한 믿음을 소유한 사람이 전혀 아니었다. 오히려 겁도 많고 기복이 심했다. 믿음으로 주만 바라보며 거친 파도와 물결 위를 걸어가기도 했지만 이내 두려움과 불신으로 물에 빠져 허우적거리는 나약한 모습을 보였다. 이게 어찌 반석 같은 믿음인가.

"주는 그리스도시요 살아 계신 하나님의 아들이시니이다"(마 16:16)라는 고백으로 예수님께 큰 칭찬을 들었지만 이내 하나님의 뜻은 생각지 않고 사사로운 인간적 생각으로 주님이 십자가로 가는 길을 가로막아 "사탄아 내 뒤로 물러가라 너는 나를 넘어지게 하는 자로다"(마 16:23)라고 책망받기도 한 베드로. 예수님을 잡으러 온 사람들에게 칼을 휘둘러 말고의 귀를 벤(요 18:10) 이 용기 있는 자도 베드로지만 이내 몇 시간 뒤에 예수님을 저주하고 부인했던 자도 베드로다.

믿음이 있는 것 같기도 하고 없는 것 같기도 하고, 이랬다저랬다 하던 그가 과연 예수님의 교회, 몸 되신 성전을 세울 만한 반석과 같은 믿음을 가진 자였을까? 아니다. 하지만 예수님은 베드로를 선택하셨다. 예수님은 베드로에게 꿈과 사명을 주셨고, 베드로는 그런 능력과 상황이 되는 사람은 아니었지만 이 사명에 걸맞은 상황과 능력과 축복을 공급받아 그 일을 감당했다.

베드로는 변변한 배경이나 지식도 없는 시골 어촌마을의 어부였다. 그가 자기 상황과 처지, 능력에 합당한 일을 구했다면 잘해야 어촌계장이나 수협 조합장 정도 되었을 것이다. 하지만 그는 하나님께 고기 잡는 어부가 아니라 사람을 낚는, 즉 복음을 전하여 영혼을 구원하는 제자 및 초대 교회 지도자의 사명을 받았고, '내 주제와 내 능력에 이 일이 마땅해? 이런 과분한 일을 할 수 없어' 하는 대신 이 사명에 걸맞은 능력을 하나님께 구하며 간 것이다.

예수님은 우리가 반석 같아서가 아니라 우리를 반석같이 연단하고 다듬고 능력 주셔서 사용하시고야 만다. 그러니 하나님의 부르심과 성령의 감동 앞에서 '나는 반석도 아닌데'라며 걱정하지 말고, 도망하지도 말라. 그리고 하나님이 주신 사명과 헌신, 말씀을 감당할 능력을 달라고 기도하라. 그럴 때 그 인생이 뒤집어진다.

내 수준과 한계를 넘는 역사는 선택에서 시작된다

나 역시 베드로와 별반 다른 인생이 아닌데 선택 하나가 이렇게 중요하다. 하나님의 부르심과 소명을 외면하며 도망치다가 주님 앞에 무릎 꿇고 사명을 감당키로 결단했을 때 처음 받은 기도가 아버지 목사님이 안수하며 해주신 축복기도였다.

"하나님, 이 아들이 교회들의 교회가 되게 하시고, 목회자들의 목회자가 되게 하여주옵소서."

아버지의 입술을 통해 하나님께서 주신 사명은 바로 이것이었다. 아버지가 준비한 기도도 아니었고 평소에 생각했던 기도도 아니었다고 하셨다. 아버지는 기억도 하지 못하셨다. 그런데 나는 이것을 하나님의 음성으로, 나에게 주신 사명으로 들었다.

사고뭉치, 건달, 쓰레기에 불과했던 나 같은 인간이 감당할 수 있는 사명인가? 나에게 마땅한 소명인가? 절대 아니다. 그럼에도 그 안수기도 가운데 주신 하나님의 사명을 "아멘"으로 받았더니 지금 수많은 교회를 돕고 목회자들을 살리는, 교회들의 교회요 목회자들의 목회자 역할을 감당하게 하셨다. 내 수준과 한계를 뛰어넘는 역사와 이 놀라운 축복은 이 선택 하나에서 시작되었다. 내 처지, 환경, 능력에 맞는 일을 구하지 말고 하나님이 주신 사명과 헌신, 말씀을 감당할 능력을 달라고 기도하라. 그럴 때 우리 인생은 뒤집어진다.

또한 2011년 새벽기도 중 하나님은 내 상황에서는 말도 안 되고 이성적으로 꿈도 꿀 수 없는 위대한 사명을 주셨다. 강대상 아래서 무릎 꿇고 기도하는데 하나님께서 "너를 시대의 부흥사로 사용할 것이다. 쓰러져가고 무너져가는 한국 교회를 살리는 역할을 맡길 것이다. 너를 통해 작은 교회들을 살리고 일으킬 것이다"라고 말씀하셨다.

그 말씀에 기도하고 있던 분들에게 불을 켜게 했다. 증거가 있어야 했기 때문이다. 가능성으로 따지자면 0.0000001퍼센트도 안 되는 그 말씀에 "아멘" 하고 일어나서 몇 안 되는 새벽기도 하시는 분들께 이대로 말씀을 전했다. 하지만 당시 최고의 부흥사였던 장경동, 김문훈 목사님처럼 바쁘게 사용하시겠다는 말씀에 성도들이 웃음을 터뜨리고 고개를 절레절레 흔들었다.

당시 우리 교회는 부흥회를 한 번도 해본 적이 없었다. 나 역시 어린 시절부터 아버지 목회 현장에만 있었기 때문에 부흥회를 경험한 적이 없었고, 부흥사들의 모임에 가본 적도 없었다. 게다가 아무것도 아닌, 30대 초중반의 시골 개척교회 목사였다. 그러니 말이 되는가? 가능성, 상황, 처지, 형편 무엇을 봐도 이것은 내가 수긍할 수 없는 꿈이었다. 그런데 나는 부흥회 경험도 전혀 없는 제가 어떻게 그런 부흥사가 될 수 있겠냐고 하지 않았다. 불붙은 떨기나무 앞 모세처럼, 하나님 앞에 벌벌 떨며 망하게 되었다고 고백한 이사야처럼, 상황과 처지를 보면 도저히 "아멘" 할 수 없었지만 나는 그날 그 말씀이 믿어졌다.

나는 다른 건 다 부족한데 말씀이 믿어지는 은사가 있다. 내가 믿을까 말까 선택하는 것이 아니라 말씀을 믿는 것도 은사이고 능력이다. 목회자의 소명, 개척의 사명, 교단의 크로스, 생면부지의 땅에 주신 목회의 현장…. 다 두렵고 떨리는 것들뿐이었지만 믿어지는 것을 어쩌겠는가. 그때 "아멘" 하는 것이다.

"아멘, 아멘, 아멘! 하나님, 두렵고 떨리고 말도 안 되지만 하나님께 구합니다. 그 일을 할 수 있는 능력을 주옵소서. 그렇게 살아갈 힘을 주옵소서. 환경을 주옵소서. 만남을 주옵소서. 그 위대한 사명을 이룰 수 있는 능력과 기회를 주시옵소서!"

그때 이런 기도를 드렸는데 그랬더니 정말로 시대의 부흥사로, 대한민국에서 가장 바쁜 목사 중의 한 명으로 사용해주신다.

당신도 이제 선택하라. 계속해서 지금처럼 내 상황과 처지와 형편에 맞는 일만 찾고 구할 것인가, 아니면 이제부터 내 한계를 뛰어넘는 위대한 삶과 사명에 걸맞은 능력을 구하고 기도할 것인가. 이 선택 하나로 성공과 실패가 나뉘고, 먼 훗날 후회하는 인생과 흐뭇해하는 인생이 나뉠 수 있다.

현실에 맞는 경영자가 아니라 믿음의 사명자가 되어라

내가 볼 때 실패하고 후회하는 사람들에게는 크게 두 가지의 공통된 특징이 있다. 첫째는 항상 현실에 맞고 상황에 합당한 일만 구하며 적당하게 안주하는 것이고, 둘째는 불평과 핑계를 달고 사는 것이다.

안주하는 것을 겸손이라 착각하고 그 불순종과 불성실을 합리적인 생각이라고 포장하는 사람은 반드시 나중에 후회하게 된다. 적당히 내 삶과 처지, 형편에 맞추는 것은 믿음이 아니라 경영이다. 하나님은 완벽한 경영자가 아니라 믿음으로 일어나는 사명자를 찾으신다.

우리 교회는 시골구석에 있는 작은 교회지만 현재 방송이나 영상, 책을 통해 수많은 사람에게 영향력을 끼치고 있다. 이런 일이 가능했던 것은 내 처지와 상황에 합당하고 마땅한 설교를 하지 않았기 때문이다. 내게는 인생을 변화시킨 설교학 교수님이 두 분 계시는데, 한 분은 개척하고 우리 교인 숫자가 스무 명도 안 될 때 설교 시간마다 팔짱을 끼고 껌을 씹던 40대 여자분이었다. 그녀는 자기가 교사라서 주보에서 성경 본문과 제목만 보면 어떤 말을 할지 다 안다고 했다. 그 말에 그가 감히 상상할 수도 없는 설교를 해서 그 교만을 깨뜨려주겠다고 결심했고, 그때부터 설교 제목을 주제가 빤히 드러나지 않는 문장식으로 붙였더니 사람들이 설교를 궁금해하기 시작했다. 결국 그 집사님은 교회를 나갔지만 내 설교에 정말 좋은 교수님이었다.

또 한 분은 개척 후 우리 성도가 한 명도 없을 때 새벽기도 나오시던 할머니 성도님이다. 울산 덕화교회를 다니는데 멀리 본교회로 새벽기도를 갈 수 없어서 집 앞의 우리 교회로 나오셨다. 그런데 항상 오자마자 주무셔서 내가 설교를 준비해봤자 들을 사람은 눈도 안 뜨는 그 할머니 한 분인 상황이 매일 반복되었다.

그날도 나는 강대상 앞에 서서 그냥 오늘 한 판 때운다는 그런 마음으로 설교를 주절주절하고 있었다. 내가 아무리 설교를 준비해도 듣는 이는 매일 졸고 이해도 못 하는 그 할머니 한 분뿐이었기 때문이다. 그런데 갑자기 그때 너무나도 큰 하나님의 아픔을 느꼈다. 내가 과연 만 명이 넘는 교회의 담임 목사로, 만 명이 넘는 회중 앞에 새벽기도회로 선다면 이따위로 설교를 준비해왔을까? 절대로 그렇게 못 한다. 눈앞의 현실에 합당한 설교만 하면 이건 망하는 거였다. 내가 삯꾼이란 생각이 들었다. 성도가 몇 명 있으면 이렇게 준비하고, 어느 정도 급의 교회에 가면 이 정도 준비하고, 그런 것은 삯꾼이다.

나는 하나님 앞에 서는 사람이지 사람 앞에 서는 자가 아님을 스스로 깨닫고 엉엉 울었다. 하나님께 너무 죄스러워 무릎 꿇고 용서를 빌었다. 졸고 있는 할머니에게도 가서 무릎을 꿇었다. 내가 설교하다가 중간에 내려가서 엉엉 울고 다시 올라온 것도 모를 정도로 깊은 잠에 빠져 계셨던 할머니는 자기가 졸아서 내가 화가 난 줄 알고 다음부터는 안 졸겠다고 하셨다.

"제가 오늘 도저히 설교할 수 없습니다. 저는 오늘까진 가짜였습니다. 내일부터는 진짜 설교자로 서겠습니다. 용서하십시오."

나는 그 한 분께 무릎 꿇고 사과하고, 그 시간부터 금식하며 그 자리를 떠나지 않았다. 계속 엉엉 울며 말씀 준비만 했고 그때부터 우리 교회 새벽기도 설교가 시작되었다. 그렇게 하루에 대여섯 시간씩 새벽기도 설교를 준비하고 몇 명이 있든지 몇만 명 성도들 앞에 선 것처럼 하나님이 맡겨주신 꿈에 합당한 설교를 해왔더니 어느 순간 이렇게 아름다운 열매로 맺게 되었다.

항상 실패하고 후회하는 인생을 살아가는 사람들은 눈앞의 현실에 마땅한 일만 하고 적당히 노력하지만, 성공하고 승리하며 기쁨의 삶을 살아가는 사람들은 현실이 아닌 하나님이 주신 꿈에 걸맞은 능력을 구하며 노력하고 살아간다는 것을 잊지 말길 바란다.

불평과 핑계를 버리고 일단 경험하라

실패하고 후회하는 사람들은 불평과 핑계를 달고 산다. 내 상황에 걸맞지 않고 마땅치 않은 말씀에 "이 교회는 꼭 내가 힘들 때 이런 걸 시켜?"라며 짜증을 내고, 거절과 불순종을 합리화하기 위해서 얼마나 순종하기 어려운 상황이고 얼마나 열악한 처지였는지, 가능성은 얼마나 희박했는지 계속 설명하고 합리화하려 든다.

원래 그 말이 맞다. 하나님은 내 능력 안에서 수월한 순종과 사명을 주지 않으신다. 내 능력과 수준에 맞는 일만 시키면 누가 못하겠는가. 믿음이 없어도 한다. 그러나 하나님은 언제나 내가 감당할 수 없는 순종, 내 처지에 걸맞지 않은 사명을 주시고는 내 믿음을 요구하신다. 언제나 내가 건널 홍해는 너무 깊고, 내가 맞서야 할 골리앗은 너무 크며, 내가 싸울 대적의 수는 너무 많고, 내가 허물고 돌진해야 할 여리고성은 언제나 높고 두텁다.

내가 싸워야 할 블레셋은 왜 이렇게 많냐고 불평하며 돌아다니지 말고 그들과 싸워 이길 힘을 달라고 기도해야 한다. 내 능력으로 건널 수 있는 작은 개울 말고 홍해를 건널 힘을 달라고 기도하라. 내가 정복할 수 있는 작은 외성(外城) 따위가 아니라 여리고성을 정복할 능력을 구하라. 내가 감당할 수 있는 키 작은 골리앗을 달라고 하지 말고 골리앗을 감당할 힘을 달라고 기도하라. 내가 건널 수 있는 홍해, 내가 상대할 만한 골리앗을 구하는 것이 아니라 그것을 감당할 능력을 달라고 기도하는 것이 믿음이다.

그렇게 순종하고 믿음으로 그 사명을 감당한 사람들은 아무리 생각하고 또 생각해봐도 감사해서 천국을 살고 행복을 누린다. 이런 인생을 살고 있는가? 이 작은 선택 하나가 오늘 나와 내일 내 자녀들에게 또 다른 엄청난 결과를 가져올 것이다.

한번 경험해 봐야 안다. 자꾸 내 상황과 형편 안에서 내 능력으로 뭔가 하는 것이 아니라 내 능력과 상황을 능가하는 사명과 그에 걸맞은 능력을 달라고 기도하며 감당해 봐야 한다. 한번 그것을 경험하면 그

때부터 확신이 선다. 체험을 한두 번만 하면 그다음부터 담대해져서 따르지 못할 순종, 감당하지 못할 사명이 없게 될 것이다.

간절함과 절박함에서 능력이 나온다

꿈만 꾸지 말고 간절하고 절박해야 한다. 꿈은 거창하게 꾸는데 그 사명을 감당하기 위한 간절함과 절박함 없이 그저 꿈만 꾸면 능력 없이 결국 실패하게 된다. "골리앗과 싸울 거예요"라는 얘기만 하거나 "골리앗? 아… 내가 싸울 것이긴 한데 하나님이 좋은 기회 주시겠지요" 라며 이기면 좋고 아니면 말고 식으로 하는 것이 아니라 내가 죽어도 반드시 골리앗을 이기고야 말겠다는 간절함과 절박함이 있어야 물맷돌의 능력이 나올 수 있다.

"내가 그 일을 하고 싶어요, 내가 그 사명 감당하고 싶어요"라고 말은 하는데 전혀 간절함이 없는 경우를 보곤 한다. 하나님의 사명은 자녀들 대학 보내고, 시집장가 보낸 그다음에 여력이 되면 하겠다고 하는 이런 마음에는 하나님이 절대 능력을 주지 않으신다. 내가 다른 건 다 몰라도 이것만은 반드시 해드린다는 간절함이 있을 때 하나님께서 이룰 수 있는 능력을 주신다. 간절함에서 능력이 나온다. 절박함에서 잠자고 있는 능력과 내 수준을 초월하는 능력을 경험하게 된다.

역사 속의 승자는 강한 자가 아니다. 이제 망해서 죽을지도 모른다는 절박한 자가 이겼다. 역사 속 수많은 전쟁의 승자는 강자가 아니라 정말 절박한 자, 간절한 자였다. 오늘 당신은 하나님의 영적 전투에 간절한가?

간절함과 절박함에서 능력이 나온다면 그것의 근원지는 어디인가? 사랑이다. 자식을 사랑하니 자식 일이 무조건 최우선이고 거기에 모든 것을 집중한다. 사랑하면 절박해지고, 절박하면 꾸어서라도 메꾼다. 결론은 이것이다. 그 사람을 얼마만큼 사랑하는가. 그 사랑에서 간절함과 절박함이 나온다.

연인이 달을 따달라고 할 때 "나는 지키지 못할 약속은 안 하는 사람이야. 달이 얼마나 먼지 알아? 38만 4천 킬로미터나 되는 거 알고나 하는 소리야?" 이렇게 대답하는 사람은 사랑하는 사람이 아니다. 사랑하지 않는 사이에서는 모든 일에 합리성을 따지고, 과학적 이성적 근거를 따라 결정하고 선택한다. 사랑에 빠진 자는 과학적으로 이성적으로 합리적으로 접근하지 않는다. 어떻게든 그녀의 소원을 들어주고 싶다. 달뿐 아니라 별까지 따다주고 싶다. "알았어. 내가 따올게" 하고는 고민해서 작전을 짠다.

1840년대 초, 헤스타라는 여인과 사랑에 빠진 청년 월터 헌트는 연인의 아버지를 찾아가 결혼을 허락해달라고 했다. 하지만 헤스타의 아버지는 가난한 청년에게 딸을 줄 수 없다며 10일 안에 천 달러를 벌어오면 결혼을 허락하겠다고 제안한다. 당시의 천 달러는 엄청나게 큰돈이었다. 고민하며 잠 못 드는 밤이 며칠이나 이어졌다. 평소 같으면 '1년에도 못 벌 돈을 어떻게 열흘 만에 벌어'라고 했을 텐데 그는 절박했다. 헤스타를 너무나도 사랑했기에 그녀와 결혼하고 싶었고 포기할 수 없었던 것이다.

부활절 축제가 한창이던 당시 사람들을 관찰하던 헌트는 기가 막힌 아이디어를 생각해냈다. 당시에는 일자형 핀으로 옷에 리본을 달았는데 그러다 보니 핀이 잘 빠졌고, 심지어 끌어안고 춤을 출 때 상대편의 손에 찔리는 일이 많았다. 헌트는 살을 찌르지 않는 안전한 핀을 만들어보려고 철사를 사다가 한쪽 끝을 구부리고 홈을 만들어 빠지지 않게 했다.

결국 헌트는 이 옷핀을 특허 신청하고 한 리본 가게에 특허권을 팔아 천 달러를 벌었고, 10일째 되는 날 헤스타의 아버지를 찾아가 결혼을 허락받을 수 있었다. 사랑의 간절함에서 그에 걸맞은 아이디어와 능력이 나온 것이다.

그 사랑이면 충분하다

요한복음 21장에서, 부활하신 예수님은 그분의 양을 치는 사명을 주시려 베드로를 찾아오셨다. 그 자리에서 예수님은 베드로에게 "너 각오 됐니? 인격적으로도 준비됐니? 내가 가르쳤던 것 논문으로 다 준비했지?" 이런 것 하나도 묻지 않으시고 딱 한 가지만 거듭 물으셨다.

"베드로야, 너 나 사랑하니? 베드로야, 너 나 진짜 사랑하지? 베드로야, 너 나 진짜 사랑하는 거 맞지?"

그러자 베드로가 이렇게 대답했다.

"제가 비록 부끄럽고 실수 많은 인간이지만 제가 지금 주님을 사랑하는 것, 주님이 잘 아십니다."

그 사랑이면 충분하다. 사랑하면 된다. 주님을 진실로 사랑하고, 그 맡기신 사명과 주님의 몸 된 교회를 진심으로 아끼고 사랑하면 된다. 그 사랑에서 아이디어가 나오고 능력이 나오고 힘이 나온다. 내가 감당할 만해서 하는 게 아니라 사랑하면 나온다. 그 사랑이 간절한 간구와 기도로 이어져 한계를 뛰어넘는 하나님의 능력이 공급되게 한다. 하나님께서 그 사랑의 절박한 간구와 기도를 보시고, 그 기도를 통해 능력을 베풀어주신다.

주님을 진정으로 사랑하는 자는 자기 수준과 형편 안에서 주님을 섬기고 헌신하고 예배하는 데 절대 만족하지 못한다. 갈망하고 더 갈망해도 모자란다. 더 찬양하고 더 기도하고 더 뜨겁게 예배해도 모자란 것이 주님을 사랑하는 사람의 모습이다. 우리가 진정 예수님을 사랑하는 마음이 있다면, 그분을 위한 헌신과 사역에 자연히 목마를 것이고, 그럴 때 그 간절함에서 능력이 나오는 법이다. 더 정확히 말하면, 그런 자들에게 주님이 능력을 주신다.

주님은 사명자를 불러 사역을 맡기실 때, 그 일에 필요한 스펙이나 자격이나 경험을 묻지 않으신다. 세상은 그가 그 일을 감당할 수 있는지 확인하고 싶어서 이력서에 스펙 적어 가져오라 하고, 자격증을 요구하고, 각오 한번 얘기해보라고 하지만 하나님은 큰 사명을 맡기시면서 한 번도 그러지 않으셨다. 내게도 그러셨다. 오직 하나, "너 나 사랑하니?" 이 질문에 대한 답만 원하셨다.

예전에 우리 교회에서 새로운 사업을 추진 중인 어느 집사님이 "저는 목사님과 함께해야 할 일도 많고 지원해드리고 싶은 일도 많아서 이 사업에 꼭 성공해야 해요"라고 말씀하시는 것을 들은 적이 있다. 그때 너무 감동받았고, 함께하고 싶어 하는 집사님의 그 마음을 보시고 하나님은 얼마나 기뻐하실까 싶었다.

뒝벌이라고도 불리는 뒤영벌(Bumble bee)은 덩치에 비해 날개가 너무 작아서 생물학적으로는 절대로 날 수 없는 신체구조를 가졌다고 한다. 그런데 뒝벌은 난다. 조건이 좋아서가 아니라 날아야 하기 때문에 난다. 그 간절함으로 뒝벌은 1초에 무려 200회의 날갯짓으로 누구도 설명할 수 없는 공기의 기류를 만들어 날고야 만다. 반면 닭은 날지 못한다. 생물학자들이 아무리 연구해 봐도 닭이 날지 못할 이유를 전혀 발견하지 못했다고 한다. 간혹 하늘을 나는 닭도 있지만 대부분의 닭은 날지 못한다. 왜일까? 날아야 할 이유가 없기 때문이다.

진정 날아야 할 이유를 찾는다면 우리도 분명 독수리처럼 날아오를 수 있다. 오늘 내 수준에 맞는 사명과 비전을 구하지 말고, 사명과 순종에 필요한 능력을 구한 베드로 같은 성령의 사람, 믿음의 능력자들이 되길 축복한다. 나를 통해 하시지만 결국 주님이 일하신다. 주님께서 힘을 공급하시고 우리를 통해 일하시지만 그 사역과 위대한 사명의 주체는 내가 아님을 기억하자.

"주님, 제가 순종하오니 저를 사용하시고 제 안에서 일하여주시옵소서!"

왕상 18:21 엘리야가 모든 백성에게 가까이 나아가 이르되 너희가
어느 때까지 둘 사이에서 머뭇머뭇 하려느냐 여호와가 만일 하나님이면
그를 따르고 바알이 만일 하나님이면 그를 따를지니라 하니 백성이 말
한마디도 대답하지 아니하는지라

선택하지 않음도
선택이다

13

결정장애의 시대

이게 뭐라고
이리 힘들까

간결하면서도 정곡을 찌르는 재미있는 글로 사랑받는, 자칭 '시(詩) 팔이' 하상욱 작가의 〈메뉴 선택〉이라는 시다.

예전에는 선택할 것이 별로 없었다. 구멍가게에 바가지도 한 종류, 수세미도 한 종류였고 과자도 그저 몇 가지, 피자는 그냥 피자였다. 그런데 요즘은 뭐가 이렇게 복잡한지 모르겠다. 카페에 가면 커피 메뉴가 너무 많아 당황스럽고, 피자 종류는 많은 것은 물론이고 한 피자 안에 몇 가지 맛이 담긴다. 아이스크림은 31가지를 넘어서 이제는 이름도 외우기 힘든 신제품이 매년 출시된다.

이 다양하고 많은 정보 속에서 사람들은 뭔가 선택하기를 너무 어려워한다. "이거 할래?" 물어보면 "네", "아니오"로 결정을 내리지 못하고 "글쎄요"라고 말을 흐린다. "이게 좋아요"가 아니라 "이게 좋은 것 같아요"라고 자신 없이 답한다. 자기 의견과 의사를 정확히 표현하지 못하고 선택과 결정을 주저하는 사람들로 인해 결정장애 증후군이 생겨날 정도다. '햄릿 증후군'(hamlet syndrome)으로도 불리는 이 증후군은 영국의 극작가 윌리엄 셰익스피어의 희곡 '햄릿'의 주인공처럼 빨리 결정 내리지 못하고 오랫동안 고민하는 사람들의 심리상태를 일컫는다.

사람들이 선택의 갈림길에서 무엇을 선택할지 몰라 괴로워하는 이 시대적 현상은 영적인 신앙 문제에서도 나타난다. 오늘 우리도 영적 햄릿 증후군, 신앙의 결정장애, 선택장애 증후군을 겪고 있는지도 모른다. 무슨 의미인가? 우리는 이 시대 가운데 분명하고 단호한 태도로 말씀을 선택하고, 은혜를 선택하고, 하나님이 부르신 곳과 사명을 선택해야 한다. 그런데 자꾸 갈등하고 주저하며 양다리 걸친 채 살아간다. 그것이 불신앙인지도 모르고….

'나는 적극적으로 하나님께 불순종하며 그분의 반대편에 서본 적이 없다. 그러니 나는 신앙 안에 있다'라고 착각하는 사람들이 너무 많다. 절에 다니지도 않았고 적그리스도 같은 마인드로 교회를 대적한 적도 없으니 나는 신앙 안에서 안전하게 있다고 생각하는데 하나님의 생각은 다르다. '나는 아직 선택하지 않은 것뿐이다. 하나님 일에 적극적으로 나서지 않고 있을 뿐이지 방해한 적은 없다. 하나님과 함께하지 않을 뿐이지 하나님을 반대한 적도 없다'라고 생각하는 사람들에게 예수님은 분명히 말씀하신다.

나와 함께 아니하는 자는 나를 반대하는 자요 나와 함께 모으지 아니하는 자는 헤치는 자니라 **마 12:30**

예수님과 함께하지 않는 것은 예수님을 반대하는 것이다. 머뭇거리고, 적극적으로 함께 힘을 모으지 않으면 헤치는 것과 같다. 하나님께서 한국 교회에, 내게 원하시는 뜻이 있는데 이를 알면서도 주저하며 나서지 않는다면 이 또한 불순종이다. 예를 들어 동성애와 차별금지법을 찬성하지 않았어도 침묵하고 하나님과 함께하지 않는 것은 하나님의 뜻을 반대하는 것과 같은 것이다.

하나님은 적극적으로 믿음을, 말씀을, 순종을, 사명과 소명을 선택하지 않은 것, 주저하고 머뭇거리고 있는 그 자체를 불순종이라 하신다. 나는 '아직 결정을 내리지 않고 선택을 유보하고 있을 뿐이지 불순종은 아니야'라고 생각하지만 하나님은 불순종으로 보신다. 머뭇거림, 아직 선택하지 않고 주저하는 것, 신앙의 회색지대에 머무는 것은 당신의 불신앙적 선택이다.

머뭇거림은 불순종을 선택한 것이다

이스라엘은 한 번도 하나님을 버린 적이 없었다. 그저 하나님을 적극적으로 따르지 않고 하나님과 당시의 대세와 유행이던 바알 사이에서 양다리를 걸쳤을 뿐이었다. 그들은 망하는 순간까지 중간지대에서 "우리는 하나님을 버린 적이 없어요"라고 주장했다. 그러나 하나님을 택하지 않은 것, 선택을 유예하고 머뭇거린 그것 또한 그들의 선택이었다. 하나님은 엘리야를 통해 그들에게 호통치시며 그들의 선택을 종용하셨지만 백성들은 여전히 선택을 주저했다.

"둘 사이"는 하나님과 바알의 중간지대다. 엘리야의 말에 백성들은
우물쭈물하는 태도를 버리고 하나님을 적극적으로 선택하여 영적 중
간지대, 불신앙의 회색지대를 단호히 떠나야 했다. 그러나 그 순간에
도 '나는 아직 하나님을 전적으로 선택하지 않았지만 바알을 선택한
것도 아니다'라고 생각하며 대답하지 않았는데 사실 이것도 선택이었
다. 선택의 유보는 불신앙의 선택이었다. 신앙은 결국 적극적이고 명확
하게 선택하는 것이다.

혹시 당신은 하나님의 분명한 뜻 앞에서 아직도 머뭇거리고 주저하
고 있지는 않은가? 선택하지 않은 것을 '내가 아직 결정 내리지 않았다'
로 착각하고 있지는 않은가? 분명히 들으라. '아직 선택하지 않음'도
당신의 선택이다. 분명히 말하지만, 아직도 선택하지 않고 머뭇거리는
것도 불신앙적 선택이다. 신앙은 뜨거워야 한다. 라오디게아 교회가
예수님께 책망받은 것은 그들의 뜨겁지 않고 미지근한 신앙이었다.

주님은 차든지 뜨겁든지 양단간 결정 내리길 원하신다. 결론은 뜨거워지라는 말씀이다. "난 차갑지 않아요"라고 주장하지만, 정체성이 없이 분명하지도 명확하지도 않은 신앙은 하나님께서 토해버리고 싶은 잘못된 신앙이다. 열정 있게 신앙생활 해야 한다고들 하는데 그 열정이 무엇인가? 내게 "안 목사님은 참 뜨거워. 사역에 참 열정적이야"라고 말씀하시는 분들께 무엇이 열정적이고 뜨거운 것인지 물으니 결단할 때 우유부단하게 주저하지 않는 것을 말씀해주셨다. 열정은 곧 결정이다. 열정은 민첩한 결단, 주저함 없는 결단, 흔들림 없는 결정, 머뭇거림 없는 선택으로 나타난다.

오프라 윈프리는 "아무것도 결정하지 않은 것 그것 또한 당신의 선택이다"라면서, 사랑하는 사람들이 후회하지 않을 인생을 살기 위하여, 그녀의 영혼을 뒤흔들었던 리 안 워맥(Lee Ann Womack)의 노래 〈I Hope You Dance〉(나는 네가 춤을 추었으면 좋겠어)의 가사를 인용해 조언한다.

"계속 자리에 앉아 있을 것인가 춤을 출 것인가
  선택의 갈림길에 서면 나는 네가 춤을 추었으면 좋겠어."

우리는 때로 이 자리에 가만히 앉아 있을지 혹은 일어나 춤출 지를 고민한다. 그러면 나 역시 "그때 네가 주저 없이 일어나 춤추었으면 좋겠어"라는 말로 당신에게도 도전을 권면하고 조언하고 싶다. 그것이 영적 모험이며 신앙의 결단이고 믿음의 도전이다.

내 인생을 바꾼 그 새벽의 선택

옛날에는 TV로나 볼 수 있었던 귀한 사역자와 유명한 셀럽들이 지금은 적극적으로 나를 찾아오고 교제를 청할 때 나는 꿈을 꾸는 것만 같다. 2012년 4월 2일 새벽, 병원 입원실에서의 한 선택이 내 인생을 결정적으로 바꾸었다. 그때 나는 한 광고를 읽고서 계속 자리에 앉아 있을 것인가, 일어나 춤출 것인가를 고민했는데 일어나 춤을 췄을 때 일어난 일들을 나누어보려 한다.

머뭇거리다 지나버리면 그 선택은 불가능해지는 거야

나는 수술 후유증으로 1년에 몇 번씩은 입원하고, 과로로 병원에 실려 간 적도 많았지만 2012년 4월은 정말 극심한 번아웃으로 쓰러졌다. 여러 검사 후 의사 선생님이 "목사님, 이러다 죽습니다"라며 절대안정 처방을 내렸다. 나는 입원할 때마다 항상 책을 10-20권씩 가져가서 읽곤 했는데, 의사 선생님이 그 책도 다 압수했다. 뭘 읽지도 말고 생각도 하지 말고 설교 준비도 하지 말고 그저 가만히 누워만 있으라고 했다. 면회도 금지였다.

나는 문자 중독이라는 강박증세가 있어서 문자를 안 보면 숨이 안 쉬어질 것같이 답답해 뭔가를 꼭 읽어야 했다. 책을 다 뺏기자 병실 안에서 읽을 수 있는 것은 다 읽었는데 더는 읽을 게 없으니 심심하다 못해 숨이 막혀 죽을 것 같았다. 아내에게 전화해서 책을 좀 갖다달라고 하니 의사 선생님이 절대 안 된다고 했단다. "이러다가 정말 너무 힘들어 죽겠다" 했더니 국민일보를 접어서 몰래 병실에 넣어주고 갔다.

그걸 아끼며 읽는데, 4월 2일 부산 포도원교회에서 목회자 전도 세미나가 열린다는 광고 하나가 눈에 들어왔다. 세미나, 부흥회 같은 데를 가본 적도 없고 관심도 없어서 평소에는 그냥 넘기곤 했지만 그때는 한 면 한 면을 아껴 읽어서 그런지 그런 광고까지도 다 읽었다. 그런데 이상했다. 이상하게 하나님이 부르시는 것만 같았다.

여기 가야겠다는 마음이 들어 의사 선생님에게 4월 2일에 중요한 모임 약속이 있으니 그날 퇴원을 좀 시켜달라고 부탁했다. 그랬더니 의사 선생님이 버럭 화를 내며 지금 목사님 상태가 어떤지 알고 그러냐고, 말 같지도 않은 소리 하지 말라고 해서 더 말을 못 하고 포기했다.

하지만 당일인 4월 2일 새벽, 일찍 잠이 깼는데 자꾸만 심장이 뛰고, 뭔지는 몰라도 하나님의 놀라운 역사가 내 곁을 지나고 있는 것 같았다. 오늘 이것을 붙잡아 확인하지 않으면 하나님께서 내게 어떤 엄청난 역사를 허락하셨는지도 모르고 지나가 안타깝게 그것을 놓칠 것만 같은 느낌이었다. 그때 오프라 윈프리의 '아무것도 결정하지 않은 것 또한 너의 선택이다, 계속 자리에 앉아 있을 것인가 춤을 출 것인가 그 갈림길에 네가 선다면 나는 네가 춤추었으면 좋겠어' 이 글이 떠올라 머릿속에 맴돌았다.

'그래, 후회할 선택은 하지 말자. 지금 머뭇거리면 조금 지나 선택하고 결정하려 해도 그 선택은 불가능해지는 거야. 지금 선택해야 돼.'

그 새벽에 링거를 뽑고 옷을 갈아입고 병원을 빠져나왔다. 한 시간 넘게 걸려서 부산 포도원교회에 1등으로 도착해 빈 예배당 맨 앞자리에 혼자 앉아 기도했다. 꼭 하나님의 음성을 듣고 나를 부르신 그 목적을 알게 해달라고….

아침 10시부터 저녁 6시까지 우리나라의 내로라 하는 유명한 강사님들과 대형교회 목사님들이 30분-1시간씩 자신의 목회 이야기를 해주셨다. 결론은 "우리 하나님은 살아 계시고 지금도 살아 역사하신다"라는 얘기였다. 그런데 그때 눈물이 터졌다.

'하나님! 하나님이 시퍼렇게 살아계시는데 왜 저는 그 이야기를 저 사람들에게 들어야 합니까. 하나님 시퍼렇게 살아계심을 드러내고 증거하라고 저를 부르셨는데 왜 제가 하나님 살아계신 이야기를 남의 교회 이야기로 들어야 합니까. 저도 하나님께 사용되어서 하나님 시퍼렇게 살아계신다고 외치다 죽고 싶습니다!'

점심시간에 사람들은 다 밥 먹으러 내려갔는데 영양제 맞고 있어야 할 환자가 예배당에 혼자 남아 금식하며 하나님께 나를 사용해달라고 기도했다. 오후 강사들은 누가 왔는지도 기억나지 않는다. 앞에서 울고만 있었다. 그렇게 세미나가 끝났다.

결단했어도 뭔가 확인할 것을 남겨놔야 한다. 아니면 내 결정과 선택이 유야무야(有耶無耶), 없어지거나 약해질 수 있기 때문이다. 나도 하나님의 이 놀라운 역사의 흐름을 놓치지 않고 뭔가 남겨놓고 싶어서 김문훈 목사님(부산 포도원교회 담임)을 기다렸다.

2012년 4월 2일, 그리고 한 달 후

그 세미나에 2,600명 정도가 모였는데 사람들에게 둘러싸여 여기저기 인사하느라 정신이 없으셨다. 사람들이 다 갈 때까지 기다렸다가 김문훈 목사님께 사진 한 번 같이 찍어달라고 부탁드렸다.

"저는 울산온양순복음교회 안호성 목사라고 합니다."

그때 30대 초중반이었고 청바지에 티셔츠 차림이라 목사보다는 청년인 줄 아셨을 것이다. 사진 찍고 목사님께 저를 꼭 기억해달라고 하니 "예" 하고 가셨는데 이 정도로는 안 되겠다는 생각이 들었다. 다시 30분 넘게 김문훈 목사님을 기다렸다가 모든 업무를 마치고 부목사들과 함께 나오시는 목사님께 다가갔다.

"아직도 안 가셨어?"

"목사님, 저를 꼭 기억해주세요. 오늘 이 시간도 꼭 기억해주십시오."

시계를 보니 6시 35분이었다. 나는 수첩에 '2012년 4월 2일 PM 6:35'라고 써서 목사님께 드리며 말씀드렸다.

"목사님, 이 시간을 기억해주시면 반드시 제가 믿는 시퍼렇게 살아 계신 우리 하나님의 이야기를 간증하겠습니다. 오늘은 제가 은혜받는 자로 앉아 있었지만 목사님을 다시 만나는 날에는 목사님과 같은 강대상에서 하나님의 살아계심을 간증하고 은혜 끼치는 자로 목사님을 꼭 찾아 뵙겠습니다. 저를 꼭 기억해주세요."

"목사님, 내가 기억나요. 맨 앞에서 엉엉 울고 있던 분이죠."

"목사님, 제가 한 달 안에 목사님 서신 강대상에 서겠습니다."

그랬더니 목사님이 이놈은 또라이다 싶었는지 경계하시는 것 같았고 수행하던 부목사들도 풉, 하고 비웃었다. 하지만 나는 이상하게도 믿어졌다. 부흥회를 해본 적도 가본 적도 없는 무명의 시골 촌뜨기 젊은 목사가 당대 최고의 부흥사인 장경동, 김문훈 목사님과, 그것도 한 달

안에 함께 강대상에 선다는 것이 현실적으로 말도 안 되지만 하나님이 그런 감동을 주셨고 나는 그게 믿어졌다.

그로부터 열흘 후인 4월 13일, 장경동 목사님의 집회에서 연락이 와서 나는 처음으로 장경동 목사님 집회 전, 그 강대상에 서서 15분간 말씀을 전하게 됐다. 그리고 5월 3일, 진주에서 열린 연합예배에 초청 강사로 초대받았다. 그날 강사가 두 명인데, 바로 김문훈 목사님과 나였다. 정확하게 한 달 만이었다. 내 자리 옆에 김문훈 목사님이 다음 강사로 앉아 계셨다.

"목사님, 혹시 한 달 전에 목사님 교회에서 세미나 했을 때 웬 젊은 목사가 찾아와 나를 꼭 기억해달라고, 한 달 안에 목사님과 같은 강대상에 서겠다고 말했던 것 기억하십니까?"

네가 그걸 어떻게 아느냐는 표정이셨다. "목사님, 그게 바로 접니다. 그날부터 오늘이 딱 한 달 되는 날입니다. 그날 은혜 끼쳐주셔서 감사하고, 제가 약속 지켰습니다" 하고 인사를 드리니 목사님이 부들부들 떨며 두 손을 들고 "할렐루야!"를 외치셨다. 목사님은 내가 진짜 미친 놈인 줄 알았다고 하셨다.

그날 나는 눈물을 쏟으며 말씀을 전했고, 그다음 강사로 올라가신 김문훈 목사님은 펑펑 우시며 자신이 이 시대의 진정한 또라이를 만났다고 하셨다. 자신은 큰 또라이, 안 목사는 작은 또라이라며 큰 또라이는 부산을 맡을 테니 작은 또라이는 울산을 맡으라고 하셨다. 그때부터 매년 교회에 집회하러 가고, 형님처럼 사부님처럼 모시며 행복한 교제를 이어가고 있다.

다시 열흘 후인 5월 13일에 포도원교회로 집회하러 갔을 때 나는 이렇게 말했다. 그날 포도원교회에서 수천만 원을 들여 잔치판을 벌여주셔서 너무 감사하다고. 누구든지 와서 하나님과 더불어 실컷 놀고 역사해보라고 판을 깔아주었는데, 아무도 기대하지 않고 멍석만 밟고 지나갈 때 나는 그 말씀을 믿고, 깔아준 그 멍석 위에서 혼자 춤을 추었다고.

지금이 당신에게 영적 결단이 필요한 시간은 아닌가? 더는 머뭇거리지 말고, 오늘을 회상할 때 감격하며 눈물 흘리고 행복하게 웃을 수 있는 영적 모험과 도전을 시작하길 바란다. 하나님께는 불가능이 없다. 믿음으로 깊은 곳에 그물 던지는 자에게는 사람이 이해할 수도, 계획하거나 상상할 수도 없는 멋지고 위대한 인생을 허락해주실 것이다.

'곧'의 선택과 결단 하나가 인생을 바꾼다

또 다른 사람에게 나를 따르라 하시니 그가 이르되 나로 먼저 가서 내 아버지를 장사하게 허락하옵소서 이르시되 죽은 자들로 자기의 죽은 자들을 장사하게 하고 너는 가서 하나님의 나라를 전파하라 하시고 또 다른 사람이 이르되 주여 내가 주를 따르겠나이다마는 나로 먼저 내 가족을 작별하게 허락하소서 예수께서 이르시되 손에 쟁기를 잡고 뒤를 돌아보는 자는 하나님의 나라에 합당하지 아니하니라 하시니라 눅 9:59-62

예수님이 "나를 따르라" 하시며 제자로 부르셨을 때 이들은 선택을 '거절'하지는 않았지만 '유예'했다. 여러 사정과 상황적인 이유가 있었지만 예수님은 이들의 주저함을 불순종으로 보셨다. 손에 쟁기를 잡은 자, 일하려는 자가 뒤를 돌아보는 것은 하나님나라에 합당치 않다는 것이다. 이들이 예수님의 제자가 될 자격이 부족한 것은 아니었지만 선택을 주저하고 결단을 지체한 것은 영광스러운 삶에 장애물이 되었다.

우물쭈물하며 선택과 결단의 때를 놓치는 것은 신앙이든 인생이든 실패하는 사람들의 전형적이고 공통된 모습이다. 하나님께서 주시는 선택과 결정의 때에 계산하고 상황, 처지, 형편에 휘둘려 주저한다면 그것조차 당신의 선택이고 결정임을 잊지 말라.

반면, 이들과 다른 선택을 해서 영광된 인생을 살아간 사람들이 있다. 베드로, 안드레, 야고보, 요한. 어부 출신의 이 네 제자는 예수님의 공생애를 함께하는 동안 예수님이 가장 아끼고 사랑하셨던 빅 포(Big 4)다. 이들이 제자로 부름받는 장면에는 공통된 특징이 있다. '곧'(immediately)이다. 그들은 곧, 즉시로 순종했다. 이것 하나만 잘해도 승리한다.

> 갈릴리 해변에 다니시다가 두 형제 곧 베드로라 하는 시몬과 그의 형제 안드레가 바다에 그물 던지는 것을 보시니 그들은 어부라 말씀하시되 나를 따라오라 내가 너희를 사람을 낚는 어부가 되게 하리라 하시니 그들이 곧 그물을 버려두고 예수를 따르니라 거기서 더 가시다가 다른 두 형제 곧 세베대의 아들 야고보와 그의 형제 요한이 그의 아버지 세베대와 함께 배에서 그물 깁는 것을 보시고 부르시니

고구마전도왕 김기동 목사님은 본래 불자 출신으로 교회를 싫어하고 핍박하던 사람이었다. 어느 날 온 가족이 큰 교통사고를 당했는데 하나님께서 기적처럼 가족들을 살려주셨고, 그도 중환자실에서 3개월 동안 지내며 하나님의 은혜를 깊이 깨달았다. 퇴원 후 아내가 다니던 과천교회에 나갔는데, '죽다 살아난 사람들은 뭘 시켜도 반드시 이루어내니 가장 귀한 전도사역을 맡겨보자' 생각하신 담임목사님이 그에게 토요일 오후 3시에 만나자고 하셨다. 당시 사업을 하던 그는 토요일 6시가 마감이라 3시는 가장 바쁠 때지만 목사님 말씀에 순종하기로 했다.

목사님은 그를 데리고 과천 서울대공원에 가서 분수대 주위에 앉은 사람들에게 전도를 시작했다. 인사하면 거절하고, 거절당하면 옆 사람에게 인사하고 또 거절당하는 모습을 뒤에서 지켜보던 김기동 성도는 '저런 건 나도 할 수 있겠다' 싶어 혼자 전도를 시작했다가 엄청 욕을 먹었다. 하지만 떠나는 대신 '이왕 쪽팔린 것 여기서 다 팔리자' 생각하고 계속 전도하다 다섯 명쯤 거절당한 후에 "나 같은 사람도 예수 믿어도 되나요?"라는 분을 만나 전도의 첫 열매를 맺게 된다.

그 후로 한국 교회 역사에 한 획을 긋는 고구마전도왕이 되어 전 세계를 돌며 간증하다가 미국에서 신학을 공부하여 목사님이 되었고, '고구마 전도'(Goguma Evangelism)라는 용어를 고유명사로 만들어 논문을 쓰고 박사학위를 받아 전도의 최고 권위자로 오늘도 영혼을 품으며 살아가고 있다. 만일 그가 바쁘다는 이유로 토요일 3시의 부름을 거절했다면, 망신과 모욕 때문에 그 자리를 떠났다면 어떻게 됐을까? 그 선택 하나, 위대한 결단 하나가 내 인생을 바꾼다.

내가 불순종하면?

유다인이 몰살될 위기에 처하자 모르드개는 왕후의 지위를 얻은 사촌누이 에스더에게 왕에게 나아가서 민족을 위하여 간절히 구하라고 부탁한다(에 4:8). 에스더는 이 위기를 막을 수 있는 유일한 대안이었지만 하필 그때는 왕 앞에 나아갈 수 없는 처지였다. 그래서 "나는 지금 상황이 이래서 못 한다, 내가 죽을 수도 있다"라고 대답했는데 모르드개가 다시 회답을 보낸다.

> … 너는 왕궁에 있으니 모든 유다인 중에 홀로 목숨을 건지리라 생각하지 말라 이때에 네가 만일 잠잠하여 말이 없으면 유다인은 다른 데로 말미암아 놓임과 구원을 얻으려니와 너와 네 아버지 집은 멸망하리라 네가 왕후의 자리를 얻은 것이 이때를 위함이 아닌지 누가 알겠느냐 하니 에 4:13,14

처음에 그녀는 자기 처지와 상황에 합당한 일을 원했지만 이 답을 듣고는 생각을 바꾼다. 나를 이 자리에 두시고 민족을 살릴 사명을 주심이 확실하다면 상황 때문에 소명을 거절하고 도망치지 않겠다고. 그래서 에스더는 "죽으면 죽으리라" 목숨 걸고, 자기 상황에 맞는 일이 아니라 소명을 이룰 능력을 간구하기 시작했다. 그 결과, 하나님의 능력과 보호하심으로 민족을 구하고, 하나님께서 기획하신 기가 막힌 역전승의 주인공이 된다.

만일 그녀가 처지의 한계를 극복하지 못하고 주저하다가 결국 소명을 외면했다면 그 때문에 하나님의 역사가 중단되었을까? 아니다. 하나님의 계획은 변경될 수 있어도 하나님의 역사는 중단되지 않는다. 에스더가 잠잠했어도 모르드개의 말처럼 유다인은 다른 방법으로 구원을 얻었을 것이다. 다만 에스더는 이때를 위해 주셨던 모든 영향력과 지위를 다 잃고 몰락했을 것이다.

내가 잠잠해도 하나님의 뜻은 반드시 성취되고 하나님나라는 이루어진다. 다만 그 주인공이 바뀐다. 봉준호 감독이 영화를 찍으려 하는데 주인공으로 섭외한 배우가 다 그 역할을 거절한다고 해서 그 작품이 불발될까? 배우만 바뀔 뿐이다. 사울이 불순종했을 때 하나님의 마음에 합한 자 다윗이 새롭게 선택되었듯이.

어릴 때부터 목사만큼은 되지 않겠다던 내게 목회를 하라는 너무 힘들고 어려운 부르심, 교단의 크로스, 교회 개척의 명령, 집회 및 방송과 출판 사역의 명령 앞에서 매번 너무 두려웠지만, 지금은 너무 감사하고 있다. 내가 결단한 것 같지만 내가 한 것이 아니다. 감사하게도 하나님의 역사에 부름받고 그 배역을 맡아 사용된 것뿐이다. 만약 그때 "아멘!" 하고 결단하고 선택하지 않았다면 어떻게 됐을까 하고 나는 오늘도 가슴을 쓸어내린다(아마 온양순복음교회의 담임목사와 《시퍼렇게 살아계신 하나님》, 《풀림》, 《포커스 온》의 저자만 바뀌었을 것이다).

내가 아니어도 하나님의 역사는 변함없이 진행되지만 불순종한 나는 그 역사에서 제외되고 퇴보할 것이다. 한국 교회 또한 하나님의 뜻대로 그 물질과 시간과 영향력을 사용하지 않고 그분의 명령에 불순종한다면 "오늘 내가 너에게 그 지위와 영향력을 준 것이 이때를 위함이 아닌지 누가 알겠느냐"라는 준엄한 말씀을 들을 것이다. 기회 주셨을 때 순종, 헌신하고 사명 잘 감당하자.

함께하지 않음은 반대를 선택한 것이다

많은 사람이 어떤 모험과 도전에 결단하지 못하는 이유는 현재 누리는 안정과 평안이 깨질 것이 두렵기 때문이다. 그러나 그럴수록 더욱 도전해야 한다. 멈추면 편할 것 같지만 결국 도태되고 그 평안과 안정을 잃는다. 달리는 자전거는 넘어지지 않지만 멈춘 자전거는 쓰러진다. 그러니 계속 페달을 밟고 앞으로 달려가는 것이 평안과 안정을 지켜내는 가장 안전한 방법인 것을 잊지 말라.

"평화는 지키는 것이 아니라 만들어내는 것"이라는 말이 있다. 평화는 소극적으로 가만히 있어서 지켜지는 것이 아니라, 지키기 위해 적극적으로 대응하고 강해짐으로써 만들어가야 한다는 것이다. 싸우지 않고 가만히 있다고 평화가 아니다. 오히려 적극적으로 공격에 대비하고 도전하고 나아가 싸울 때 평화가 지켜진다.

신앙의 안전과 영적인 평안도 마찬가지다. 가만히 안주해서 지켜지는 것이 아니다. 상황과 처지를 극복하고, 시대와 충돌하고 저항하며 끊임없이 전진함으로 만들어내는 것이다. 그렇지 않으면 오히려 누리고 있는 평안과 안정을 다 잃을 수 있다. '실패했다'의 반대말은 '성공했다'가 아니라 '도전하지 않았다'라고 한다. 우리가 도전하지 않아서 실패한 실패자가 되지 않길 바란다.

…너희가 너희 조상의 하나님 여호와께서 너희에게 주신 땅을 점령하러 가기를 어느 때까지 지체하겠느냐 수 18:3

머뭇거리는 이스라엘 자손을 향한 여호수아의 책망을 우리와 이 시대를 향한 하나님의 말씀으로 받기를 간절히 바란다. 머뭇거림과 주저함도, 선택을 미루고 선택하지 않음도 실은 나의 선택이고, 그로 인한 모든 실패와 후회의 책임도 내게 있음을 명심하자. 오늘 내게 주어진 가슴 뛰는 비전 앞에서 머뭇거린다면, 깔아준 멍석을 두고도 춤추지 않는다면 훗날 자기 삶을 후회하게 될 것이다. 오늘이 당장 머뭇거림과 망설임을 끝내고 하나님이 원하시는 길을 선택하고 결단하는 인생의 전환점이 되기를 축복한다.

신 34:7,10-12 모세가 죽을 때 나이 백이십 세였으나 그의 눈이 흐리지 아니하였고 기력이 쇠하지 아니하였더라 … 그 후에는 이스라엘에 모세와 같은 선지자가 일어나지 못하였나니 모세는 여호와께서 대면하여 아시던 자요 여호와께서 그를 애굽 땅에 보내사 바로와 그의 모든 신하와 그의 온 땅에 모든 이적과 기사와 모든 큰 권능과 위엄을 행하게 하시매 온 이스라엘의 목전에서 그것을 행한 자이더라

끝이 아름다운 인생이
되기 위하여

14

누가 가장 아름다운 여인인가

2006년 영국의 BBC 방송은 '최고의 자연 미인'으로 〈티파니에서 아침을〉, 〈로마의 휴일〉 등에서 영원한 스타로 떠오른 영화배우 오드리 헵번(Audrey Hepburn)을 선정했다. 그녀는 커다란 눈망울과 매혹적인 청순미로 '세기의 요정'이라 불리며 전 세계 팬들의 사랑을 받았는데 기실 그녀의 진정한 아름다움이 드러난 곳은 영화 스크린이 아니라 전쟁과 기아로 얼룩진 아프리카였다.

그녀는 1989년부터 세계 아동기구인 유니세프(UNICEF) 친선대사로 활약하며 수단, 에티오피아, 소말리아 등지에서 헐벗고 굶주린 어린이들의 구호에 앞장섰고, 1993년 1월 20일, 직장암으로 63세의 짧은 인생을 마감하는 순간까지 기아에 허덕이는 아프리카 어린이들을 돕는데 인생 후반부를 아낌없이 바쳤다.

피골이 상접한 아프리카의 아이들을 끌어안고 있는 그녀의 모습에는 진정한 아름다움과 고결함이 스며 있었다. 보여주기 위한 이벤트가 아니라 순수하고 정직하게, 아프리카의 버림받은 아이들을 품었다. 청초하던 눈가와 아름답던 피부에는 깊은 주름이 잡혔지만, 사람들은 그녀의 진짜 아름다움을 젊은 날 최전성기 영화 속 장면이 아니라 마지막 얼굴로 기억하게 되었다.

그녀와 동시대에 활동하며 최고의 인기를 누린 배우, 섹스 심벌로 한 시대를 풍미한 마릴린 먼로(Marilyn Monroe)는 그 매력과 아름다움이 타의 추종을 불허했으나 항상 자기 인생을 가리켜 여자로서 실패했다고 고백할 만큼 그녀의 삶은 다사다난했고 불행했다. 당시 최고의 야구 스타였던 조 디마지오, 최고의 극작가 아서 밀러와 차례로 결혼과 이혼을 겪었고, 케네디 대통령과 아인슈타인 등 많은 남성과의 갖가지 염문이 그녀의 뒤를 따랐다. 1962년 골든 글로브에서 세계에서 가장 유명한 스타(World's Most Popular Star)로 선정되었으나 그해 8월 4일, 자택에서 시신으로 발견되는 비극적인 결말을 맞이했다.

누가 진정으로 아름다운 사람인가? 헵번파와 먼로파가 전성기 때의 아름다움을 가지고 갑론을박한다. 각자의 취향이겠지만 미모로는 그 둘을 비교할 수 없다. 그러나 그 인생의 마지막을 볼 때 누구도 부정할 수 없이 아름다운 이는 오드리 헵번이다.

나는 이 책의 주제와 결론으로 "끝이 아름다운 인생을 선택하라!"라고 말하고 싶다. 사실 이것은 선택이기에 앞서 우리의 소망이고 바람이다. 누가 불행한 인생을 선택하려고 하겠는가. 모두가 끝이 아름다운 인생, 해피엔딩을 원한다. 끝이 아름다운 인생을 살기 위해서는 어떻게 해야 할까? 오늘 하루 내 눈앞에 주어진 수많은 선택을 잘 살아내고 잘 결정해야 아름다운 끝이 있다는 것을 기억해야 한다.

끝이 아름다운 인생을 선택하라

모세는 참으로 끝이 아름다운 사람이었다. 죽을 때 그 나이가 120세였는데 눈이 흐리지 않고 기력이 쇠하지 않았다. 또한 이스라엘 백성을 가나안 땅으로 잘 입성시킬 여호수아라는 다음세대에 리더십도 잘 이양했다. 모세는 마지막까지 영과 육의 눈이 흐려지지 않고 하나님을 위해 열심히 달려 아무런 후회 없이 닳아 없어지도록 마음껏 쓰임 받은 인생이었다.

그런데 정말 아름답고 부러운 점은 "모세는 여호와께서 대면하여 아시던 자"(신 34:10)였다는 것이다. 그의 모든 이적과 권능이 그 이후 어떤 시대에도 나타나지 않을 정도로 탁월한 시대적 인물이었지만, 무엇보다도 그는 "여호와께서 대면하여 아시던 자"였다. 세상의 이력서보다 하나님과 할 말이 더 많은 인생, 세상의 관심과 사람들의 추종보다 하나님의 관심과 관계가 더 돈독했던 사람이었다는 것이 나는 너무 부럽다.

사람은 머문 자리가 아름답고, 떠난 후에 들려오는 말이 아름다워야 하는데 그렇지 못한 사람도 너무 많다. 숱한 지도자의 추문과 불미스러운 모습을 보며 진짜 성공한 목회는 전성기가 아니라 마지막 떠날 때의 모습에 달렸다는 생각이 든다.

일평생 참 다사다난하고 힘겨운 목회 현장에서도 하나님의 부르심을 따라 멈춤 없이 하나님의 백성들을 약속의 땅으로 인도하고, 이제 사명의 종착역에서 다음세대를 향한 하나님의 더 큰 꿈과 비전을 흐뭇하게 바라보며 조용히 떠난 모세. 목회의 시작이나 최고의 전성기 때

보다 마지막 목회 현장, 떠나는 뒷모습이 더 아름다운 인생. 내 인생의 결말도 그런 그를 닮게 해달라고 기도한다.

성경에도 날이 갈수록 아름답고 묵직해진 인생이 많다. 등장은 초라했고 전성기에 죄도 지었지만 회개를 통해 하나님께 다시 나아간 다윗, 배신과 누명의 상처에도 결국 온 가족을 품고 구원의 통로가 된 요셉, 예수님을 대적했으나 그분께 삶을 드린 사도 바울, 세 번이나 주님을 부인했지만 결국 주를 위해 헌신하고 순교한 베드로 등이 그렇다. 그러나 사울, 솔로몬, 웃시야, 가룟 유다, 데마(딤후 4:10, 바울과 함께 열심히 사역했지만 세상을 사랑하여 떠남)처럼 끝이 아쉽고 안타까운 사람도 많이 있다.

무엇보다도 예수님이 가장 낮은 모습으로 오셔서 시대의 냉대와 조롱을 받으시고, 십자가에 달려 죽으셨으나 결국 사망과 어둠의 권세를 깨뜨리고 부활하셔서 우리에게 영생을 주셨기에 예수님을 따르는 우리의 인생은 끝이 아름다워야 한다. 처음엔 보잘것없고 아픔이 많았을지라도 끝으로 갈수록 아름답고 그 마지막만큼은 하나님께서 복되다 하실 인생을 살아가기를 바란다.

흔들리지 않는 믿음과 신념으로 살라

오늘의 선택들이 모여 인생의 끝을 결정지으므로, 끝이 아름다운 인생이라는 소망을 이루려면 매일 내 앞에 펼쳐진 수많은 선택을 신중하게 결정해나가야 한다. 그런데 이것이 그리 쉽지 않다. 분명 시간이 지나면 후회할 것을 알면서도 눈앞의 이익과 쾌락의 유혹을 덥석 붙잡을 때가 너무 많다. 잘못된 것을 몰라서가 아니다. 그것이 너무도 매력적이고 당장 즐겁고 달콤해 보이니 이것을 선택하면 후회할 것을 분명히 알면서도 놓지 못하는 것이다.

본능과 죄성은 이것을 이기기가 쉽지 않기에 강한 믿음과 신념, 가치관이 필요하다. 어떤 사람은 상황과 형편이 좋아서 믿음을 선택하고, 어떤 사람은 유혹과 시험이 너무 강력해서 넘어지는 것이 아니다. 신념과 가치관이 굳건하면 더 열악한 형편과 강력한 유혹에서도 얼마든지 올바른 선택을 할 수 있다. 선택과 결정의 성패는 상황과 처지가 아니라 이 믿음과 신념, 가치관의 문제다.

애국자로 칭송받는 안중근과 매국노로 지탄받는 이완용을 보라. 똑같은 사람인데 목숨을 버려도 좋을 신념과 가치의 있고 없음이 이렇게 인생의 결말과 후대의 평가가 달라지게 했다. 안중근은 원래 고통을 잘 참아서 손가락 하나쯤 끊어도 끄떡없었을까? 원래 용감하고 겁이 없어서 재판정에서도 대한 독립을 단호하게 외칠 수 있었을까? 아니다. 확고한 애국심과 꺾을 수 없는 구국의 신념이 있으니 목숨을 내놓고서도 독립을 위해 흔들리지 않고 싸우며 나아갈 수 있었다. 그것이 없으면 이완용처럼 나라를 팔아서라도 자기 유익을 챙기고, 작은 유혹에도 상황과 관계 따라 갈대처럼 흔들리다가 가치를 내버릴 수 있다.

사도 바울이 그렇게 하나님의 일을 감당하고 아름다운 인생의 결말을 맞을 수 있었던 것은 그가 완전무결했기 때문이 아니라 신념의 푯대를 향해 끝까지 달려갔기 때문이다. 상대적 가치에 흔들리지 않고 절대적 가치를 향하여 달려갔기 때문에 완주할 수 있었다. 인생의 큰 그림을 보고 살아가는 자들은 나무 한 그루에 일희일비하지 않고 어떤 상황에도 우직하고 올곧게 그 길을 흔들림 없이 걸어갈 수 있다.

> 형제들아 나는 아직 내가 잡은 줄로 여기지 아니하고 오직 한 일 즉 뒤에 있는 것은 잊어버리고 앞에 있는 것을 잡으려고 푯대를 향하여 그리스도 예수 안에서 하나님이 위에서 부르신 부름의 상을 위하여 달려가노라 **빌 3:13,14**

하나님은 과거를 회상하며 추억에 빠진 자, 현재의 즐거움에 빠져 사는 자가 아니라 내일의 승리, 최후의 아름다운 결말, 하나님이 부르신 부름의 상을 위하여 흔들림 없이 그 푯대를 향하여 끝까지 달려가는 자들에게 승리를 주신다. 끝이 아름다운 인생을 살려면 내 삶에 거치는 것들이 없어서 잘사는 것이 아니라 어떤 상황, 처지, 형편에서도 흔들리지 않는 신념과 가치관을 가지고 끝까지 전진할 수 있는 믿음이 나에게 있어야 한다.

신앙은 길게 멀리 보는 영적 시력이다

상황과 형편이 어떠하든, 더 좋은 것을 볼 때 가치와 신념을 지켜낼 수 있다. 장기적 시선으로 미래의 큰 상급과 유익을 볼 수 있는 사람은 지금의 이익에 안달하지 않는다. 자기계발서 분야에서 성공을 결정하는 능력 중 하나로 '시간 전망'(time perspective)을 든다. 성공한 사람일수록 당장의 수입이 아니라 먼 미래의 성공을 바라보고 그것을 위해 인내하며 시간을 투자한다는 것이다.

성취도가 높은 사람일수록 시간 전망이 일반인보다 훨씬 길다고 한다. 멀리 보는 사람은 지금 무엇을 해야 할지를 알아 기꺼이 내 시간과 노력을 투자하고, 손해를 감수할 줄 알며, 자신의 선택과 결정의 결과에 일희일비하지 않는다. 마거릿 미첼은 《바람과 함께 사라지다》를 쓰기 위해 자료수집에만 무려 20년을 바쳤다. 에드워드 기번이 《로마제국의 흥망사》를 쓰는 데 20년이 걸렸다. 노아 웹스터는 〈웹스터 사전〉을 만드는 데 무려 36년을 쏟아부었다.

친구들이 다들 PC방에 갔다. 그럼 나도 놀아야 할 것 같아서 논다면 하루밖에 못 보는 인생이다. 다음 주가 시험 기간인 것을 생각한다면 일주일을 보는 것이고, 자기가 내년엔 고3인 것을 생각하는 아이는 1년을 보는 것이다. 지금 시대를 보니 이것을 해놔야겠구나 하는 것은 몇십 년을 보는 것이다. 이것이 시간 전망이다.

한국의 공교육은 너무 아이들을 눈앞의 단기적 성과를 내는 데 집중시킨다. 눈앞에 당장 벌어진 일들만 겨우 감당해 내고 살아서는 안 된다. 시간 전망이 짧을수록 성취 수준이 낮다. 이런 사람은 즉각적인 만족감에 초점을 맞추며 살기 때문에 눈앞의 작은 유익에 집착하고, 장기적으로 보면 불행한 결과에 이를 것이 뻔한데도 지금 당장의 편하고 달콤한 길을 선택한다.

신앙은 영적 시간 전망이다. 영적 시력이 떨어지면 땅 밑만 보고 당장 눈앞에 있는 것만 보게 된다. 믿음의 사람들은 시간 전망이 길어야 한다. 영적 시력이 좋은 사람은 높은 곳에서 아래를 내려다보는 독수리처럼 멀리 본다. 상황이 녹록해서나 원래 기질이 남달라서가 아니라 멀리 보기 때문에 하나님의 약속과 인생의 결말을 보고 좁은 길을 선택할 수 있다.

눈앞의 재물과 권력, 편안함을 버리고 장차 하나님이 주실 영원한 상급과 영광을 선택할 수 있는 것이 믿음이다. 현실의 유혹을 선택하는 것이 불신앙이라 해도 이것을 포기하기가 쉬운 일은 아니다. 그러나 멀리 보는 눈으로 하나님이 주실 장차의 영광과 명예로움을 바라보면 그까짓 것은 충분히 버릴 수 있게 된다.

믿음의 사람들은 눈앞의 것들을 거들떠보지 않으며, 결과를 뻔히 알면서도 기꺼이 고난과 손해와 억울함을 선택한다. 몰라서 당하는 게 아니다. 믿음 없는 자들의 눈에는 그걸 알면서 왜 버리고, 왜 선택하는지 너무 이상할 것이다. 그런 포기와 선택들은 믿음이 성장할수록 이해되기 시작하면서 함께하고 싶어지고 헌신할 수 있게 된다. 보았기 때문에 그 길의 선택이 두렵지 않아진다.

기꺼이 고난과 핍박을 선택할 수 있는 이유

'주일은 쉽니다'의 원조는 미국의 대표적 치킨 패스트푸드회사 칙필레(Chick-fil-A) 창업자 트루엣 캐시(Truett Cathy)다. 요식업 프랜차이즈에서 주일이 차지하는 매상 비율은 전체 매출의 최소 14퍼센트라고 하니 주일을 포기하는 것은 도박에 가까운 큰 모험인데 칙필레는 1946년

창립 후 지금까지 계속 주일에 문을 닫아왔다. 주말에만 고객이 몰리는 쇼핑몰에 입점한 곳까지 모든 가맹 점포가 주일이면 일체의 예외 없이 문을 닫는다.

2014년 트루엣 캐시 회장이 세상을 떠났을 때 워싱턴포스트지는 "왜 칙필레는 일요일에 문을 닫는가?"(Why is Chick-fil-A closed Sundays?)라는 제목으로 그에 관한 특집 기사를 내보냈으며, "그것은 하나님에 대한 무언의 증언이다"(It's a silent witness to the Lord)라는 소제목으로 그 질문에 답했다. 고인의 인생을 특집으로 다루면서 믿지 않는 사람들조차 그의 기독교적 신념과 평생의 신앙 가치관을 칭송하다니 정말 멋지지 않은가.

고인의 생전에 기자가 왜 이런 막대한 손해를 보면서 일요일에 문을 닫는지 질문했을 때 그는 "일요일에 문을 닫는 것은 하나님을 경외하는 우리의 방법이고 사업보다 더 중요한 것에 우리의 관심을 집중하도록 하는 방법"이라며 그것은 자신이 내린 최고의 사업 결정이라고 답했다. 그리고 "사람들이 일요일에 북적거리는 쇼핑센터에 가면 칙필레는 닫혀 있는 것을 보게 된다. 그것은 무언으로 하나님을 증언하는 것"이라고 말했다.

칙필레는 2012년, 큰 위기를 맞았다. 반동성애 단체와 탈동성애자 구호 단체를 지속적으로 도운 전력이 알려진 댄 캐시(트루엣 캐시의 아들) 대표가 언론과의 인터뷰에서 자신이 믿는 하나님의 말씀과 신앙의 신념으로 동성결혼을 반대하고 전통적 결혼을 지지하는 입장을 밝히자 칙필레의 기독교 중심 기업 가치가 논란이 되었고, 이후 칙필레는 동성애 관련 단체와 좌파 정치단체들에 '찍혀' 공격을 받았다. 동성애 단체들의 압력 및 매장 앞 시위, 불매운동으로 매출이 급락했고 언론의 부정적 보도도 계속됐다.

텍사스주 샌안토니오 시의회는 칙필레의 반동성애 성향을 이유로 시 공항에 칙필레 레스토랑을 열지 못하게 했다. 뉴저지주 로렌스빌에 있는 라이더대학에서는 한 학생 단체가 캠퍼스 내 칙필레 레스토랑의 허가를 거절해달라고 요청했고, 텍사스주 트리니티대학 학생부는 교내에 칙필레 음식의 판매 금지를 만장일치로 찬성했다. 샌 루이스 오비스포 칼 폴리 대학(Cal Poly San Luis Obispo, 캘리포니아 폴리테크닉 주립대학)의 교수 상임회의는 칙필레 체인점을 캠퍼스에서 내쫓는 데 압도적으로 찬성했다.

이런 시대적 공격과 아픔이 임할 것을 몰랐을까? 뻔히 알면서도, 주일날 문 닫으면 손해 볼 것을 뻔히 알면서도, 하나님의 말씀이 진리라고 선포하면 공격당할 걸 뻔히 알면서도 그 길을 간 것이다. 당연히 손해가 있고, 갈등과 충돌이 있고, 저항이 있다. 저항과 충돌이 있다는 것은 살아 있다는 증거다. 하나님이 우리에게 "너 살았니? 죽었니?" 물어 오실 때 그분께 "우리 믿음은 살아 있습니다. 여전히 시퍼렇게 살아 날선 검처럼 하나님 말씀을 인정하고, 그 말씀의 검을 무기 삼아 살고 있습니다"라고 대답하자. 시대의 인기와 사람들의 인정을 위해 말씀을 훼파하고 타협하지 말자.

기독교적이어서? 아니, 충분히 기독교적이지 않아서

신기하게도 칙필레는 그런 어려움을 겪으면서도 매년 매출이 상승했고, 그후로도 지속적으로 성장해 미국 3대 프랜차이즈로 부상했다. 그 위로는 스타벅스와 맥도날드밖에 없을 정도다. 월스트리트저널에 따르면 칙필레는 2015년 이래로 패스트푸드 소비자 만족지수(ACSI, American Customer Satisfaction Index)에서 1위를 지키고 있으며 지난 10년간 매출과 시장 점유율은 거의 두 배나 늘어났다. 동종 업계인 KFC 체인의 같은 기간 시장점유율이 29퍼센트에서 15퍼센트로 감소한 것과 비교하면 칙필레의 성장세는 실로 대단하다.

이러한 신기한 현상을 수많은 경제학자와 유수의 경영 대학원에서 연구과제로 연구했지만 그들마저도 칙필레의 성공 요인은 경제학적으로 제대로 찾고 설명할 수 없다고 결론내렸다. 사람의 힘과 경영의 성과가 아닌, 하나님이 하신 일이었다.

> 무릇 하나님께로부터 난 자마다 세상을 이기느니라 세상을 이기는 승리는 이것이니 우리의 믿음이니라 예수께서 하나님의 아들이심을 믿는 자가 아니면 세상을 이기는 자가 누구냐 **요일 5:4,5**

이러한 칙필레의 사례를 보도한 한 기독교신문에서는 기사 말미에 "기독교인들도, 그리고 기독교인들이 하는 비즈니스도, 너무 기독교적이어서 성공하지 못하는 것이 아니라, 충분히 기독교적이지 못해서 성공하지 못하는 것은 아닐까?"라고 질문을 던지며, 기독교인들이 성경적, 기독교적 가치와 원칙에 따라 비즈니스를 운영하고 있는지 자문해 보라고 도전했다.

트루엣 캐시는 세상을 떠나기 한 해 전의 생일파티에서 기자들과 인터뷰하면서 자기 인생을 이끌어준 경영철학과 오늘의 칙필레를 있게 해준 위대한 힘으로 이 잠언 말씀을 언급했다.

> 많은 재물보다 명예를 택할 것이요 은이나 금보다 은총을 더욱 택할 것이니라
>
> 잠 22:1

당신도 이렇게 살기를 주의 이름으로 축원한다. 많은 신앙인이 신앙 때문에 손해 보고 믿음을 선택해서 망했다고 생각한다. 하지만 명예보다 재물을, 은총보다 금과 은을 택했던 것은 아닌지 묻고 싶다. 제대로 신앙생활 하지 않고, 확실하게 믿음을 선택하지 않았기 때문에 망한 것은 아닌지 자문해보았으면 좋겠다.

오늘 당신은 무엇을 보는가? 눈앞의 유혹이 거절하기 힘들어 보암직하고 먹음직한 그 선악과에 손대려 하지는 않는가. 멀리 보아야 한다. 믿음은 멀리 보는 것이다. 오늘의 현실이 아니라 내일의 소망과 하나님의 약속을 보는 것이다. 그래야 끝이 아름다운 인생으로 마무리할 수 있다.

사도 바울은 "현재의 고난은 장차 우리에게 나타날 영광과 비교할 수 없도다"(롬 8:18)라고 말했다. 그 영광을 본 사람은 이까짓 것 얼마든지 고난당할 수 있고, 얼마든지 손해 볼 수 있고, 얼마든지 감당해

낼 수 있다. 못 보니까 어려운 것이다. 오늘의 손해와 고난만 보는 단기적인 눈, 불신앙의 시선을 닫고, 장차 미래에 주실 하나님의 상급과 영광을 바라보는 믿음의 눈이 크게 열려서 오늘의 달콤한 유혹을 버리고 내일의 영원한 소망을 확실하게 선택하고 붙잡기를 바란다.

장기적 시선의 결과물은 성실이다

시간 전망이 긴 사람들은 성실함으로 열매를 맺는다. 장기적 시선으로 오늘의 달콤한 유혹을 거절하기로 선택하는 사람들을 보고 "저 사람은 참 성실하다"라고 한다. 먼 미래를 바라보며 오늘도 기꺼이 달콤한 유혹을 떨치고 일어나 손해를 감수하고 아픔을 감수하고 시간을 투자하고 대가를 지불할 수 있는 힘을 성실이라고 부른다. 누구나 도전과 성공을 꿈꿀 수 있지만 꿈을 이루는 데 필요한 성실을 매일 선택해 가는 사람만이 그 목적지에 도달할 수 있다. 그것은 누가 시켜서가 아니라 자기가 결정하는 것이다.

세계 최강 미 해군 엘리트 특수부대 '네이비 실'(Navy SEAL)의 훈련은 혹독하기로 유명하다. 용기 있게 네이비 실에 자원했어도 일주일만 지나면 3분의 2가 못 버티고 도망갈 정도라고 한다. 쫓겨나는 것이 아니다. 훈련소 곳곳에 종이 매달려 있어 누구든 힘들고 포기하고 싶을 때 종을 치면 그 순간부터는 자유다. 누구도 그에게 혹독한 훈련과 엄격한 규율을 강요하지 않는다. 탈락도 훈련의 고통도 자신이 스스로 선택하는 것이다.

매일 매 순간이 결국 자기 자신과의 싸움이다. 그것을 이기고 견디기로 선택하는 것이 바로 성실이고 그 결과는 영광과 명예다. 우리 인생에도 성실을 깨뜨리는 너무나도 달콤한 '종'들이 있다. '야, 오늘만 쉬어. 내일부터 해' 그 유혹 앞에서 종을 쳐버리면 갈등은 끝난다. 포기의 종을 울리는 것은 너무도 쉽다. 하지만 그 순간 내가 선택했던 끝이 아름다운 인생도 멀어져간다.

맥 레이븐 해군 제독이 2014년 텍사스대학의 졸업식에서 축사했다. 그는 사회에 첫발을 내딛는 청춘들에게 자신의 네이비 실 경험을 토대로 교훈을 전하며 "세상을 바꾸고 싶다면 이불 정리부터 시작하라!"(If you wanna change the world, start off by making your bed!)라고 말했다. 맡겨진 작은 일상의 책임과 하루하루 미약해 보이는 성실이 모여 위대한 결과를 낳는다는 것이다.

성실은 꿈과 나의 위대한 목표를 달성하는 통로요 재료다. 성실(誠實)의 뜻은 '정성스럽고 참됨', '거짓이 없음'이다. 영어단어 'sincere'(성실한)는 'sine'(~이 없이)와 'ceras'(밀랍)라는 두 개의 라틴어가 결합한 것으로, 즉 '밀랍 없이'라는 뜻인데 왜 이것이 성실이라는 의미일까?

옛날 유럽에서는 도자기가 매우 귀했는데 무늬, 색감, 모양 모든 것이 좋은 최상품이라도 조금만 금(crack)이 가면 그 도자기의 가치는 땅에 떨어지고 만다. 그래서 장사꾼들은 실금 위에 비슷한 색깔의 왁스를 살짝 덧발라 감쪽같이 속여 팔기도 했다. 또 조각가들은 명문가의 의뢰를 받아 조각상을 만들기도 했다. 큰 바윗덩이를 파서 조각해야 했는데, 얼굴을 새기다가 코가 날아가면 다시 파기 힘드니까 밀랍을 녹여 감쪽같이 코를 붙이는 경우가 있었다. 그러면 세월이 흐른 후 밀랍이 녹아서 코 덩어리가 떨어지곤 했다. 그래서 옛날에는 조각상을 주문한 가문에 조각상을 보낼 때 밀랍을 사용하지 않았다는 보증서를 보냈다고 한다.

하나님과 우리의 관계도 마찬가지다. 신앙적으로 성실이란 하나님 앞에서 사는 삶의 위대한 덕목이며, 하나님과의 관계의 의를 의미한다. 하나님 앞에 우리는 'sincere'해야 한다. 정성스럽고 참되고 거짓이 없어야 한다.

> 여호와를 의뢰하고 선을 행하라 땅에 머무는 동안 그의 성실을 먹을거리로 삼을지어다 **시 37:3**

다들 성공이 어렵다고 하는데 사실 성공의 비결을 모두 알고 있다. 성공이 힘든 것이 아니라 성실이, 성공에 이르기까지의 성실이 힘든 것이다. 오늘도 투기, 모험, 도박, 로또, 코인, 다단계가 아니라 성실로 먹을 것을 삼기를 주의 이름으로 축복한다. 매일 성실하라. 그러면 내일 그 끝이 아름다운 인생이 될 것이다.

끝이 있음을 기억하라

끝이 아름다운 인생이 되려면 당연히 끝이 있음부터 기억해야 한다. 그래서 내 인생을 자꾸 점검해야 그 아름다운 결말을 향한 아름다운 한 걸음 한 걸음을 살아낼 수 있다.

미우라 아야꼬의 소설 《빙점》 마지막에서, 자살하려고 언덕을 오르던 요코는 무심코 뒤를 돌아보고는 생각을 바꾼다. 삶의 목표를 향해 똑바로 걸어왔다고 생각했는데 눈 위에 찍힌 자신의 발자국은 이리저리 비뚤어져 있었다. 똑바로 살고 있다고, 이게 최선이라고 믿어왔는데 뒤돌아보니 아니었다. 똑바로 그 언덕을 올라왔다고 생각했는데 삐뚤삐뚤한 발자국을 보며 '아, 내가 틀릴 수도 있구나. 내가 잘못됐을 수도 있구나' 생각한 것이다.

우리는 절대 완벽할 수 없다. 완전하게 살 수 없는 연약함을 인정하고 회개를 통해 인생의 항로를 끊임없이 점검하며, 용서하시는 주님의 은혜에 기대어 살아가야 한다.

인생은 분명히 끝이 있고 누구나 모세처럼 하나님 앞에서 그 인생을 평가받을 것이다. 모세는 감정적이고 과격한 기질로 하나님께 부족한 모습을 여러 번 보여드렸지만, 하나님의 뜻을 구하며 기도하고 계속 하나님 앞에 정직하게 섰기에 온유함이 지면의 모든 사람보다 더한 자(민 12:3)라고 하나님께 인정받고 아름다운 인생의 결말을 맞이했다.

나를 능하게 하신 그리스도 예수 우리 주께 내가 감사함은 나를 충성되이 여겨 내게 직분을 맡기심이니 내가 전에는 비방자요 박해자요 폭행자였으나 도리어 긍휼을 입은 것은 내가 믿지 아니할 때에 알지 못하고 행하였음이라 … 죄인 중에 내가 괴수니라 딤전 1:12,13,15

사도 바울은 하나님의 일을 하면서도 자신이 얼마나 죄인인지 절대 잊지 않았다. 그는 탄식하며 주님의 은혜가 아니면 살아갈 수 없는 죄인 중의 괴수임을 인정하고, 끊임없이 자기 자신을 채찍질하며 계속 하나님께 엎드려 방향을 점검받았기에 주님께 사역자로 크게 쓰임받고, 존귀한 인생이 될 수 있었다. 우리에게 예배가 그런 시간이어야 한다. 끝이 있음을 기억하고, 그 끝에 분명히 도달할 때 후회하지 않을 그 항구의 최종 목적지에 도달하기 위해 내 발걸음을 점검하는 귀한 시간 갖기를 축복한다.

인생은 반드시 끝이 있고 영원하지 않으니 언젠가 해야지, 나중에 해야지 하며 뒤로 미루고 있던 일들을, 지금 당장 전화하든지 일어나 달려가 만나든지 하고 표현하라. 누군가에게 받은 미소, 도움에 감사를 전하고 그것을 갚아라. 미안한 일이 있다면 먼저 사과하고 용서를 빌어라. 표현하지 않고 담아두기만 했던 사랑을 표현하라. 미뤄뒀던 감사와 사과, 사랑의 표현을 하나님과 내 소중한 가족과 주변 사람들에게 얼른 실행하라.

어느 새벽에 교인들과 함께 가다 멋진 쌍무지개가 뜬 것을 보았다. 성도들이 사진을 찍어 여기저기 카톡 보내는 모습을 행복하게 바라보다가 무지개는 하나님께서 주신 약속의 증표라는 것이 문득 생각나면서, 무지개를 바라보며 행복해하고 사진을 찍듯 각자가 삶의 현장에서 하나님께서 우리에게 허락하신 천국 소망과 회복의 약속을 바라볼 수 있기를 간절히 소망했다.

2021년 7월 21일, 한강을 건너던 고단한 퇴근길 버스 안에 갑자기 여기저기서 카메라 셔터 소리가 들리기 시작했다. 이를 감지한 기사님이 백미러를 보니 승객들이 하늘에 뜬 쌍무지개와 노을을 열심히 찍고 있었다. 무언가 결심한 듯 기사님이 "차 잠깐 세울까요?"라고 묻자 승객들은 일제히 "네!" 하고 외쳤다. 마포대교에서 잠시 버스를 세워준 기사님의 배려로 약 30초간 승객들은 쌍무지개 사진을 찍으며 따뜻한 추억을 남길 수 있었다고 한다.

이 훈훈한 이야기처럼, 이 책이 그동안 멈추지 않고 열심히 달리기만 했던 당신이 잠시 멈추고 인생의 소중한 가치를 붙들고 인생의 방향을 점검하며 가슴에 꿈을 담는 멋진 시간을 얻는 계기가 되었으면 좋겠다. 그리고 이제 당신이 세상의 달콤한 유혹과 즐거움이 아니라 오직 하나님만을 바라보며 달려가길 간절히 바란다.

좋은 것보다 위대한 것을 선택하라

초판 1쇄 발행	2022년 9월 28일
지은이	안호성
펴낸이	여진구
책임편집	최현수
편집	이영주 정선경 안수경 김도연 김아진 정아혜
책임디자인	마영애 이하은 ｜ 노지현 조은혜
홍보·외서	진효지

마케팅	김상순 강성민 허병용	마케팅지원	최영배 정나영
제작	조영석 정도봉	경영지원	김혜경 김경희 이지수

303비전성경암송학교 박정숙 최경식
이슬비전도학교 / 303비전성경암송학교 / 303비전꿈나무장학회

펴낸곳	규장

주소 06770 서울시 서초구 매헌로 16길 20(양재2동) 규장선교센터
전화 02)578-0003 팩스 02)578-7332
이메일 kyujang0691@gmail.com 홈페이지 www.kyujang.com
페이스북 facebook.com/kyujangbook 인스타그램 instagram.com/kyujang_com
카카오스토리 story.kakao.com/kyujangbook
등록일 1978.8.14. 제1-22

책값 뒤표지에 있습니다.
ISBN 979-11-6504-361-2 03230

규 ｜ 장 ｜ 수 ｜ 칙

1. 기도로 기획하고 기도로 제작한다.
2. 오직 그리스도의 성품을 사모하는 독자가 원하고 필요로 하는 책만을 출판한다.
3. 한 활자 한 문장에 온 정성을 쏟는다.
4. 성실과 정확을 생명으로 삼고 일한다.
5. 긍정적이며 적극적인 신앙과 신행일치에의 안내자의 사명을 다한다.
6. 충고와 조언을 항상 감사로 경청한다.
7. 지상목표는 문서선교에 있다.